Éric Bazin

# L'essentiel du Droit de la consommation



Gualino
lextenso éditions

# LES CARRÉS

Cette collection de livres présente de manière **synthétique, rigoureuse** et **pratique** l'ensemble des connaissances que l'étudiant doit posséder sur le sujet traité. Elle couvre :

- **le Droit et la Science Politique ;**
- **les Sciences économiques ;**
- **les Sciences de gestion ;**
- **les concours de la Fonction publique.**

**Collection dirigée par Béatrice et Francis Grandguillot**
**Facebook : « Les auteurs Grandguillot B & F »**


33 rue du Mail 75081 Paris cedex 02
ISBN 978 - 2 - 297 - 01865 - 4
ISSN 1288-8206

# Présentation

Cet ouvrage a vocation à présenter ce qui constitue le cœur du droit de la consommation, à savoir la protection du consommateur potentiellement contractant ou du consommateur contractant. En effet, le droit commun de la consommation est essentiellement un droit de régulation des contrats de consommation qui renforce non seulement la liberté contractuelle (première partie) mais également la loyauté contractuelle (seconde partie).

SOMMAIRE

# 1

# Le renforcement de la liberté contractuelle dans les contrats de consommation

## Liste des abréviations

| | |
|---|---|
| AFNOR | Agence française de normalisation |
| AOC | Appellation d'origine contrôlée |
| AOP | Appellation d'origine protégée |
| C. assur. | Code des assurances |
| C. civ. | Code civil |
| C. com. | Code de commerce |
| C. consom. | Code de la consommation |
| C. éduc. | Code de l'éducation nationale |
| C. mon. fin. | Code monétaire et financier |
| C. pén. | Code pénal |
| C. santé publ. | Code de la santé publique |
| C. trav. | Code du travail |
| DLC | Date limite de consommation |
| DLUO | Date limite d'utilisation optimale |
| ISP | Indication géographique protégée |
| SRG | Spécialité traditionnelle garantie |

# La physionomie du droit de la consommation

INTRODUCTION

## 1 La définition du droit de la consommation

Généralement, le droit de la consommation se définit comme l'ensemble des règles dont le but est de protéger les consommateurs dans leurs relations avec les professionnels. Ses fondements sont en revanche multiples.

### ■ *Un droit de défiance*

Dans son ouvrage *Droit de la distribution et de la consommation*, le professeur Jean Beauchard écrivait que « le droit de la consommation est un droit de la défiance, défiance à l'égard du professionnel *a priori suspect*, défiance à l'égard du consommateur lui-même jugé incapable de comprendre et de défendre son propre intérêt… ».

Cette analyse du droit de la consommation n'est pas dénuée de justesse. Il est effectivement vrai que le professionnel est suspecté d'exploiter la faiblesse du consommateur face à une standardisation des contrats de consommation qui l'empêche de négocier le contenu contractuel. En filigrane, le droit de la consommation serait un droit militant destiné exclusivement à protéger une classe dominée, à savoir les consommateurs, contre une classe dominante, les professionnels. Une telle vision est erronée car il n'existe pas de définition unitaire tant du professionnel que du consommateur. En vérité, il s'agit d'un droit de protection, comme peut l'être le droit du travail ou le droit de la concurrence, ce qui est l'objectif du droit dans une société démocratique, à savoir de protéger le faible contre le fort.

## Un droit régulateur

Le droit de la consommation s'inscrit dans un droit du marché qui a pour objectif de réguler le marché de la consommation au même titre que le droit de la concurrence ou le droit de la distribution. Il s'agit de moraliser les relations contractuelles entre professionnels et consommateurs afin d'assurer une transparence et une loyauté du marché. À défaut, c'est encourir le risque de fausser le jeu d'une saine et libre concurrence. Comme le souligne le professeur Guy Raymond dans son ouvrage sur *Le Droit de la consommation*, « le droit de la consommation cherche à établir un équilibre entre la liberté contractuelle et la liberté du commerce, d'une part, entre le libre consentement du consommateur et la dureté du monde des affaires, d'autre part ».

Si le droit de la consommation est effectivement un droit de protection, il n'est pas que cela. Il est aussi un droit régulateur du marché. Ainsi, le droit de la consommation s'intègre plus généralement dans un droit du marché. Or cela peut être source de désordre dans la mesure où l'exigence de loyauté peut avoir pour effet pervers de surprotéger le consommateur. Cela peut avoir également pour effet de vouloir privilégier une logique marchande en désignant sans le dire vraiment des élus à la protection consumériste et en transformant des relations non consuméristes à l'origine en relations consuméristes (par exemple, la relation entre le médecin et son patient rentre désormais dans une logique marchande, donc soumise au droit de la consommation. À ce titre, le projet de loi dit Lefebvre n° 3508 du 1er juin 2011 prévoit d'étendre aux achats à distance de produits médicaux personnalisés le droit de rétractation prévu à l'article L. 121-20 du Code de la consommation et d'encadrer la vente à distance de lentilles de contact correctrices).

## Un droit idéaliste

Si le droit de la consommation est fidèle à la logique du droit civil lorsqu'il s'efforce d'améliorer par exemple le libre arbitre du consommateur, il a tendance à infléchir la logique de ce droit civil en affaiblissant la force du contrat. Ainsi, en droit de la consommation, ne pas tenir sa parole n'est pas amoral... ce qui l'est, c'est tenir une parole déraisonnable ou insupportable.

C'est certainement également prendre en considération un principe supérieur qui influence l'ensemble du droit positif, celui de préserver la dignité de la personne humaine. Certains auteurs (par exemple, Denis Mazeaud) vont même jusqu'à parler de droit solidariste au sens où l'intérêt social doit être pris en compte dans les relations contractuelles. C'est encore un droit idéaliste car il tend à croire qu'en accordant au consommateur le droit de tout savoir, il va s'éduquer et se montrer par la suite capable de faire preuve de discernement dans ses choix de consommation. Mais à force de le noyer de multiples informations, le droit de savoir se transforme en droit artificiel (nul ne lit le maquis d'informations contenues dans un contrat) ou en droit de « gredins » (lorsque le consommateur de mauvaise foi profite des chausse-trappes du droit de la consommation pour s'affranchir de ses obligations).

C'est enfin un droit idéaliste lorsqu'il impose aux professionnels de faire preuve de compassion (par exemple, en matière de surendettement) et aux deux parties de collaborer dans leurs relations contractuelles.

## 2 Les sources du droit de la consommation

### ■ Les sources nationales

Depuis la loi n° 93-949 du 26 juillet 1993 et le décret n° 97-298 du 27 mars 1997, il existe un ***Code de la consommation*** qui comporte une partie législative et une partie réglementaire (un grand nombre de textes législatifs et réglementaires propres au droit de la consommation y figurent, tels que les textes relatifs à l'endettement des consommateurs).

Il faut ajouter comme source du droit de la consommation un nombre conséquent de ***dispositions légales ou réglementaires*** qui figurent hors le Code de la consommation (par exemple des textes relatifs aux prix ou aux agences de voyage...).

La ***jurisprudence*** constitue une source indirecte du droit en interprétant les lois ou en suppléant les lacunes du législateur. Ainsi, devant la carence du pouvoir réglementaire chargé d'établir des listes de clauses abusives, la Cour de cassation, d'abord prudemment, puis par un véritable coup de force, a décidé que le juge pouvait déclarer lui-même une clause abusive, en l'absence de décret l'interdisant.

La ***doctrine*** participe également en tant qu'autorité à la création du droit de la consommation. À ce titre, le professeur Jean Calais-Auloy est l'un des grands artisans de l'émergence et de la consécration du droit de la consommation en France.

### ■ Les sources internationales

Le ***droit communautaire*** de la consommation prend de plus en plus de l'ampleur, notamment dans les domaines de la santé et de la sécurité des consommateurs (par exemple, la directive du 3 décembre 2000) ou de la protection des intérêts des consommateurs (par exemple, la directive du 11 mai 2005 relative aux pratiques commerciales déloyales).

Il existe un embryon d'un ***droit international*** de protection des consommateurs par l'intermédiaire de l'Organisation mondiale du commerce (OMC) qui tente d'harmoniser les règles de protection. Mais cette protection internationale du consommateur reste encore timide...

# 3 Le domaine du droit de la consommation

## Des sujets du droit de la consommation variables

### a) Les professionnels

Le professionnel est défini de façon usuelle comme la personne physique ou morale qui offre des biens ou des services dans l'exercice d'une activité habituelle.

Il y a cependant une autre définition qui ne prend pas en compte la diversité de la catégorie des professionnels : est professionnel en droit de la consommation celui qui exerce une profession qui peut être commerciale, industrielle, artisanale, libérale, agricole, médicale...

Il importe peu encore que le but poursuivi soit lucratif ou non. Ainsi, une association qui fournit des biens ou des services rentre dans le champ d'application du droit de la consommation.

La tendance est également de faire rentrer dans la catégorie de professionnels les services publics. Si les services publics industriels et commerciaux sont évidemment des professionnels, il n'en va pas de même pour les services publics administratifs (mais par exemple, les hôpitaux sont assimilés dans les relations avec leurs usagers à des professionnels lorsqu'ils fournissent des prestations individuelles payantes).

### b) Les consommateurs

Les consommateurs sont définis comme la personne physique qui se procure des biens ou des services à des fins domestiques ou familiaux.

Une extension de la protection à de plus en plus de consommateurs assimilés se met en place par l'intermédiaire du législateur qui peut procéder par inclusion et exclusion pour définir le consommateur :

- *par inclusion*, il faut entendre par là le fait de désigner comme bénéficiaire de la protection consumériste tel contractant (par exemple, en matière de démarchage à domicile, la personne physique) ;
- *par exclusion*, il faut entendre par là le fait d'exclure de la protection consumériste toute personne qui contracte pour des besoins professionnels (par exemple, en matière de crédit immobilier, la finalité de l'opération souscrite ne doit pas être professionnelle).

**Le législateur** peut également viser **explicitement** (par exemple en matière d'obligation d'information générale) ou **implicitement** (en matière de surendettement) les consommateurs sans pour autant donner une quelconque définition.

Il peut ne pas viser le consommateur et ce n'est que parce que la réglementation est jugée destiner naturellement à protéger les consommateurs qu'elle se trouve rangée dans le droit de la consommation (par exemple, la réglementation concernant la protection du consommateur touriste ou de voyages qui figure d'ailleurs dans le Code du tourisme).

Il ne faut pas oublier la jurisprudence qui a pu élargir la protection consumériste à certains contractants qui ne sont pas *stricto sensu* des consommateurs, à savoir à des professionnels qui agissent en dehors de leur spécialité. Cette jurisprudence va même plus loin. Elle tente, en s'appuyant sur la législation sur les clauses abusives, de construire une notion unitaire du consommateur contractant : serait ainsi exclu de toute protection consumériste le contractant qui accomplit un acte en rapport direct avec son activité professionnelle.

Cela explique encore que les personnes morales puissent parfois bénéficier de la protection consumériste. Pourtant, la jurisprudence tendait à exclure les personnes morales, y compris à but non lucratif, de la protection du Code de la consommation. Mais dans un arrêt du 23 juin 2011, la première chambre civile de la Cour de cassation vient de décider qu'un syndicat de copropriétaires qui est une personne morale n'est pas exclu de la catégorie des non-professionnels de l'article L. 136-1 du Code de la consommation applicable à la reconduction de contrats de prestation de services. De même, les épargnants sont susceptibles de bénéficier du droit de la consommation.

Enfin, parfois, comme en matière de lutte contre les fraudes, toute personne est protégée.

## ■ *Des contrats de consommation non encore identifiables*

À la différence du droit civil commun qui a vocation naturellement à s'appliquer à toutes les conventions, le droit de la consommation s'attache surtout à l'identité des contractants et non tellement à la nature des contrats (même si la doctrine – le professeur Guy Raymond, par exemple – parle parfois de contrats de consommation).

Il y a tout de même une certitude : en réservant la protection consumériste aux relations entre consommateurs et professionnels, les relations contractuelles entre deux professionnels ou entre deux consommateurs, qui sont exclues de la protection consumériste, ne peuvent bénéficier que de la protection du droit commun.

Partie 1

# Le renforcement de la liberté contractuelle dans les contrats de consommation



Le droit de la consommation part du postulat que le consommateur n'est pas libre lorsqu'il entend contracter ou contracte avec un professionnel pour plusieurs raisons :

– d'abord, le contrat de consommation se présente très souvent sous la forme d'adhésion à des clauses prérédigées par le professionnel. C'est donc le professionnel qui par sa position dominante impose sa loi contractuelle. Il n'y a pratiquement plus de négociation ou de discussion sur le contenu de l'engagement contractuel ;

- ensuite, la conclusion du contrat de consommation se fait aujourd'hui au rythme des caddies, à savoir à la chaîne, de manière dépersonnalisée, voire même mécanisée lorsque c'est par internet ou par une machine que le consommateur commande tel bien ou tel service ;
- enfin, certains contrats de consommation comportent des méthodes commerciales si agressives ou déstabilisantes qu'ils sont particulièrement attentatoires à la liberté de consentir en parfaite connaissance de cause pour le consommateur. De tels contrats sont donc considérés comme dangereux pour le libre arbitre du consommateur.

C'est pourquoi le droit de la consommation intervient pour garantir au consommateur un consentement éclairé et réfléchi et réglementer les contrats de consommation les plus dangereux.

# Le droit à un consentement éclairé

Chapitre 1

*Pour consentir valablement, le consommateur doit vouloir ce qu'il connaît parfaitement. Pour l'éclairer dans ses décisions, le professionnel se trouve soumis à une obligation d'information.*

*Cette obligation d'information à la charge des professionnels est variable. Elle se traduit également par une présentation de l'information qui doit être de qualité, à savoir que l'information à destination du consommateur doit être lisible et compréhensible.*

## 1 La variété de l'information due par les professionnels

Il existe une obligation dite générale d'information qui pèse sur tout cocontractant, notamment sur le professionnel car il détient des informations sur l'opération qui doivent être connues du consommateur.

Des obligations spéciales d'information viennent renforcer cette obligation générale d'information.

### ■ *L'obligation générale d'information*

À la différence du droit civil (appelé encore droit commun) qui fait de l'obligation générale d'information une obligation d'origine jurisprudentielle, le Code de la consommation en fait une obligation légale.

### a) L'obligation générale d'information dans le droit commun : une obligation très vaste

Pour dégager une obligation générale d'information, la jurisprudence se fonde principalement sur deux textes du Code civil :

- ***l'article 1134 alinéa 3*** qui impose au professionnel de faire preuve de loyauté car il ne doit pas tromper son contractant ou lui taire toute information qu'il sait déterminante ;
- ***l'article 1135*** qui permet au juge de compléter les lacunes du contrat en imposant au professionnel d'informer le consommateur sur toute information utile.

Il n'en reste pas moins que cette obligation générale d'information est diversifiée. Sa sanction est également multiple.

#### *1) Le professionnel peut être tenu de renseigner, de mettre en garde ou de conseiller*

L'obligation générale d'information est variable dans son intensité dans la mesure où il existe tout d'abord une obligation d'information ou de renseignements, obligation minimale, puis une obligation de mise en garde, obligation intermédiaire et enfin une obligation de conseil qui est l'obligation la plus forte.

- L'OBLIGATION D'INFORMATION OU DE RENSEIGNEMENTS

L'obligation d'information ou de renseignements consiste pour le professionnel à délivrer une information objective, à savoir une information à l'état brut sur le produit ou le service.

Il est d'usage de distinguer entre :

- ***l'obligation précontractuelle*** qui a pour objet de délivrer toute information au consommateur nécessaire à son consentement (par exemple, le vendeur professionnel doit informer l'acheteur d'un accident grave survenu au véhicule) ;
- et ***l'obligation contractuelle*** qui a pour objet de délivrer toute information nécessaire à la bonne exécution du contrat (par exemple, le mode d'emploi de la chose vendue).

Cette distinction apparaît aujourd'hui de plus en plus artificielle. Il n'en reste pas moins qu'une telle distinction garde son intérêt lorsqu'il s'agit de sanctionner tout manquement à l'une ou l'autre de ces obligations.

- L'OBLIGATION DE MISE EN GARDE

L'obligation de mise en garde est plus exigeante que la précédente. En effet, le professionnel doit non seulement informer le consommateur sur tout élément objectif du contrat (comme précédemment) mais également attirer son attention sur les risques encourus au cas où la mise en garde ainsi réalisée ne serait pas respectée.

Par exemple, lorsque la chose vendue est dangereuse, le professionnel doit mettre en garde le consommateur contre les risques liés à son usage. En matière de crédit, le banquier doit également attirer l'attention de l'emprunteur consommateur sur les risques encourus lors de la conclusion d'un crédit, notamment lorsque le crédit consenti comporte un risque d'endettement excessif au regard des capacités financières de cet emprunteur.

- L'OBLIGATION DE CONSEIL

L'obligation de conseil est une obligation beaucoup plus exigeante que les obligations d'information ou de mise en garde. En effet, il ne s'agit plus seulement d'informer le consommateur sur le produit ou le service ou d'attirer son attention sur les risques encourus. Il s'agit effectivement de s'assurer pour le professionnel que la conclusion du contrat de consommation est opportune, c'est-à-dire adaptée aux besoins du consommateur. Cela signifie que le professionnel peut aller jusqu'à déconseiller le consommateur de souscrire à l'opération.

Cette obligation de conseil a deux domaines d'élection :

– la fourniture d'appareils ou d'ensembles complexes (par exemple, l'informatique) ;

– ou les professionnels du droit tels que les notaires, les avocats, les huissiers de justice...

***Mais la jurisprudence contemporaine tend à généraliser l'obligation de conseil***. Ainsi dans un arrêt du 28 octobre 2010, la première chambre civile de la Cour de cassation a décidé qu'il incombait au vendeur professionnel de prouver qu'il s'était acquitté de l'obligation de conseil lui imposant de se renseigner sur les besoins de l'acheteur afin d'être en mesure de l'informer en ce qui concerne l'adéquation de la chose proposée à l'utilisation qui en est prévue. En l'espèce, des consommateurs avaient acheté à une société spécialisée du carrelage. Ils ont alors posé ce carrelage autour de leur piscine. Or ce carrelage se désagrégea dans la mesure où il était incompatible avec le traitement de l'eau de leur piscine selon le procédé de l'électrolyse au sel. Pour n'avoir pas vérifié l'adéquation des matériaux vendus aux besoins des acheteurs, le professionnel a donc engagé sa responsabilité contractuelle pour manquement à son obligation de conseil.

### *2) Le manquement à l'obligation générale d'information a plusieurs sanctions possibles*

Il convient de rappeler que la jurisprudence met à la charge du professionnel de rapporter la preuve qu'il a correctement informé le consommateur, en application des dispositions de l'article 1315 du Code civil. Le professionnel a donc le fardeau de la charge de la preuve (mais il s'agit de rapporter la preuve d'un fait juridique. La preuve peut donc être faite par tous moyens).

Les sanctions de l'obligation générale d'information diffèrent selon que la jurisprudence qualifie l'obligation générale d'information d'obligation précontractuelle ou d'obligation contractuelle.

En cas de manquement à une obligation dite précontractuelle d'information, la sanction envisagée est l'annulation du contrat pour erreur portant sur une qualité essentielle (art. 1110, C. civ.) ou pour réticence dolosive (art. 1116, C. civ.), sans préjudice de dommages-intérêts. Le consommateur peut également engager la responsabilité civile délictuelle du professionnel sur le fondement de l'article 1382 du Code civil.

En cas de manquement à une obligation contractuelle d'information, de mise en garde ou encore de conseil, le consommateur pourra obtenir la résolution du contrat, sans préjudice de dommages-intérêts (art. 1147 ou 1184, C. civ.). En matière de vente, le consommateur peut encore obtenir la condamnation du professionnel à raison des défauts cachés (art. 1641, C. civ. ou L. 211-1, C. consom.) ou de la non-conformité de la chose vendue (art. 1604, C. civ. ou L. 211-4, C. consom.).

Il faut ajouter que le manquement à l'obligation générale d'information peut aller jusqu'à conduire plus généralement à des sanctions pénales lorsque des faits de tromperie ou de pratiques commerciales déloyales sont établis.

### b) Obligation générale d'information dans le Code de la consommation : une obligation réduite

Le principe d'une telle obligation est contenu à l'article L. 111-1 du Code de la consommation qui dispose que : « *tout professionnel vendeur de biens ou prestataire de services doit, avant la conclusion du contrat, mettre le consommateur en mesure de connaître les caractéristiques essentielles du bien ou du service* ».

#### *1) Son contenu*

C'est une information précontractuelle puisque le professionnel doit accomplir son obligation avant la conclusion du contrat. L'article L. 111-1 du Code de la consommation ne fait effectivement pas allusion aux autres facettes de l'obligation générale d'information du droit commun. Si ce texte constitue en quelque sorte le prolongement de l'obligation précontractuelle d'information du droit commun, cela ne signifie pas que le consommateur n'a plus le droit d'invoquer tout manquement à l'obligation contractuelle d'information ou aux devoirs de mise en garde ou de conseil.

C'est encore une information qui concerne tous les contrats de consommation dans la mesure où le champ d'application du texte est suffisamment large pour englober l'ensemble des contrats de consommation.

***L'information doit par ailleurs porter sur les caractéristiques essentielles du bien ou du service,*** ce qui sous-entend qu'à défaut de définition légale de ces caractéristiques, celles-ci varient selon l'objet du contrat et la nature des produits. En tout état de cause, l'information dévoilée au consommateur doit être de nature à peser sur son consentement. En pratique, le professionnel devra renseigner le consommateur sur les qualités de la marchandise ou de la prestation de service, voire même sur les risques encourus dans l'utilisation du produit (ainsi, un professionnel a été sanctionné pour n'avoir pas mis en garde un consommateur contre l'utilisation anormale d'une échelle).

Surtout, cette obligation pèse sur tous les maillons de la chaîne de distribution (du fabricant jusqu'au revendeur donc) et ne cesse pas même si le consommateur est assisté d'un professionnel (par exemple, d'un avocat).

### *2) Son régime*

Il appartient au professionnel de rapporter la preuve qu'il a satisfait à son obligation générale d'information. Cette preuve peut toutefois se faire par tous moyens (le professionnel a tout intérêt à se préconstituer une preuve écrite, notamment en faisant figurer sur le contrat de consommation les caractéristiques essentielles du produit ou de la prestation de services). C'est d'ailleurs en ce sens que la loi n° 2009-526 du 12 mai 2009 de simplification et de clarification du droit et d'allégement des procédures est venue compléter l'article L. 111-1 du Code de la consommation dans les termes suivants : « *en cas de litige, il appartient au vendeur de prouver qu'il a exécuté cette obligation* ». La formule est malheureuse car il ne fait aucun doute que le prestataire de services est également tenu de la charge de la preuve de cette information.

L'article L. 111-1 du Code de la consommation ne prévoit pas de sanction spécifique à la violation de l'obligation précontractuelle d'information. C'est donc naturellement vers le droit commun civil qu'il faudra se tourner, plus particulièrement vers les vices du consentement et notamment la réticence dolosive avec la possibilité d'obtenir des dommages-intérêts.

Finalement, cette obligation précontractuelle d'information du Code de la consommation n'apporte pas grand-chose à l'édifice jurisprudentiel dans la mesure où le législateur ne fait qu'appliquer l'obligation précontractuelle d'information dégagée par la jurisprudence aux relations entre professionnels et consommateurs.

Mais elle présente tout de même un intérêt. Le Code de la consommation multiplie les obligations spéciales d'information afin de compléter l'obligation générale consumériste d'information.

## ■ *Les obligations spéciales d'information dans le droit de la consommation*

L'obligation précontractuelle d'information édictée à l'article L. 111-1 du Code de la consommation n'aurait aucun sens si elle n'était pas complétée par toute une série d'obligations particulières. Toutes ces obligations particulières d'information ne font pas disparaître l'obligation générale d'information. Elles ne constituent qu'un socle minimum de l'information du consommateur. Cela signifie que si les obligations consuméristes d'information ne suffisent pas pour éclairer le consommateur, le droit commun prend le relais.

En l'état actuel du droit positif, ces obligations particulières portent principalement sur les caractéristiques essentielles du bien ou du service, les conditions contractuelles, les prix ainsi que sur les pratiques commerciales et la valorisation d'un produit ou d'un service.

### a) Sur les caractéristiques essentielles du bien ou du service

Nous avons déjà étudié l'article L. 111-1 du Code de la consommation qui impose que le professionnel informe le consommateur, avant de conclure le contrat de consommation, sur les caractéristiques essentielles du bien ou du service.

**Cette exigence est renforcée par deux autres textes du Code de la consommation** :

- d'une part, ***l'article L. 213-1*** qui réprime tout professionnel qui trompe ou tente de tromper le consommateur sur les caractéristiques du produit ou du service. Commet ainsi le délit de tromperie le professionnel qui met sur le marché, en connaissance de cause, un produit dangereux sans le mentionner sur l'étiquette ;
- d'autre part, ***l'article L. 214-1*** qui habilite le gouvernement à prendre des décrets en Conseil d'État pour assurer le respect de l'article L. 213-1. Cela signifie que les décrets en question viennent en réalité compléter le principe dégagé par l'article L. 111-1 du Code de consommation en réglementant les modes de présentation ou les inscriptions de toute nature sur les marchandises elles-mêmes, les emballages, les factures, les documents commerciaux ou de promotion. Toute méconnaissance de cette disposition est sanctionnée pénalement (soit par des peines correctionnelles si l'infraction commise constitue une fraude ou une falsification, soit, à défaut, par une amende pour contravention de troisième classe). Mais il faut savoir que dans un arrêt du 7 décembre 2004, la première chambre civile de la Cour de cassation a eu l'occasion de sanctionner la violation de ces règles spéciales par la nullité du contrat de vente sur le fondement de l'article 6 du Code civil.

Parmi les nombreux décrets qui posent des obligations spéciales d'information, le décret du 7 décembre 1984 concernant les denrées alimentaires est certainement le plus important. Il transpose d'ailleurs plusieurs directives et figure désormais aux articles R. 112-1 à R. 112-31 du Code de la consommation.

Par exemple, ***les denrées alimentaires*** doivent comporter une étiquette portant sur les mentions suivantes (art. R. 112-9, C. consom.) :

– la dénomination de vente,

– la liste des ingrédients dans l'ordre décroissant de leur importance pondérale,

– la quantité de certains ingrédients,

– la quantité nette,

– la date jusqu'à laquelle la denrée conserve ses propriétés spécifiques ainsi que l'indication des conditions particulières de conservation,

– le nom et l'adresse du fabricant ou du conditionneur ou d'un vendeur établi dans la Communauté européenne,

– la date de durabilité minimale ou, dans le cas de denrées alimentaires très périssables, la date limite de consommation,

– l'indication du lot,

– le lieu d'origine ou de provenance, chaque fois que l'omission de cette mention est de nature à créer une confusion,

– le mode d'emploi, chaque fois que sa mention est nécessaire, à un usage approprié de la denrée, ainsi que, le cas échéant, les conditions particulières d'utilisation.

Tous les produits non alimentaires possèdent également des règles propres d'étiquetage. Le seul problème réside dans le fait que les textes en question ne sont pas forcément codifiés dans le Code de la consommation. Par exemple, le décret n° 96-477 du 30 mai 1996 prévoit toute une liste de pictogrammes qui ont pour objet d'informer les consommateurs sur la matière des chaussures.

L'affichage fait également l'objet d'une réglementation. Il n'est évidemment pas possible d'exposer dans cet ouvrage chaque réglementation propre aux produits ou aux services (v. par exemple, l'arrêté du 2 mars 1990 modifié par arrêté du 30 juillet 1999 en matière de dépannage, d'entretien et de réparation).

### b) Sur les conditions contractuelles

#### *1) Sur les conditions de formation du contrat de consommation*

Dans un grand nombre de contrats de consommation, le professionnel doit remettre au consommateur un contrat écrit comportant des mentions destinées à l'informer sur les obligations respectives des parties (on parle alors de ***formalisme informatif***). D'ailleurs, l'article L. 134-1 du Code de la consommation impose aux professionnels vendeurs ou prestataires de services de remettre au consommateur qui en fait la demande un exemplaire des conventions qu'ils proposent habituellement.

L'extrême variété des mentions obligatoires ne permet pas d'en donner une liste exhaustive.

En effet, certaines mentions sont prévues dans la partie législative du Code de la consommation. Par exemple, l'article L. 121-18 prévoit toute une série de mentions obligatoires applicables dans les contrats conclus à distance. De même, en application des dispositions de l'article L. 113-3, le professionnel doit informer le consommateur de toutes limitations de sa responsabilité (mais il est fort à parier dans un tel cas, que de telles limitations contractuelles seront déclarées abusives par les tribunaux). En dehors de ce Code, l'article L. 231-2 du Code de la construction et de l'habitation énumère les mentions qui doivent impérativement figurer dans le contrat de construction d'une maison individuelle. D'autres mentions obligatoires sont de source réglementaire telle que par exemple, l'obligation de respecter un modèle-type pour les garanties et de service après-vente des appareils domestiques (art. R. 211-1 à R. 211-5, C. consom.).

Certains contrats de consommation font même l'objet d'une réglementation spécifique (par exemple, le crédit à la consommation et le démarchage...). Il faut ajouter les contrats souscrits sous forme électronique qui font l'objet d'une réglementation particulière qui figure non pas principalement dans le Code de la consommation (v. par exemple, l'article L. 134-2 ; v. toutefois, la réglementation très poussée des relations entre opérateurs de services de communications électroniques et consommateurs telle que fixée aux articles L. 121-83 et s. à la suite des réformes du 9 juillet 2004, 3 janvier 2008 et 17 mai 2011... mais ces réformes apparaissent déjà insuffisantes. En effet, les articles 8 et 9 du projet de loi dit Lefebvre n° 3508 du 1er juin 2011 entendent encore renforcer les droits du consommateur dans le cadre du commerce électronique) mais de manière plus générale dans le Code civil aux articles 1369-1 et suivants.

Au désordre résultant de l'inflation des mentions obligatoires, il y a lieu d'ajouter celui de la variété des sanctions possibles. Certains textes prévoient des sanctions pénales comme en matière de démarchage ou de crédit. Pour le démarchage, la nullité du contrat est également prévue. Pour le crédit, le législateur a prévu civilement de sanctionner le prêteur en cas de méconnaissance du formalisme informatif par la déchéance du droit aux intérêts. Enfin, de trop nombreux textes ne prévoient aucune sanction, ce qui constitue une insécurité juridique. Tout cela mériterait de la part du législateur une unification de la sanction en cas de manquement à toutes ces mentions obligatoires.

*2) Sur les conditions d'exécution du contrat de consommation*

Plusieurs dispositions du Code de la consommation viennent exiger de certains professionnels que le consommateur soit également informé lors de l'exécution du contrat de consommation, à savoir :

- ***l'article L. 111-2*** prévoit ainsi que le professionnel vendeur de biens meubles soit tenu d'aviser le consommateur de la période pendant laquelle il est prévisible que les pièces indispensables à l'utilisation du bien seront disponibles sur le marché ;
- ***l'article L. 113-4*** réglemente également les rapports entre opérateurs de téléphonie et consommateurs. Il faut ajouter la loi n° 2011-525 du 17 mai 2011 dite loi de simplification du droit qui prévoit plusieurs mesures favorables aux consommateurs. Ainsi, l'article L. 121-84-5 du Code de la consommation permet au consommateur d'être mis en relation à un coût fixe et non surtaxé lorsqu'il s'adresse au service d'assistance technique ou de réclamation d'un opérateur. La nouvelle loi précise qu'aucun coût supplémentaire à celui d'une communication téléphonique normale n'est possible. L'article L. 121-84-7 du même code interdit aux fournisseurs de réclamer des frais de résiliation qui excèdent ceux effectivement engagés pour procéder à la résiliation. Cette loi du 17 mai 2011 précise encore que les frais acquittés à l'occasion de cette résiliation ne peuvent excéder les coûts réellement supportées par l'opérateur. Une réforme peut en cacher une autre puisque le projet n° 3508 dit Lefebvre du 1er juin 2011 prévoit notamment que l'opérateur devra mettre en place un dispositif d'alerte pour éviter des « chocs de facturation » (notamment en cas de dépassement du forfait) ou permettre au consommateur sur son site internet de disposer d'un outil de calcul des montants à s'acquitter en cas de résiliation (c'est-à-dire les frais et les pénalités) ;
- ***l'article L. 114-1*** impose encore de mentionner la date de livraison ou d'exécution de la prestation, ce qui se traduit par l'obligation pour le professionnel de mentionner sur le bon de commande ou sur le devis une date précise pour la conclusion d'un contrat dont le prix excède une valeur de 500 euros (art. R. 114-1). La sanction est particulièrement dissuasive puisque le consommateur peut dénoncer le contrat dans un délai de soixante jours à compter de la date prévue contractuellement à condition que le retard soit supérieur à sept jours et ne soit pas consécutif à un cas de force majeure. La résiliation du contrat est alors de plein droit.

En matière d'énergie, le projet de loi dit Lefebvre n° 3508 du 1er juin 2011 impose aux opérateurs lorsque le consommateur demande un bilan (qui est gratuit) d'adapter son contrat à ses besoins. Cette nouvelle obligation va au-delà de la simple obligation d'information. Elle constitue une obligation de conseil qui impose en réalité au fournisseur d'énergie de délivrer tout au long de l'exécution du contrat une offre conforme aux besoins du consommateur. Il faudra certainement que l'offre soit ainsi personnalisée et individualisée (v. également dans le projet, l'obligation pour les opérateurs de téléphonie de proposer une offre mobile adaptée au handicap auditif).

### c) Sur les prix

L'article L. 113-3 du Code de la consommation édicte que « *tout vendeur de produit ou tout prestataire de services doit, par voie de marquage, d'affichage ou par tout autre procédé approprié, informer le consommateur sur les prix, les limitations éventuelles de la responsabilité contractuelle et les conditions particulières de la vente, selon les modalités fixées par arrêtés du ministre chargé de l'économie, après consultation du Conseil national de la consommation* ».

Comme précédemment, le droit de la consommation complète le principe posé par toute une série de dispositions réglementaires (v. notamment l'arrêté du 3 décembre 1987). L'information du consommateur se fera alors par voie de marquage ou d'étiquetage sur chaque produit ou sur un support placé à proximité.

Pour les ***prestations de services***, l'information du consommateur se fera très souvent par voie d'affichage dans les lieux du professionnel. De très nombreux arrêtés prévoient également des règles particulières pour certaines prestations (par exemple, v. l'arrêté du 28 juin 2000 pour le prix des véhicules automobiles). Récemment encore, lorsque le prix d'un service ou d'un type de service ne peut être déterminé *a priori* ou avec exactitude, le prestataire doit communiquer au destinataire qui lui en fait la demande la méthode de calcul du prix, permettant ainsi de s'assurer du prix en question, ou un devis détaillé. Par ailleurs, avant la conclusion du contrat et avant son exécution en l'absence de contrat écrit, le prestataire (à l'exception du prestataire de services financiers) doit désormais informer le destinataire sur les caractéristiques essentielles du service fourni (v. art. L. 441-6, C. com. et L. 111-2, C. consom. à la suite de la transposition dans notre droit interne de la directive n° 2006/123/CE du 12 décembre 2006 relative aux services dans le marché intérieur par la loi n° 2010-853 du 23 juillet 2010). Il appartient au prestataire de services de rapporter la preuve qu'il a bien rempli son obligation d'information précontractuelle en la matière.

Lorsque l'achat du produit ou la prestation de service est proposé à distance (par téléphone ou par internet par exemple), le professionnel doit également informer le consommateur du prix par tout moyen.

Enfin, sans qu'il soit possible d'entrer dans le détail dans le cadre de cet ouvrage, l'arrêté du 31 décembre 2008 prévoit une réglementation spécifique d'information du consommateur en matière d'annonces de réduction des prix. Il faut ajouter la réglementation spécifique des soldes (pour une définition, v. l'article L. 310-3, C. com.) et des ventes au déballage (pour une définition, v. art. L. 310-2, C. com.). Le projet de loi dit Lefebvre n° 3508 du 1er juin 2011 prévoit un tarif social d'internet (v. déjà pour la téléphonie).

### d) Sur les pratiques commerciales

La directive européenne du 11 mai 2005 relative aux pratiques commerciales a été transposée dans notre droit national par la loi du 3 janvier 2008 qui interdit les pratiques commerciales déloyales (art. L. 120-1, C. consom.), soit parce qu'elles sont trompeuses (art. L. 121-1 et L. 121-1-1, C. consom.), soit parce qu'elles sont agressives (art. L. 122-11 et L. 122-11-1, C. consom.).

En d'autres termes, tout professionnel sera sanctionné pénalement (art. L. 121-6) s'il ne fournit pas au consommateur une information substantielle, à savoir lorsqu'elle est de nature à déterminer le comportement du consommateur, dans le cadre de sa communication commerciale (cela vise évidemment la publicité mais pas seulement).

Sont considérées, selon l'article L. 121-1 du Code de la consommation (qui concerne les pratiques commerciales trompeuses), comme des informations substantielles les informations suivantes :

- les caractéristiques principales du bien ou du service ;
- l'adresse et l'identité du professionnel ;
- le prix toutes taxes comprises ;
- les modalités de paiement, de livraison, d'exécution et de traitement des réclamations des consommateurs, si elles ne sont pas usuelles ;
- l'existence d'un droit de rétractation si celui-ci est prévu par la loi.

### e) Sur la valorisation du produit ou service

L'information valorisant les produits ou les services est facultative. Mais lorsque le professionnel entend valoriser ses produits ou ses services, l'information fait alors l'objet d'une réglementation particulière. En effet, il s'agit pour le professionnel de promouvoir ses produits ou ses prestations de services en recourant à des signes de qualité. Mais il est évident que pour assurer la sincérité de telles informations, le professionnel doit solliciter un signe de qualité auprès d'organismes indépendants qui encadrent et contrôlent les modes de valorisation des produits ou des services.

Il n'est pas possible d'énumérer tous ces signes mais par exemple, pour les *produits alimentaires*, dans le cadre des signes d'identification de la qualité et de l'origine, il existe les appellations d'origine (contrôlée ou protégée AOC et AOP), l'indication géographique protégée (IGP), la spécialité traditionnelle garantie (STG), le label rouge et la mention agriculture biologique.

Mais il faudrait également ajouter des mentions valorisantes telles que la dénomination montagne, fermier, produit de la ferme, produit à la ferme, vin de pays et produits de pays ou encore la certification de conformité.

*Pour les produits non alimentaires et les services*, il existe aussi des modes de valorisation qui sont nombreux. Par exemple, il faut citer les normes établies par l'Agence française de normalisation (AFNOR). Ainsi le marquage NF permet d'assurer aux consommateurs que le produit est conforme aux normes françaises. De même, le marquage CE sur un produit fait présumer que ce produit est conforme aux dispositions de l'une des directives européennes et principalement à des exigences de sécurité (v. par exemple, pour les jouets). Le projet de loi n° 3508 dit Lefebvre du 1er juin 2011 entend également promouvoir l'origine géographique des produits non alimentaires (par exemple, la porcelaine de Limoges).

## 2 Une présentation lisible et compréhensible de l'information

Il ne suffit pas que le professionnel informe le consommateur sur les caractéristiques du produit ou du service, ainsi que sur les éléments essentiels du contrat de consommation. Pour atteindre l'objectif d'un consentement éclairé, toute information doit être comprise par ce consommateur. En d'autres termes, cette information doit être de qualité ou plus exactement elle doit présenter ***une exigence de clarté***. Cette exigence de clarté emporte comme conséquence que l'information soit lisible et compréhensible.

### ■ *Une information lisible*

Pour éclairer le consommateur dans ses choix de consommation, l'information donnée doit être lisible sur les étiquettes ou les affiches et dans les contrats de consommation.

#### a) Lisibilité des mentions figurant sur les étiquettes ou les affiches

*1) En matière d'étiquetage*

L'article R. 112-8 du Code de la consommation exige que les mentions obligatoires d'étiquetage soient apparentes, ***de manière à être visibles, clairement lisibles et indélébiles***. Elles ne doivent pas être dissimulées, voilées ou séparées par d'autres indications ou images.

Par exemple, l'étiquetage des prix des produits fait l'objet d'un encadrement pointilleux. De manière générale, les règles suivantes sont applicables :

– ***lorsque le produit est exposé à la vue du public*** (c'est-à-dire lorsqu'il se trouve en vitrine ou à l'intérieur du magasin sur des étagères ou des présentoirs), l'information doit être effectuée de

telle manière que le consommateur puisse connaître ce prix sans entrer dans le magasin si le produit est en vitrine et sans avoir à interroger le vendeur si le produit est à l'intérieur du magasin ;
- ***lorsque le produit n'est pas exposé à la vue du public*** (par exemple pour des produits encore sous emballage mais destinés à être vendus sans emballage), le prix doit également faire l'objet d'un étiquetage.

*2) Pour les prestations de services*

L'affichage des prix doit être parfaitement lisible de l'extérieur ou à l'intérieur des locaux où les prestations sont proposées. Il faut ajouter l'arrêté n° 83-50 A du 3 octobre 1983 qui impose au prestataire de services de délivrer une note mentionnant la date, le nom et l'adresse du prestataire, le nom du client (sauf opposition de sa part), le décompte détaillé, en quantité et en prix, de chaque prestation et produit fourni ou vendu, la somme totale à payer, hors taxes et toutes taxes comprises, lorsque la valeur de la prestation est supérieure à 15 euros. Les conditions pour délivrer une telle note doivent faire l'objet d'un affichage lisible dans les lieux où s'exécute le paiement.

### b) Lisibilité des clauses dans les contrats de consommation

Le droit de la consommation intervient tantôt pour exiger matériellement des caractères apparents dans les contrats de consommation, tantôt pour lutter contre l'information clandestine dans ces mêmes contrats.

Le législateur peut imposer une taille des caractères. Ainsi, l'article R. 311-5 du Code de la consommation prévoit que le contrat de crédit à la consommation doit être présenté « *de manière claire et lisible* » et que l'information de l'emprunteur doit être rédigée en caractères dont la hauteur est au minimum celle du corps huit. En dehors de toute prescription légale, la jurisprudence sanctionne très souvent le professionnel qui rédige en petits caractères des clauses sur le fondement de l'article L. 133-2 du Code de la consommation qui exige une clarté des contrats de consommation au motif que de telles clauses n'ont pas pu retenir l'attention du consommateur.

Le professionnel qui entend dégager sa responsabilité ne cesse de vouloir opposer aux consommateurs certaines conditions du contrat de consommation qui font l'objet d'une clause de référence ou de renvoi à des documents annexes.

C'est tout le problème des clauses affichées qui figurent sur des écriteaux ou des affiches. Lorsque l'affichage n'est pas obligatoire, le consommateur doit être averti de l'existence de clauses affichées. Par exemple, n'a pas été déclarée opposable à un consommateur la clause limitative de responsabilité figurant sur le panneau placé dans le hall d'entrée d'une clinique. En revanche, la clause figurant sur un panneau situé sur un portemanteau placé à l'entrée d'une salle de spectacle déclinant toute responsabilité en cas de vol des vêtements a été déclarée opposable au consommateur.

C'est encore le problème des conditions générales figurant au verso d'un contrat de consommation. Que se passe-t-il lorsque le consommateur signe une formule selon laquelle il reconnaît avoir pris connaissance des conditions contractuelles et les avoir acceptées ? La raison d'être de telles clauses dites de référence tient au fait que la jurisprudence accepte de donner force obligatoire aux conditions générales préétablies si la preuve de leur connaissance et de leur acceptation par le consommateur est rapportée par le professionnel. Mais pour lutter contre des clauses clandestines parce qu'elles sont en particulier noyées dans un contrat de consommation, la loi n° 95-96 du 1er février 1995 qui est venue transposer en droit interne la directive communautaire du 5 avril 1993 a enrichi le Code de la consommation de l'article L. 133-2 qui dispose que « *les clauses des contrats proposés par les professionnels aux consommateurs ou aux non-professionnels doivent être présentées et rédigées de façon claire et lisible* ». Cela a pour conséquence que les clauses de renvoi ou de référence n'échappent pas à cette obligation de clarté. En bref, de telles clauses doivent « sauter aux yeux » des consommateurs. À défaut, si la clause litigieuse porte sur un élément secondaire du contrat (par exemple, une limitation de responsabilité), elle sera inopposable au consommateur. Si la clause porte en revanche sur un élément essentiel du contrat (par exemple, le prix), le contrat tout entier sera alors annulé. Enfin, le consommateur doit savoir que les documents annexes font partie du contrat et doit pouvoir en prendre connaissance. C'est dire encore que la clause de renvoi à des clauses figurant sur un document extérieur à celui signé (document dit donc annexe) doit être suffisamment apparente et déchiffrable, en application des dispositions de l'article L. 133-2 du Code de la consommation.

## ■ *Une information compréhensible*

L'information n'est compréhensible en droit de la consommation que si elle est rédigée en français et n'est pas obscure. Cela signifie que les mentions figurant sur les étiquettes et portant sur le contenu des contrats de consommation doivent faire preuve de clarté, donc être compréhensibles.

### a) Un étiquetage compréhensible

Les mentions figurant sur les étiquettes doivent être rédigées en français. Cela résulte notamment de l'article R. 112-8 du Code de la consommation. Mais cette règle est devenue générale après la loi du 4 août 1994 dite loi Toubon qui exige l'utilisation de la langue française dans la désignation, l'offre, la présentation, le mode d'emploi ou d'utilisation, l'étendue et les conditions de la garantie d'un bien ou d'un service, ainsi que dans la publicité écrite, parlée ou audiovisuelle.

Afin de se mettre en adéquation avec la jurisprudence communautaire (*v. notamment CJCE, 12 septembre 2000, l'arrêt Casino*), l'article R. 112-8 du Code de la consommation a été complété par l'alinéa supplémentaire suivant : « *les mentions d'étiquetage prévues par le présent chapitre peuvent figurer en outre dans une ou plusieurs autres langues* ».

Les mentions portées sur les étiquettes doivent être facilement compréhensibles, ce qui interdit l'usage des abréviations, sauf celles prévues par la réglementation ou les conventions internationales (par exemple, les lettres UHT visent les laits stérilisés).

### b) Un contenu contractuel compréhensible

Cette exigence de clarté dans les contrats de consommation s'explique par la défiance du législateur à l'égard des professionnels. Au-delà de la rédaction des contrats de consommation en français, des moyens susceptibles d'éclairer le consommateur sur les engagements souscrits sont imposés.

Pour certains contrats de consommation (crédit, démarchage, assurance... ou encore le projet n° 3508 du 1er juin 2011 qui impose dans les contrats de téléphonie une liste minimale de motifs légitimes de résiliation), le législateur prévoit les mentions qui doivent y figurer. Ces mentions sont alors dites obligatoires (on parle aussi de ***formalisme informatif***). La méconnaissance de ces mentions est le plus souvent sanctionnée par la nullité du contrat de consommation. Mais le législateur peut prévoir des sanctions pénales (en matière de démarchage par exemple).

Le législateur va plus loin ***en exigeant que la mention obligatoire dans le contrat de consommation soit manuscrite***. Ainsi, l'article L. 341-2 du Code de la consommation prévoit, « *à peine de nullité de l'engagement de cautionnement* », que toute personne physique qui se porte caution envers un créancier professionnel, par un acte sous seing privé, fasse précéder sa signature d'une mention manuscrite, mention qui est détaillée dans ce texte. Ici, le législateur poursuit comme objectif de faire prendre conscience au consommateur les conséquences de son engagement lorsqu'il accepte de se porter caution.

Le législateur peut *aller* ***jusqu'à imposer des modèles de contrat*** qui doivent être impérativement suivis. Par exemple, les articles R. 211-1 et suivants du Code de la consommation exigent que le professionnel se conforme, sous peine de sanction pénale, au modèle prévu pour la garantie contractuelle de certains biens de consommation (par exemple pour les appareils électroménagers).

L'article L. 133-2 du Code de la consommation (à la suite à la transposition en droit interne de la directive du 5 avril 1993 par la loi française du 1er février 1995) dispose ***que les clauses, en cas de doute, s'interprètent dans le sens le plus favorable au consommateur ou au***

***non-professionnel***. Certes, ce texte consumériste fait écho à l'article 1602 du Code civil qui prévoit que tout pacte obscur s'interprète contre le vendeur.

Pour autant, il existe deux différences :

- d'une part, le Code civil s'attache aux obligations alors que le Code de la consommation s'attache aux contractants, ce qui permet d'en déduire que la clause obscure s'interprète toujours en faveur du consommateur ;
- d'autre part, la règle posée dans le Code civil ne lie pas le juge, ce qui n'est pas la solution prescrite dans le Code de la consommation. De manière plus générale et conséquente, ce texte consumériste impose aux professionnels de présenter et de rédiger de façon claire et compréhensible les clauses des contrats proposés aux consommateurs. Cette exigence de portée générale est renforcée parfois par des prescriptions propres à certains contrats (par exemple, en matière d'assurance ou de crédit à la consommation).

# Le droit à un consentement réfléchi

Chapitre 2

*Le législateur accorde toujours de l'importance à la liberté de choix du consommateur. Mais parce qu'il le juge trop faible, le législateur intervient pour que son engagement ne soit pas immédiatement irrévocable. C'est ainsi un véritable temps de réflexion qui est offert au consommateur lors de la conclusion d'un grand nombre de contrats de consommation.*

Deux techniques juridiques sont utilisées :
- d'une part, la volonté de contracter doit parfois être maintenue ou renouvelée à l'échéance d'un certain délai (le consommateur bénéficie alors d'un délai de réflexion) ;
- d'autre part, le consommateur dispose dans d'autres hypothèses de la faculté de revenir sur son engagement dans un certain délai (le consommateur bénéficie alors d'un droit de repentir).

## 1 Le délai de réflexion

Dans le droit commun, tout contrat se forme par la rencontre entre une offre et une acceptation. En d'autres termes, le contrat est formé dès que l'offre est acceptée.

En droit de la consommation, le législateur modifie le mécanisme classique de l'offre et de l'acceptation. Ainsi il impose ***une période transitoire*** entre l'émission de l'offre par le professionnel et la manifestation de l'acception du consommateur pour certains contrats de consommation. Le consommateur bénéficie ainsi d'un délai de réflexion lui permettant de prendre véritablement connaissance du contrat qui est le plus souvent prérédigé et d'en peser les avantages et les inconvénients. Ce délai est destiné à lui permettre de réfléchir avant de manifester sa volonté de contracter.

Les délais de réflexion concernent principalement l'élève consommateur à distance et l'emprunteur consommateur.

## L'élève consommateur à distance

C'est la loi n° 71-556 du 12 juillet 1971 relative à l'enseignement à distance (aujourd'hui codifiée aux articles L. 444-1 à L. 444-10 et R. 444-1 à R. 444-28, C. éduc.) qui a été la première à aménager un délai de réflexion à l'élève consommateur qui souscrit à distance une formation ou un enseignement.

Ainsi, l'article L. 444-8 du Code de l'éducation dispose qu'« *à peine de nullité, le contrat ne peut être signé qu'au terme d'un délai de sept jours après sa réception* ». C'est donc un temps de réflexion incompressible qui est offert au consommateur. Il s'agit même d'un droit au non-engagement dans la mesure où le contrat ne peut être signé qu'au terme d'un délai de sept jours. Pour calculer ce délai, il ne faut pas compter le samedi, le dimanche, les jours fériés ou chômés s'ils constituent le dernier jour d'expiration du délai. Le délai part également à compter de la réception des documents exigés par la réglementation qui doivent être envoyés par lettre recommandée avec accusé de réception (art. R. 444-23, C. éduc.). Aucune somme d'argent ne peut être évidemment réclamée pendant l'exercice du délai de réflexion.

## L'emprunteur consommateur

***En matière de crédit mobilier*** (appelé encore crédit à la consommation), l'article L. 311-11 du Code de la consommation prévoit toujours (après la réforme du 1<sup>er</sup> juillet 2010) que la remise ou l'envoi de l'offre de contrat de crédit établie par écrit ou sur un support durable oblige le prêteur à maintenir les conditions pendant une durée minimale de quinze jours. Une fois le délai passé, l'offre devient alors automatiquement caduque. Mais comme auparavant, le consommateur continue à pouvoir donner son acceptation à n'importe quel moment pendant le délai légal de quinze jours de validité de l'offre préalable. Le délai de réflexion offert au consommateur d'un crédit à la consommation n'est donc pas incompressible.

***Si l'offre de contrat de crédit ne comporte pas de clause d'agrément***, c'est-à-dire selon laquelle le prêteur se réserve le droit d'agréer l'emprunteur (ou plus concrètement le droit de ne pas contracter avec le demandeur du crédit), le contrat de crédit mobilier devient parfait dès son acceptation par le consommateur en l'absence d'exercice de la faculté de rétractation.

***À défaut si l'offre de contrat de crédit comporte une clause d'agrément,*** le contrat accepté par le consommateur qui n'a pas usé de sa faculté de rétractation ne devient parfait que si le prêteur a dans le délai de sept jours à compter de la date d'acceptation par l'emprunteur fait connaître à ce dernier son agrément. En l'absence de décision d'agrément notifiée à l'emprunteur, cet agrément sera présumé être refusé. En revanche, si les fonds sont remis à l'emprunteur, même au-delà du délai de sept jours, cela équivaut à une décision d'agrément.

Il faut ajouter qu'en matière d'offre préalable de crédit renouvelable (jusqu'à présent ce crédit était appelé crédit revolving ou crédit permanent), l'article L. 311-16 du Code de la consommation exige la remise d'une offre préalable pour le contrat initial et pour toute augmentation du crédit initialement consenti.

Finalement, c'est en matière de crédit immobilier que le consommateur bénéficie pleinement d'un temps de réflexion car ce délai est incompressible. En effet, avant la conclusion du prêt immobilier, le prêteur doit formuler par écrit une offre et l'adresser gratuitement par voie postale à l'emprunteur. Le prêteur doit alors maintenir son offre préalable pendant un délai de trente jours au moins à compter de sa réception par l'emprunteur. Ce dernier (ou la caution) ne peut d'ailleurs accepter cette offre que dix jours après l'avoir reçue (art. L. 312-10, C. consom.).Tant que l'offre préalable n'a pas été acceptée, aucun versement ne peut être fait dans un sens ou dans l'autre sous peine d'amende (art. L. 312-11, C. consom.). Enfin, l'article L. 312-9 du Code de la consommation prévoit que lorsque l'assureur a subordonné sa garantie à l'agrément de la personne de l'assuré et que cet agrément n'est pas donné, le contrat de prêt est résolu de plein droit à la demande de l'emprunteur sans frais ni pénalité d'aucune sorte. Cette demande doit être présentée dans le délai d'un mois à compter de la notification du refus de l'agrément. Il s'agit essentiellement du refus de l'assureur de garantir l'emprunteur contre les risques de décès, d'invalidité ou de maladie, voire de perte d'emploi. Le prêteur doit non seulement informer mais conseiller à l'emprunteur de renoncer au prêt immobilier, sachant que la résolution est de plein droit.

## 2 Le droit de repentir

En droit de la consommation, le droit de repentir (ce qui équivaut au droit de renoncer à son engagement) a un double visage :
- une faculté de rétractation ;
- une faculté de dédit.

### ■ *La faculté de rétractation*

Cette faculté de rétractation constitue un véritable droit au désengagement du contrat de consommation initialement souscrit. Afin de permettre au consommateur d'exercer pleinement sa faculté de rétractation, le législateur a décidé de l'encadrer.

#### a) Un droit au désengagement contractuel

Dans un arrêt du 10 juin 1992, la première chambre civile de la Cour de cassation condamne la théorie doctrinale selon laquelle le contrat de consommation ne se forme que progressivement et ne devient parfait qu'à l'expiration de la faculté de rétractation. En l'occurrence, les Hauts magistrats ont décidé que le contrat de consommation souscrit à la suite d'un démarchage était formé dès l'échange des consentements dans la mesure où les parties étaient tombées d'accord sur la chose et le prix, accord matérialisé par la signature d'un bon de commande.

D'ailleurs tous les textes instituant un droit de repentir le font courir du jour de l'engagement des parties ou même, après exécution du contrat (en matière de vente à distance). Le fait même que le législateur prévoit de suspendre certains effets du contrat pendant le délai de rétractation (par exemple, l'interdiction de tout paiement) démontre encore que le contrat est formé dès le départ. Il faut ajouter que le consentement du consommateur prend effet à l'expiration du délai de rétractation sans qu'une nouvelle manifestation de volonté soit nécessaire. Cela signifie donc bien que le consentement initialement donné est parfait.

La faculté de rétractation constitue par voie de conséquence ***un droit au désengagement*** qui déroge forcément au principe de la force obligatoire des contrats en droit commun.

### b) Un droit très encadré

Il ne sert à rien de faire bénéficier le consommateur d'un droit de rétractation s'il ne connaît pas son existence, s'il ne sait pas dans quel délai il peut se rétracter et s'il ignore les modalités pour exercer son droit.

#### *1) Nécessité d'informer le consommateur de l'existence de la faculté de rétractation*

Très souvent, le Code de la consommation prévoit que le professionnel doit informer le consommateur de l'existence d'une faculté de rétractation en rappelant dans le contrat de consommation l'existence de ce droit de repentir. Tel est le cas en matière de crédit à la consommation (art. L 311-18, C. consom. : ce texte prévoit désormais qu'un encadré, inséré au début du contrat, informe l'emprunteur des caractéristiques essentielles du crédit), de démarchage à domicile (art. L. 121-23 à L. 121-26, C. consom.), de courtage matrimonial (art. 6, I al. 3, loi du 23 juin 1989), de vente à distance (art. L. 121-18, C. consom.) ou d'utilisation à temps partagé de biens immobiliers (art. L. 121-69, C. consom.). Rappelons qu'en dehors même de prescription spéciale, les règles dérivant de la directive du 11 mai 2005 et transposées en droit interne par la loi du 3 janvier 2008 relative aux pratiques commerciales imposent de toute manière au professionnel d'informer le consommateur de l'existence d'un droit de repentir prévu légalement.

#### *2) Des délais variables offerts au consommateur pour se rétracter*

Le délai offert au consommateur pour se rétracter varie selon le contrat de consommation souscrit. ***Il est généralement de sept jours***, comme c'est le cas des contrats d'enseignement à distance (art. L. 444-8, C. éduc.), des contrats de vente à domicile (art. L. 121-25, C. consom.), des contrats de vente à distance (art. L. 121-20, C. consom. accorde un délai de sept jours francs qui court, si le contrat est une vente, de la réception du bien vendu ; ce droit de rétractation constitue plutôt un droit de retour ; v. également le projet de loi dit Lefebvre n° 3508 du 1er juin 2011 qui prévoit d'étendre ce droit de rétractation aux achats à distance de produits médicaux personnalisés) et des contrats de courtage matrimonial (art. 6, II, loi du 23 juin 1989).

***Mais il peut être de quatorze jours*** pour les contrats souscrits à la suite d'un démarchage financier (art. L. 341-16, C. mon. fin.) ou les contrats de crédit mobilier à la consommation (à la suite de la réforme du 1er juillet 2010, l'article L. 311-12 du Code de la consommation accorde au consommateur non plus un délai de sept jours mais un délai de quatorze jours calendaires révolus à compter de l'acceptation de l'offre. Ce délai peut être raccourci conformément à l'article L. 311-35 du même Code) ou encore pour les contrats de jouissance d'immeuble à temps partagé (art. L. 121-69, C. consom.). ***Il sera même de trente jours*** en matière de contrats d'assurance sur la vie (art. L. 132-5-12, C. assur.).

***Ces délais courent généralement à compter du jour de l'engagement du consommateur*** (sauf en matière d'assurance sur la vie où il court à compter du premier versement de la prime ; il faut ajouter comme en matière de démarchage à domicile que la date de la commande qui fait courir le délai n'est pas incluse dans le délai légal de sept jours) et lorsque les délais sont exprimés en jours, le délai est prorogé en principe jusqu'au premier ouvrable suivant lorsque son échéance survient un samedi, un dimanche, un jour férié ou chômé.

### *3) Des modalités facilitant l'exercice de la faculté de rétractation*

Tout d'abord, l'exercice de la faculté de rétractation est gratuit dans les contrats de crédit mobilier, de démarchage à domicile, de démarchage financier, de courtage matrimonial et d'utilisation à temps partagé de biens immobiliers. Cela signifie qu'aucune contrepartie financière n'est possible pendant la durée du délai de rétractation, sauf en matière de vente à distance où le consommateur doit supporter les frais de réexpédition et le coût des communications pour les commandes et des renseignements intervenant avant la conclusion du contrat.

Ensuite, l'exercice de la faculté de rétractation est discrétionnaire dans tous les contrats de consommation qui prévoient un délai de rétractation. Cela signifie que le consommateur n'a pas à motiver sa décision de renoncer au contrat de consommation. D'ailleurs, le professionnel est sanctionné pénalement s'il enregistre sur un fichier la rétractation d'un consommateur.

Enfin, le professionnel est tenu de joindre au contrat de consommation tantôt un formulaire détachable de rétractation (comme en matière de crédit à la consommation ou de contrats souscrits à la suite d'un démarchage à domicile), tantôt une lettre type contenant le droit de rétractation (assurance sur la vie).

Les sanctions applicables en cas de non-respect par un professionnel de la faculté de rétractation offerte au consommateur sont deux ordres :

– civilement, la nullité du contrat de consommation ou la déchéance du droit aux intérêts en matière de crédit mobilier sont envisageables ;
– pénalement, le professionnel engage très souvent sa responsabilité pénale (amende, voire peine d'emprisonnement comme en matière de démarchage à domicile).

## ■ *La faculté de dédit*

À la différence de la faculté de rétractation, ***la faculté de dédit n'est pas gratuite***. Deux formes de dédit sont prévues en droit de la consommation : les arrhes et le droit de repentir en matière d'enseignement à distance.

### a) Les arrhes dans le Code de la consommation

Il est important de savoir si dans un contrat de consommation, les sommes payées d'avance constituent des arrhes ou des acomptes.

En effet, les arrhes permettent aux deux parties de se dédire du contrat, celle qui les a versées en les perdant et celle qui les a reçues en restituant le double (art. 1590, C. civ.).

L'acompte constitue une partie du prix versée d'avance. Les deux contractants sont dès lors engagés définitivement, sans possibilité de se dédire.

C'est au sein de l'article L. 114-1, alinéa 4 du Code de la consommation qu'il a pu être dit qu'il y avait une renaissance des arrhes. En effet, ce texte prévoit que sont qualifiées d'arrhes toutes les sommes versées d'avance, sauf stipulation contraire du contrat. Professionnel et consommateur peuvent donc renoncer à leur engagement, le professionnel devant restituer le double de la somme initialement versée et le consommateur en perdant la somme versée.

Son domaine est le suivant : les contrats ayant pour objet la vente de biens ou la fourniture de prestation de services. Cela emporte comme conséquence que les contrats relatifs aux immeubles sont normalement exclus.

Ses conditions d'application sont au nombre de trois :

– la présomption d'arrhes ne joue que pour les contrats de vente d'un bien ou de fourniture d'une prestation de services dont le prix excède actuellement 500 euros ;
– la livraison du bien ou la fourniture du service promis doit être différée ;
– la présomption n'est que simple ; il suffit donc au professionnel de qualifier les sommes versées d'acompte pour faire échec à la faculté de dédit.

À l'usage, cette faculté de dédit reste exceptionnelle car elle ne joue finalement que lorsque le professionnel a fait preuve de carence dans la rédaction du contrat de consommation.

### b) Le droit de repentir après usage en matière d'enseignement à distance

À la différence des autres hypothèses de repentir, le contrat d'enseignement à distance peut être remis en cause au stade de son exécution.

En effet, le contrat peut être résilié par l'élève de deux manières :

- il peut résilier le contrat à tout moment s'il justifie d'une incapacité à suivre les cours due à un cas de force majeure ou à un cas fortuit (art. L. 444-8, al. 2, C. éduc.). La faculté de dédit n'est pas ici discrétionnaire car l'élève doit notifier par lettre recommandée avec accusé de réception les motifs qui justifient son incapacité à suivre les cours. Ce n'est que si le professionnel ne répond pas dans les huit jours que la résiliation est acquise après la réception de cette lettre. Un calcul des sommes dues par l'élève au prorata du temps écoulé depuis l'entrée en vigueur du contrat devra être alors réalisé (art. R. 444-26, C. éduc.) ;
- il peut renoncer discrétionnairement par lettre recommandée avec accusé de réception mais non gratuitement à suivre les cours dans les trois mois de la signature du contrat (art. L. 444-8, al. 3, C. éduc.). En effet, s'il n'a pas à motiver sa décision de se dédire, il doit en revanche supporter une indemnité de 30 % du prix de l'enseignement. Cette indemnité ne comprend pas les frais de fourniture.

En bref, il s'agit d'une faculté de repentir après usage car l'élève bénéficie d'une période de réflexion qui lui permet de mesurer son engagement après une période d'exécution du contrat d'enseignement. Il ne s'agit pas, pour autant, d'un contrat à l'essai car dans les contrats à l'essai, l'opération est conclue sous condition suspensive d'un essai jugé positif par le consommateur et sans sacrifice pécuniaire alors que dans le contrat d'enseignement à distance, le contrat est déjà formé et l'exercice du droit de repentir se fait avec contrepartie.

# Le droit à une réglementation des contrats les plus dangereux

Chapitre 3

*Certaines méthodes de vente ou de prestation de services font l'objet d'une réglementation plus poussée. De même, le crédit destiné aux consommateurs fait plus particulièrement l'objet de toutes les attentions du législateur. Si tous ces contrats de consommation sont au cœur du droit de la consommation, c'est parce qu'ils reposent sur la surprise, la séduction, la pression ou la manipulation du consommateur. Leur danger est donc évident et le législateur intervient pour limiter les risques d'atteinte au libre arbitre des consommateurs, voire pour interdire certains procédés qui vont trop loin dans la déstabilisation des consommateurs.*

## 1 Protection des consommateurs contre le danger de certaines méthodes de vente ou de prestation de services

Certaines méthodes commerciales ou promotionnelles faussent ou forcent le consentement des consommateurs :

- d'un côté, des méthodes bien qu'agressives au sens où elles portent atteinte au libre arbitre des consommateurs sont autorisées à condition de respecter une réglementation très stricte ;
- d'un autre côté, d'autres méthodes portent atteinte trop gravement au libre arbitre des consommateurs et sont dès lors interdites (partiellement ou totalement).

## ■ *Les méthodes agressives autorisées*

Le consommateur est continuellement aujourd'hui harcelé pour acheter des biens ou s'offrir des prestations de services. Mais normalement dans la vie des affaires de tous les jours, c'est le consommateur qui se rend chez le professionnel. Dans le démarchage, c'est le professionnel qui choisit de se déplacer. Parfois même, le consommateur choisit de contracter à distance. Ces deux procédés ne sont pas interdits mais font l'objet d'une réglementation plus poussée. Ils sont effectivement agressifs. En effet, dans le cadre du démarchage à domicile, le consommateur peut se voir « forcer la main » ou être surpris. En matière de contrats conclus à distance, le consommateur peut être désillusionné et déçu.

### a) Les contrats de consommation conclus par démarchage à domicile

*1) Domaine d'application*

● LES DÉMARCHAGES CONCERNÉS PAR L'ARTICLE L. 121-21 DU CODE DE LA CONSOMMATION

Cet article prévoit que : « *Est soumis aux dispositions de la présente section quiconque pratique ou fait pratiquer le démarchage au domicile d'une personne physique, à sa résidence ou à son lieu de travail, même à sa demande, afin de lui proposer l'achat, la vente, la location, la location-vente ou la location avec option d'achat de biens ou la fourniture de services.*

*Est également soumis aux dispositions de la présente section le démarchage dans les lieux non destinés à la commercialisation du bien ou du service proposé et notamment l'organisation par un commerçant ou à son profit de réunions ou d'excursions afin de réaliser les opérations définies à l'alinéa précédent.* »

Trois éléments doivent donc être réunis pour qu'une opération tombe sous le coup de la réglementation consumériste :

- il faut d'abord que la personne démarchée soit une personne physique (ce qui exclut les personnes morales) ;
- il faut ensuite que le démarcheur se déplace au domicile, à la résidence ou sur le lieu de travail du consommateur ou encore que le démarcheur se rende dans un lieu non destiné à la commercialisation du bien ou du service proposé. On peut d'ailleurs conclure que la formule – lieu non destiné à la commercialisation du bien ou du service – englobe certainement le domicile, la résidence ou le lieu de travail... En outre, en dehors de l'exemple figurant dans le texte, une salle des fêtes et un hôtel ne constituent pas des lieux destinés à la commercialisation du bien ou du service, à la différence des foires. De même, constitue une opération de démarchage à domicile le fait d'appeler un consommateur à se rendre dans un magasin afin d'y retirer un cadeau. En revanche, ne constitue pas une opération de démarchage à domicile le déplacement

d'un professionnel au domicile d'un consommateur pour l'étude des lieux et la prise des mesures nécessaires à l'établissement d'un devis envoyé ultérieurement par voie postale, qui n'a donné lieu à aucun engagement du destinataire ;

– il faut enfin qu'un bien ou un service soit proposé au consommateur.

- LES DÉMARCHAGES EXCLUS PAR L'ARTICLE L. 121-22 DU CODE DE LA CONSOMMATION

Certaines opérations sont exclues de la protection légale car elles font déjà l'objet d'une réglementation particulière (par exemple, le démarchage bancaire ou le démarchage en assurance ou encore le démarchage téléphonique qui fait l'objet d'un encadrement spécifique à l'article L. 121-27 du Code de la consommation).

D'autres opérations sont exclues, à savoir :

– les ventes à domicile de denrées ou de produits de consommation courante faites par des professionnels ou leurs préposés au cours de tournées fréquentes ou périodiques dans l'agglomération où est installé leur établissement ou dans son voisinage (par exemple, cela vise les tournées réalisées par les boulangers) ;

– les ventes, locations ou locations-ventes de biens ou les prestations de service qui ont un rapport direct avec l'activité professionnelle du client (ne bénéficient donc pas de la protection consumériste les professionnels qui concluent lors d'un démarchage des contrats en rapport direct avec leur activité professionnelle...).

Il faut ajouter que certains démarchages sont interdits (par exemple, le démarchage en matière de contrats d'enseignement à distance, à l'occasion ou en prévision d'obsèques, de consultations juridiques...).

*2) Régime applicable*

La protection du consommateur démarché à domicile se résume principalement à deux mesures.

- UN FORMALISME DU CONTRAT

Le contrat doit ainsi être établi en double exemplaire signé par le consommateur. Il comporte, à peine de nullité, des mentions obligatoires édictées à l'article L. 121-23 du Code de la consommation :

– noms du fournisseur et du démarcheur ;

– adresse du fournisseur ;

– adresse du lieu de conclusion du contrat ;

– désignation précise de la nature et des caractéristiques des marchandises ou objets offerts ou services proposés ;

- conditions d'exécution du contrat, notamment les modalités et le délai de livraison des marchandises ou objets, ou d'exécution de la prestation de services ;
- prix global à payer et les modalités de paiement ; en cas de vente à tempérament ou de vente à crédit, les formes exigées par la réglementation sur la vente à crédit, ainsi que le taux nominal de l'intérêt et le taux effectif global de l'intérêt ;
- faculté de renonciation prévue à l'article L. 121-25, ainsi que les conditions d'exercice de cette faculté et, de façon apparente, le texte intégral des articles L. 121-23, L. 121-24, L. 121-25 et L. 121-26.

Aux termes de l'article L. 121-24 du Code de la consommation, le contrat doit joindre un formulaire détachable de rétractation comportant seulement et exclusivement les mentions énumérées aux articles R. 121-3 et suivants du Code de la consommation.

- UN DROIT DE RÉTRACTATION

Le consommateur bénéficie d'un droit parfaitement discrétionnaire de se rétracter pendant un délai de sept jours à compter de la commande (art. L. 121-25, C. consom.). Le point de départ du délai part le lendemain du jour de la conclusion du contrat et si le dernier jour expire un samedi, un dimanche, un jour férié ou chômé, le délai est prorogé jusqu'au premier jour ouvrable. Pour préserver le libre exercice de ce droit de rétractation, la loi interdit au démarcheur de recevoir et d'exiger, directement ou indirectement, à quelque titre que ce soit, une contrepartie ni aucun engagement (par exemple, la remise d'un chèque même non encaissée avant l'expiration du délai de repentir constitue une contrepartie prohibée). Là encore la méconnaissance d'une telle interdiction est sanctionnée par la nullité du contrat.

Il faut ajouter des sanctions pénales prévues pour le défaut d'une mention obligatoire dans le contrat, la violation de toute interdiction anticipée d'une contrepartie ou du délai de repentir. L'article L. 121-28 du Code de la consommation punit d'un an d'emprisonnement et d'une amende de 3 750 euros non seulement le démarcheur mais également le dirigeant de l'entreprise (sauf délégation de pouvoirs régulièrement effectuée).

## b) Les contrats de consommation conclus à distance

La vente par correspondance est encore aujourd'hui extrêmement réglementée. D'autres méthodes de conclusion de contrats à distance existent : démarchage par téléphone, téléachat ou par internet. Certes le consommateur a le temps de réfléchir lorsqu'il contracte à distance. Le danger de telles opérations réside dans la déception lors de la réception de l'objet convoité ou de l'exécution de la prestation de services. En effet, le professionnel a pu présenter l'objet à acheter ou le service à rendre de manière enjolivée, voire tendancieuse.

Aux termes de l'article L. 121-16 du Code de la consommation, « *toute vente d'un bien ou toute prestation de service conclue, sans la présence physique simultanée des parties, entre un consommateur et un professionnel qui, pour la conclusion de ce contrat, utilisent exclusivement une ou plusieurs techniques de communication à distance* » rentre dans le champ d'application de la réglementation de la vente à distance. Sont exclus dans ce texte les contrats portant sur des services financiers.

Sont en revanche exclues totalement de la réglementation au sens de l'article L. 121-17 du Code de la consommation :

- les contrats conclus par le moyen de distributeurs automatiques ou les prestations fournies dans des locaux commerciaux automatisés ;
- les contrats conclus avec les opérateurs de télécommunications pour l'utilisation des cabines téléphoniques publiques ;
- les contrats conclus pour la construction et la vente de biens immobiliers ou portant sur d'autres droits relatifs à des biens immobiliers à l'exception de la location ;
- les contrats conclus lors d'une vente aux enchères publiques.

Sont exclues encore mais partiellement de la réglementation au sens de l'article L. 121-20-4 du Code de la consommation (c'est-à-dire l'information ou le droit de rétractation en faveur du consommateur sont écartés) :

- la fourniture de biens de consommation courante réalisée au lieu d'habitation ou de travail du consommateur par des distributeurs faisant des tournées fréquentes et régulières ;
- la prestation de services d'hébergement, de transport, de restauration, de loisirs qui doivent être fournis à une date ou selon une périodicité déterminées.

Sont exclues toujours partiellement au sens de l'article L. 121-20-2 du Code de la consommation (seul le droit de rétractation est écarté) :

- la fourniture de services dont l'exécution a commencé avec l'accord du consommateur avant le délai de sept jours ;
- la fourniture de biens ou de services dont le prix est fonction de fluctuations des taux du marché financier ;
- la fourniture de biens confectionnés ou qui, du fait de leur nature, ne peuvent être réexpédiés ou sont susceptibles de se détériorer ou de se périmer rapidement ;
- la fourniture d'enregistrements audio ou vidéo ou de logiciels informatiques lorsqu'ils ont été descellés par le consommateur ;
- la fourniture de journaux, de périodiques ou de magazines ;
- le service de paris ou de loteries autorisées.

S'agissant du régime à proprement parler du contrat à distance, l'offre doit comporter de manière claire et compréhensible des mentions obligatoires prévues dans l'article L. 121-18 du Code de la consommation, sous peine de nullité (bien que le texte ne le prévoit pas) ou de sanction pénale (l'article R. 121-1 du Code de la consommation prévoit une contravention de cinquième classe).

Aux termes de l'article L. 121-19 du Code de la consommation, le professionnel doit continuer à fournir au consommateur certaines mentions obligatoires, une fois que le contrat est conclu.

D'une part, le consommateur doit recevoir, par écrit ou sur un autre support durable, confirmation des informations contenues dans l'offre de contrat. D'autre part, le consommateur doit recevoir des informations quant à l'exécution du contrat conclu à distance.

Surtout, le consommateur bénéficie d'un droit de rétractation de sept jours à compter de la réception pour les biens et à compter de l'acceptation de l'offre de contrat à distance pour les prestations de services (art. L. 121-20, C. consom.). S'il exerce son droit de rétractation, il doit retourner le bien au professionnel qui est tenu de rembourser la totalité des sommes perçues au plus tard dans les trente jours après la rétractation. À défaut, le professionnel encourt une peine d'amende. Les sommes non restituées sont productives d'intérêts au taux légal. Il faut ajouter que le contrat électronique fait l'objet de dispositions particulières et que le projet de loi n° 3508 du 1er juin 2011 entend encadrer les achats à distance de produits médicaux personnalisés et de lentilles de contact correctrices.

## ■ *Les méthodes agressives partiellement ou totalement interdites*

Ces méthodes en principe interdites sont le refus de vente ou de prestation de services, les ventes ou prestations de services sans commande préalable, les ventes ou prestations de services liées, les ventes ou prestations de services avec prime, les ventes à la boule de neige et les loteries.

### a) Le refus de vente ou de prestation de services

En dehors du refus de vente ou prestation de services pour discrimination réprimé dans le Code pénal (art. 225-1), l'article L. 122-1 du Code de la consommation prévoit en son alinéa 1er qu'« *il est interdit de refuser à un consommateur la vente d'un produit ou la prestation d'un service, sauf motif légitime* ». Il s'agit dans l'esprit du législateur non pas de lutter à proprement parler contre les discriminations mais d'empêcher toute pratique consistant à fausser la concurrence. L'infraction consumériste ne constitue d'ailleurs qu'une contravention de cinquième classe (1 500 euros d'amende).

Le professionnel ne pourra s'exonérer de sa responsabilité pénale que s'il rapporte la preuve d'un motif légitime qui constitue ici un fait justificatif. Par exemple, il pourra démontrer qu'il ne peut fournir un produit en cas de rupture de stock. En revanche, le fait pour un pharmacien de refuser de délivrer une contraception pour un motif éthique ne constitue pas un motif légitime.

### b) Les ventes ou prestations de services sans commande préalable

Il s'agit de lutter contre des méthodes de commercialisation consistant à forcer le consentement du consommateur. En l'occurrence, le professionnel adresse au consommateur un objet accompagné d'une correspondance lui précisant que si cet objet n'est pas restitué dans un délai donné, il devra s'acquitter du prix de l'objet envoyé. Cette méthode baptisée à l'origine envoi forcé est aujourd'hui désignée sous l'expression « fourniture de biens ou de services sans commande préalable ».

La loi n° 2011-525 du 17 mai 2011 dite de simplification et d'amélioration de la qualité du droit entend, dans son volet sur le droit de la consommation, adapter notre droit interne au droit communautaire (à savoir à la directive du 11 mai 2005 sur les pratiques commerciales déloyales), notamment à la jurisprudence de la Cour de justice de l'Union européenne relative aux pratiques commerciales déloyales. Il faut rappeler que la directive européenne du 11 mai 2005 sur les pratiques commerciales déloyales opère une harmonisation totale. Cette directive s'oppose à toute réglementation nationale qui prévoit, une interdiction de principe, sans tenir compte des circonstances de l'espèce, des ventes ou des prestations de services sans commande préalable.

Ainsi, afin de respecter le droit communautaire, l'article L. 122-3 du Code de la consommation qui prohibe les ventes ou les prestations de services sans commande préalable est modifié comme suit : « *il est interdit d'exiger le paiement immédiat ou différé de biens ou de services fournis par un professionnel ou, s'agissant de biens, d'exiger leur renvoi ou leur conservation, sans que ceux-ci aient fait l'objet d'une commande préalable du consommateur, sauf lorsqu'il s'agit d'un bien ou d'un service de substitution fourni conformément à l'article L 121-20-3... (cela concerne la vente à distance)* ». Il est donc permis d'envoyer à un consommateur un objet gratuitement ou sans contrepartie.

La violation de cette interdiction est désormais sanctionnée d'une peine d'emprisonnement de deux ans, d'une amende de 150 000 euros (l'amende peut être portée à 750 000 euros en cas de responsabilité pénale d'une personne morale) et d'une interdiction d'exercer directement ou indirectement une activité commerciale pendant une durée qui peut aller jusqu'à cinq ans.

Cette loi du 17 mai 2011 n'a malheureusement pas prévu de supprimer la sanction pénale prescrite en cas d'envoi d'objet sans commande préalable à l'article R. 635-2 du Code pénal.

Sur le plan civil, le contrat ainsi conclu est nul et de nul effet et le professionnel doit, en outre, restituer les sommes qu'il aurait indûment perçues sans engagement exprès et préalable du consommateur avec intérêts au taux légal calculé à compter de la date de paiement indu et intérêts au taux légal majoré de moitié à compter de la demande de remboursement faite par le consommateur.

### c) Les ventes ou prestations de services liées (ou encore appelées subordonnées ou jumelées)

À la lumière du droit communautaire qui condamne toute interdiction générale des ventes liées ou subordonnées, la loi du 17 mai 2011 vient conditionner désormais l'interdiction nationale des ventes ou prestations de services liées à l'appréciation du caractère déloyal de la pratique incriminée. En effet, la Cour de justice de l'Union européenne donne la préférence à la liberté d'entreprendre sur toute interdiction de principe (donc générale) qui ne prendrait pas compte des circonstances de l'espèce.

L'article L. 122-1 du Code de la consommation interdit donc à un professionnel de subordonner la vente d'un produit à l'achat d'une quantité imposée ou l'achat concomitant d'un autre produit ou d'un autre service ainsi que de subordonner la prestation de service à celle d'un autre service ou à l'achat d'un produit « dès lors que cette subordination constitue une pratique commerciale déloyale au sens de l'article L. 120-1 (texte qui donne une définition générale des pratiques commerciales déloyales) ». Cela signifie que la pratique litigieuse ne pourra être répréhensible que si elle présente concrètement un caractère déloyal. Le principe est donc que la vente subordonnée est autorisée tant qu'elle n'apparaît pas déloyale. Cela explique également que la jurisprudence française a déjà anticipé en appréciant la validité des ventes subordonnées (par exemple, la vente liée portant sur un ordinateur équipé de logiciels pré-installés) au regard des critères de la directive du 11 mai 2005, à savoir : ou bien la pratique litigieuse rentre dans la liste noire européenne et la pratique devient automatiquement déloyale, ou bien elle ne rentre pas dans cette liste noire et le juge doit apprécier *in concreto* si la pratique litigieuse qui lui est soumise présente un caractère déloyal.

Si les conditions légales de la pratique commerciale trompeuse ou agressive sont réunies, l'opération incriminée sera susceptible d'être sanctionnée sur le fondement des articles L. 121-1 ou L. 122-1 du Code de la consommation. À défaut, la subordination litigieuse de vente ou de prestation de services pourra être sanctionnée, en application des dispositions de l'article L. 122-1 du Code de la consommation, par une amende de 1 500 euros.

### d) Les ventes ou prestations de services avec prime

Pour les mêmes raisons que précédemment, la loi du 17 mai 2011 réécrit l'article L. 121-35 du Code de la consommation qui interdit « *toute vente ou offre de vente de produits ou de biens ou toute offre de prestation de services faites aux consommateurs et donnant droit, à titre gratuit, immédiatement ou à terme, à une prime consistant en produits, biens ou services sauf s'ils sont identiques à ceux qui font l'objet de la vente ou de la prestation, dès lors que la pratique en cause revêt un caractère déloyal au sens de l'article L. 120-1* ».

L'infraction est normalement punie des peines d'amende prévues pour les contraventions de cinquième classe (art. R. 121-13, C. consom.).

Désormais, la vente avec prime n'est donc pas en elle-même interdite. Elle ne le sera que si elle est concrètement déloyale.

Cinq éléments sont donc nécessaires :

- la remise de la prime doit être subordonnée à la conclusion d'un contrat par un consommateur à titre onéreux ;
- l'interdiction ne vise que les primes en nature, c'est-à-dire l'attribution d'un bien ou d'une prestation de services (en conséquence, ne sont pas concernés les escomptes ou les rabais) ;
- le bien ou le service ne doit pas être identique à celui proposé dans le contrat principal (en conséquence, la pratique du treize à la douzaine est autorisée car c'est une manière de réduire le prix) ;
- la prime doit être gratuite (la pratique du couponnage est donc autorisée ; certains professionnels ont d'ailleurs contourné l'interdiction légale en recourant au « pour un euro de plus », la prime offerte devenant alors payante...) ;
- la pratique doit être déloyale (ce qui suppose une évaluation au cas par cas de la déloyauté des pratiques poursuivies).

Il existe de toute manière certaines dérogations :

- les menus objets ou services de faible valeur ni aux échantillons (art. L. 121-35, C. consom.) ;
- le conditionnement habituel du produit vendu, les biens ou services indispensables à l'utilisation normale du bien ou du service vendu, le service après-vente, les facilités de stationnement, les prestations de services dépourvues de valeur marchande (art. R. 121-9, C. consom.).

Il faut ajouter la licéité des cadeaux à la condition que le cadeau en question ne soit pas lié à une obligation d'achat (car cela deviendrait une prime) et ne constitue pas une pratique déloyale.

### e) Les ventes « à la boule de neige »

La vente dite « à la boule de neige » ou encore dite vente pyramidale consiste à proposer à un consommateur d'acquérir un bien à un prix réduit à la condition qu'il trouve d'autres acquéreurs. Cette technique s'apparente à de l'escroquerie car très vite le système va dysfonctionner. En effet, si chaque consommateur doit recruter quatre acquéreurs, dès le 13$^{e}$ rang, la population française sera dépassée. L'expression de boule de neige prend donc tout son sens... Il est évident que dans ce système, seul l'escroc profite en réalité de la crédulité des consommateurs.

L'article L. 122-6 du Code de la consommation interdit donc en son alinéa 1er « *la vente pratiquée par le procédé dit de la boule de neige ou tous autres procédés analogues consistant en particulier à offrir des marchandises au public en lui faisant espérer l'obtention de ces marchandises à titre gratuit ou contre remise d'une somme inférieure à leur valeur réelle et en subordonnant les ventes au placement de bons ou de tickets à des tiers ou à la collecte d'adhésions ou inscriptions* ».

Cet article a été enrichi par les lois du 1er février 1995 et du 3 janvier 2008 afin de lutter contre les réseaux de vente constitués par recrutement en chaîne d'adhérents ou d'affiliés et les chaînes d'argent.

L'infraction est punie d'une peine d'amende de 4 500 euros et d'une peine d'emprisonnement d'un an (art. L. 122-7, C. consom.).

### f) Les loteries

Les loteries sont réprimées par une loi ancienne du 21 mai 1836 et le Code de la consommation.

#### *1) Les loteries prohibées par la loi du 21 mai 1836*

L'article 2 de cette loi définit les loteries prohibées. Sont réputées loteries et interdites comme telles : les ventes d'immeubles ou de marchandises effectuées par la voie du sort, ou auxquelles auraient été réunis des primes ou autres bénéfices dus, même partiellement au hasard, et généralement toutes opérations offertes au public, sous quelque dénomination que ce soit, pour faire naître l'espérance d'un gain qui serait acquis par la voie du sort.

Il ressort de ce texte trois éléments constitutifs de l'infraction qui sont l'offre au public, l'espérance d'un gain (qui consiste en tout avantage) et l'intervention du hasard. À ces éléments légaux, il faut en ajouter un quatrième d'origine jurisprudentielle : l'opération doit impliquer un sacrifice pécuniaire (par exemple, l'obligation d'acheter une galette des rois en vue de gagner une pièce d'or constitue une loterie prohibée au sens de la loi de 1836).

Mais le législateur admet des exceptions à l'interdiction des loteries :

- lotos de bienfaisance ;
- lotos traditionnels ;
- loteries pendant les fêtes foraines ;
- loteries confiées à la Française des jeux.

L'infraction est sanctionnée par une peine d'emprisonnement de trois ans et par une peine d'amende de 90 000 euros (article 3 de la loi du 21 mai 1836 dans sa rédaction de la loi n° 2010-476 du 12 mai 2010).

Force est de constater que la loi du 17 mai 2011 censée adapter le droit français de la consommation à la jurisprudence européenne en matière de pratiques commerciales oublie malheureusement d'aménager l'interdiction (pourtant) générale des loteries tombant sous le coup de la loi de 1836.

*2) Les loteries publicitaires prohibées à l'article L. 121-36 du Code de la consommation*

L'article L. 121-36 du Code de la consommation prévoit que « *Les opérations publicitaires réalisées par voie d'écrit qui tendent à faire naître l'espérance d'un gain attribué à chacun des participants, quelles que soient les modalités de tirage au sort, ne peuvent être pratiquées que si elles n'imposent aux participants aucune contrepartie financière ni dépense sous quelque forme que ce soit* ».

La loi du 17 mai 2011 ajoute à l'alinéa 1er de ce texte la phrase suivante : « *Lorsque la participation à cette opération est conditionnée à une obligation d'achat, la pratique n'est illicite que dans la mesure où elle revêt un caractère déloyal au sens de l'article L 120-1* », texte qui pose une définition générale de la pratique commerciale déloyale.

En d'autres termes, lorsque la contrepartie financière consiste à ce que le consommateur soit tenu d'acheter un produit ou un service, la pratique n'est répréhensible que si elle est déloyale. Cela suppose certainement de démontrer à tout le moins qu'elle altère le comportement économique du consommateur, par exemple (comme le prévoit l'article L. 122-11-1-8°, C. consom.) en donnant l'impression au consommateur pour gagner le gain qu'il doit s'engager en s'acquittant du prix du produit ou du service à rendre.

Cette infraction est sanctionnée par une peine d'amende de 37 500 euros.

Mais la sanction des loteries publicitaires qui faussent le consentement des consommateurs réside plutôt dans une sanction civile fondée sur l'article 1382 du Code civil (ainsi l'annonceur peut être condamné à des dommages-intérêts pour avoir trompé la crédulité de consommateurs) ou sur l'existence d'un quasi-contrat (pour contraindre l'organisateur de la loterie à verser le lot promis, v. l'article 1371, C. civ.).

Il faut ajouter que lorsque la loterie publicitaire est licite, elle doit respecter des règles impératives :
- le bon de participation doit être distinct du bon de commande (art. L. 121-36, C. consom.) ;
- des exigences de forme prescrites à l'article L. 121-37 du Code de la consommation ;
- le règlement des opérations, ainsi qu'un exemplaire des documents adressés au public doivent être déposés auprès d'un officier ministériel, qui s'assure de leur régularité (art. L 121-38, C. consom.). Toute personne peut d'ailleurs demander gratuitement l'envoi du règlement.

En résumé, la directive du 11 mai 2005 refuse qu'une réglementation nationale pose le principe d'une interdiction générale, sans tenir compte des circonstances de l'espèce, des pratiques commerciales qui font dépendre les consommateurs à leur participation à un concours ou à jeu promotionnel de l'acquisition d'un bien ou d'un service. Il semble même envisageable pour les jeux concours d'aménager une part de hasard, notamment en départageant les gagnants par tirage au sort ou encore en organisant des concours de pronostics pour tout acheteur d'un produit.

## 2 Protection des consommateurs contre le danger des opérations de crédit

Si le crédit alimente l'activité économique, il n'en reste pas moins qu'il comporte des risques tant pour l'économie nationale (la crise financière en est un exemple récent) que pour les emprunteurs (le surendettement constitue aujourd'hui un véritable fléau social). Le législateur encadre donc le crédit à la consommation (crédit mobilier) et le crédit immobilier. Il est également intervenu pour traiter le surendettement des consommateurs.

### ■ *Le crédit à la consommation*

Initialement, c'est la loi n° 78-22 du 10 janvier 1978 qui constituait la « véritable charte du crédit à la consommation » (selon les professeurs Calais-Auloy et Steinmetz). Cette loi a d'ailleurs été codifiée dans les articles L. 311-1à L. 311-37 du Code de la consommation.

La loi n° 2010-737 du 1^er^ juillet 2010 portant réforme du crédit à la consommation (à la suite de la transposition de la directive européenne du 23 avril 2008 relative aux crédits aux consommateurs) affine le champ d'application de la protection des consommateurs emprunteurs, encadre fortement la période précontractuelle, modifie sensiblement certaines règles régissant la formation ou l'exécution du contrat de crédit et apporte quelques retouches au contentieux du crédit à la consommation.

#### a) Le champ d'application des règles du crédit à la consommation

La loi du 1^er^ juillet 2010 détermine les opérations relevant de la protection légale et les opérations exclues de cette protection légale.

*1) Les opérations relevant de la protection légale*

Le législateur définit la qualité des parties et la nature de l'opération de crédit soumises au droit de la consommation.

- LES PARTIES SOUMISES À LA RÉGLEMENTATION SUR LE CRÉDIT À LA CONSOMMATION

***L'emprunteur*** est « *toute personne physique, en relation avec un prêteur, dans le cadre d'une opération de crédit, réalisée ou envisagée dans un but étranger à son activité commerciale ou professionnelle* » (art. L. 311-1-2°, C. consom.).

Sont donc exclus de la protection légale, d'une part les prêts consentis à des personnes morales (par exemple des associations à but non lucratif), et d'autre part les prêts destinés à financer les besoins d'une activité commerciale ou professionnelle (un professionnel peut donc souscrire un crédit à la consommation, sauf si les fonds prêtés sont destinés à financer son activité professionnelle).

***Le prêteur*** est « *toute personne qui consent ou s'engage à consentir un crédit [...] dans le cadre de ses activités commerciales ou professionnelles* » (art. L. 311-1-1°, C. consom.).

Cette nouvelle définition abandonne le critère de l'habitude qui faisait partie de la réglementation antérieure. Le prêteur soumis au Code de la consommation est donc un professionnel qui accepte d'entrer dans une opération de crédit à la consommation. Sont donc exclus les prêts conclus entre des particuliers. En revanche, sont concernés les prêts accordés par les établissements de crédit ou de paiement, ainsi que les professionnels qui consentent à leurs clients des facilités de paiement.

- LA NATURE DES OPÉRATIONS RÉGIES PAR LA RÉGLEMENTATION SUR LE CRÉDIT À LA CONSOMMATION

L'article L. 311-1-4° du Code de la consommation définit l'opération de crédit soumise au droit de la consommation comme étant « *une opération ou un contrat par lequel un prêteur consent ou s'engage à consentir à l'emprunteur un crédit sous la forme d'un délai de paiement, d'un prêt, y compris sous la forme de découvert, ou de toute autre facilité de paiement similaire, à l'exception des contrats conclus en vue de la fourniture d'une prestation continue ou à exécution successive de services ou de biens de même nature et aux termes desquels l'emprunteur en règle le coût par paiements échelonnés pendant toute la durée de la fourniture* ». Ce texte qui a visiblement une grande portée générale s'applique donc à toute opération de crédit à titre onéreux ou à titre gratuit (ainsi que d'ailleurs à son cautionnement).

Pour compléter la protection du consommateur à crédit, l'article L. 311-2 du Code de la consommation assimile à des opérations de crédit la location-vente et la location avec option d'achat. Les prêts sur gage (prêts consentis par les caisses de crédit municipal) sont seulement soumis aux dispositions des articles L. 311-4 et L. 311-5 du Code de la consommation relatifs à la publicité et aux dispositions réglementaires en matière d'information des consommateurs. Surtout, les crédits la consommation hypothécaires ou passés en la forme authentique (c'est-à-dire par acte notarié) rentrent dans le champ d'application de la réglementation sur le crédit à la consommation.

En revanche, les ventes ou prestations de services à exécution successive (par exemple, les ventes de livre en série) qui prévoient un paiement par mensualités sont exclues des opérations de crédit.

### *2) Les opérations exclues de la protection légale*

La liste figurant à l'article L. 311-3 du Code de la consommation a été sensiblement modifiée par la loi du 1er juillet 2010. Plusieurs opérations sont ainsi exclues à raison du montant du crédit accordé, de la durée du crédit consenti et de la nature du crédit octroyé.

- À RAISON DU MONTANT DU CRÉDIT

Sont exclus les prêts d'un montant inférieur à 200 euros ou supérieur à 75 000 euros (sauf les opérations de regroupement de crédits). Le montant indiqué est celui du montant du capital effectivement prêté à l'emprunteur. Auparavant, le montant plafond était de 21 500 euros.

- À RAISON DE LA DURÉE

Sont exclus de manière générale les crédits à titre onéreux ne dépassant pas trois mois, ainsi que plusieurs opérations :

– les découverts en compte d'une durée inférieure ou égale à un mois ;
– les opérations de crédit permettant un remboursement dans un délai ne dépassant pas trois mois qui ne sont assorties d'aucun intérêt ou d'aucun frais ou seulement de frais d'un montant négligeable ;
– les utilisations par carte bancaire donnant lieu à un paiement différé n'excédant pas quarante jours et sans autres frais que la cotisation afférente à la carte ;
– les paiements dits « quatre fois sans frais » à la condition que cela ne dépasse pas le délai maximum de trois mois.

- À RAISON DE LA NATURE DU CRÉDIT

Sont exclus les crédits destinés à financer une opération immobilière ou à financer la réalisation de travaux relatifs à un immeuble acquis au moyen d'un crédit (art. L. 311-3-1°, C. consom.). En d'autres termes, les travaux de réparation, d'amélioration ou d'entretien non liés à une acquisition sont désormais soumis au régime des crédits à la consommation dès lors que leur montant est inférieur ou égal à 75 000 euros. Si le montant de ces travaux dépasse 75 000 euros, les prêts consentis seront alors soumis aux dispositions régissant le crédit immobilier (art. L. 312-2, C. consom.).

Sont encore exclues plusieurs opérations particulières, à savoir :

– les prêts consentis par les entreprises à leurs salariés sous forme d'avance sur salaires ou de prêts à caractère exceptionnel consentis pour des motifs sociaux (art. L. 511-6, 3, C. mon. fin.) ;

– les prêts d'investissement (art. L. 321-2, 2 C. mon. fin.) ;
– les contrats résultant d'un accord intervenu devant une juridiction ou dans le cadre d'une procédure de surendettement ;
– les contrats accordant un délai de paiement pour régler une dette à l'amiable à la seule condition qu'aucuns frais supplémentaires à ceux stipulés dans le contrat ne soient mis à la charge du consommateur.

### b) L'encadrement de la période précontractuelle

Dans le souci de tendre vers un crédit plus responsable, le législateur renforce l'encadrement de la période précontractuelle, c'est-à-dire la période se situant avant la conclusion du contrat de crédit.

Ainsi, la loi du 1er juillet 2010 accentue la réglementation de la publicité du crédit à la consommation, augmente la quantité d'informations devant être fournies au futur emprunteur et met à la charge du prêteur deux nouvelles obligations, soit une obligation d'explication et une obligation de vérification de la solvabilité de l'emprunteur.

#### *1) Le renforcement de l'encadrement de la publicité*

Dès qu'une publicité annonce un taux d'intérêt ou des informations chiffrées liées au coût du crédit (on parle alors de publicité chiffrée), celle-ci doit comporter des mentions obligatoires qui sont les suivantes (art. L. 311-4, C. consom.) :
– le taux débiteur et la nature fixe, variable ou révisable du taux (sauf pour les opérations de location-vente ou de location avec option d'achat) ;
– les frais entrant dans le coût total du crédit pour l'emprunteur ;
– le montant total du crédit ;
– le taux annuel effectif global (sauf encore pour les opérations de location-vente ou de location avec option d'achat) ;
– s'il y a lieu, la durée du contrat de crédit ;
– dans l'hypothèse d'un crédit accordant un délai de paiement pour financer l'acquisition d'un bien ou la fourniture d'un service, le prix au comptant et le montant de tout acompte ;
– le montant total dû par l'emprunteur et le montant des échéances ;
– s'il y a une assurance souscrite, son coût exprimé en euros par mois. La publicité doit également préciser si ce montant s'ajoute ou non à l'échéance de remboursement du crédit.

Cette publicité chiffrée doit comporter des informations claires, précises et lisibles, à l'aide d'un exemple représentatif (y compris pour le crédit renouvelable). Cette exigence de clarté impose notamment de respecter une taille de caractère (art. L. 311-5, C. consom.). En particulier, le taux annuel effectif global doit apparaître dans une taille de caractère plus importante que celle utilisée pour les autres caractéristiques du crédit, dont son taux d'intérêt (v. encore l'article L. 311-5, C. consom.).

Toute publicité, à l'exception des publicités radiodiffusées, doit contenir, quel que soit le support utilisé une mention suivante qui ne manque pas de surprendre : « *Un crédit vous engage et doit être remboursé. Vérifiez vos capacités de remboursement avant de vous engager* » (art. L. 311-5, C. consom.). En effet, tout emprunteur sait qu'il doit rembourser le crédit souscrit...

La publicité de certaines opérations de crédit fait l'objet d'une réglementation particulière, à savoir pour le crédit gratuit, le regroupement de crédits, les autorisations de découvert entre un mois et trois mois, les cartes de paiement associées à un compte de dépôt, les avantages ouverts sur une carte de crédit et le crédit renouvelable (qui fait l'objet d'une présentation standardisée).

Enfin, l'article L. 311-5 du Code de la consommation prévoit également plusieurs interdictions :

- interdiction de laisser entendre dans la publicité que le prêt améliore la situation financière de l'emprunteur, entraîne une augmentation de ses ressources, constitue un substitut d'épargne ou accorde une réserve automatique d'argent immédiatement disponible sans contrepartie financière identifiable ;
- interdiction dans la publicité de proposer, sous quelque forme que ce soit, des lots promotionnels liés à l'acceptation d'une offre de crédit ;
- interdiction pour le prêteur de faire bénéficier dans ses publicités à l'emprunteur d'une prime gratuite, immédiate ou à terme en nature de produits ou de biens, d'une valeur supérieure à un montant fixé par arrêté ministériel (l'arrêté ministériel du 30 novembre 2010 a fixé la valeur maximale de la prime à 80 euros) ;
- interdiction pour le prêteur de mentionner dans ses publicités une période de franchise de loyers ou de remboursement d'échéances pour un crédit supérieur à trois mois (sauf pour les prêts aidés par l'État en vue du financement du permis de conduire ou d'études pour les étudiants).

L'annonceur qui ne respecte pas les prescriptions légales encourt une amende de 1 500 euros (art. L. 311-49, C. consom.). Le juge peut par ailleurs ordonner la publication du jugement et la rectification de la publicité aux frais du professionnel condamné.

### *2) La multiplication des informations à destination du futur emprunteur*

L'objectif est de permettre à un consommateur qui souhaite obtenir un crédit à la consommation de disposer de toutes les informations sur les crédits pouvant lui être offerts afin de donner son consentement en parfaite connaissance de cause à l'opération de crédit envisagée. Jusqu'alors cette période précontractuelle ne faisait pas véritablement l'objet d'une réglementation. La loi du

1er juillet 2010 renforce l'information à destination du futur emprunteur par l'intermédiaire d'une fiche d'information précontractuelle.

En effet, l'article L. 311-6, I du Code de la consommation dispose que le prêteur ou l'intermédiaire de crédit remet à l'emprunteur (selon l'article L. 311-1 du même Code, l'intermédiaire de crédit est défini comme « *toute personne qui, dans le cadre de ses activités commerciales ou professionnelles habituelles et contre rémunération ou un avantage économique, apporte son concours à la réalisation* » d'un crédit sans agir en qualité de prêteur ; cela concerne le personnel sur les lieux de vente et à distance qui doit, en application des dispositions de l'article L. 311-8 alinéa 3 du Code, bénéficier d'une formation à la distribution du crédit et à la prévention du surendettement), préalablement à la conclusion du contrat de crédit, par écrit ou sur un autre support durable, les informations nécessaires à la comparaison de différentes offres lui permettant, compte tenu de ses préférences, d'appréhender clairement l'étendue de son engagement.

Il s'agit ainsi d'une fiche standardisée qui a pour objet de détailler les caractéristiques principales du crédit et qui ne peut comporter d'autres informations que celles qui sont prescrites réglementairement (art. R. 311-3 et s., C. consom.), ainsi que l'avertissement de l'article L. 311-5 du Code de la consommation (« *Un crédit vous engage et doit être remboursé. Vérifiez vos capacités de remboursement avant de vous engager* »). Si le prêteur fournit à un consommateur d'autres informations, il doit le faire dans un document distinct (art. L. 311-7, C. consom.). Cette fiche précontractuelle ne constitue pas pour autant une offre de crédit et n'engage donc pas contractuellement le prêteur. Mais il est évident que si cette fiche est remise en même temps que l'offre de crédit, il ne peut y avoir de divergence. Cette fiche est également prévue dans le cadre d'un découvert bancaire.

Surtout, en application des dispositions de l'article L. 311-6, II du Code de la consommation, le prêteur doit s'assurer que la fiche est bien remise à l'emprunteur sur les lieux de vente. L'article L. 311-8-1 du Code de la consommation précise que lorsqu'un prêteur ou un intermédiaire de crédit propose au consommateur, sur le lieu de vente ou par un moyen de vente à distance, un contrat de crédit pour financer l'achat de biens ou de prestations de services particuliers pour un montant supérieur à un seuil fixé par décret (le décret n° 2010-1462 du 30 novembre 2010 fixe ce seuil à 1000 euros ; v. désormais l'article D. 311-3-1 du Code de la consommation), le consommateur doit disposer de la possibilité de conclure un contrat de crédit amortissable à la place d'un contrat de crédit renouvelable.

Pour les contrats conclus à distance, l'information précontractuelle présente en matière de crédit à la consommation se substitue à celle prévue pour les contrats de services financiers à distance (art. L. 121-20-11, al 1er, C. consom.).

Si le prêteur offre ou exige une assurance, il doit informer le futur emprunteur du coût standard de l'assurance, à l'aide d'un exemple chiffré en euros et par mois.

Enfin, en cas de manquement à ces obligations, le prêteur encourt une amende de 1 500 euros (art. L. 311-49, C. consom.) et surtout la déchéance du droit aux intérêts (art. L. 311-48, C. consom.). Autant dire que le prêteur a intérêt à se préconstituer une preuve, notamment en se faisant remettre un des exemplaires de cette fiche préalablement signée par le futur emprunteur.

### *3) La création de nouvelles obligations à la charge du prêteur*

La loi du 1er juillet 2010 crée deux nouvelles obligations à la charge du prêteur :

- d'une part, l'article L. 311-8 du Code de la consommation impose au prêteur ou à l'intermédiaire de crédit de fournir à l'emprunteur les explications lui permettant de déterminer si le contrat de crédit proposé est adapté à ses besoins et à sa situation financière. Ces explications seront certainement données à partir des informations recueillies auprès de l'emprunteur dans le cadre de la fiche d'information standardisée. Ce devoir d'explication englobe forcément le devoir de mise en garde dégagé par la jurisprudence qui a mis à la charge du prêteur de mettre en garde l'emprunteur non averti contre les risques d'un endettement excessif. Il concerne en revanche tous les emprunteurs sans qu'il soit besoin de s'interroger s'ils sont avertis ou non des arcanes du crédit ;
- d'autre part, l'article L. 311-9 du Code de consommation met à la charge du prêteur une obligation qui est le corollaire de la précédente, à savoir que le prêteur doit s'assurer de la solvabilité de l'emprunteur. À ce titre, le prêteur ou l'intermédiaire de crédit doit consulter le fichier des incidents de paiement et en application des dispositions de l'article L. 311-10 du même code, il doit faire remplir à l'emprunteur une fiche dite de dialogue distincte de la fiche d'information précontractuelle standardisée recueillant ses ressources et ses charges, ainsi que ses prêts en cours. Cette fiche devra d'ailleurs être signée par l'emprunteur. Il convient de rappeler que dans le cadre du devoir de mise en garde, la jurisprudence a eu l'occasion de décider que l'emprunteur déloyal (c'est-à-dire qui dissimule la réalité de sa situation) ne peut plus invoquer la violation de l'obligation de mise en garde du prêteur. À l'avenir, la vérification de la solvabilité de l'emprunteur par le prêteur risque de se trouver facilitée par la création d'un fichier positif qui devrait recenser pour chaque ménage les crédits souscrits. Par ailleurs, lorsque les opérations de crédit sont conclues sur le lieu de vente ou au moyen d'une technique de communication à distance, la fiche d'informations qui doit être remise à l'emprunteur doit être complétée de pièces justificatives si le montant du crédit accordé est supérieur à 3 000 euros (le décret n° 2010-146 du 30 novembre 2010 fixe effectivement ce seuil à 3 000 euros ; v. désormais l'article D. 311-3-3, C. consom.).

Le non-respect de ces obligations est sanctionné par la déchéance du droit aux intérêts. Surtout, le prêteur est responsable à l'égard de l'emprunteur de sa faute mais aussi de celle des intermédiaires de crédit (art. L. 311-51, C. consom.), ce qui reviendra à permettre une diminution de la dette à titre de réparation. Il faut ajouter que pour les découverts bancaires d'une durée supérieure à un mois et inférieure ou égale à trois mois, seules les informations nécessaires à la comparaison des différentes offres et permettant à l'emprunteur d'appréhender clairement l'étendue de son engagement sont à fournir.

### c) Les règles régissant la formation et l'exécution du contrat de crédit

Il existe un dispositif général applicable à tous les contrats de crédit et un dispositif spécifique à certaines opérations de crédit.

#### *1) Le régime général*

● LA FORMATION DU CONTRAT DE CRÉDIT

*I. L'offre du contrat de crédit*

L'article L. 311-11 du Code de la consommation prévoit que l'offre de contrat de crédit (appelée auparavant offre préalable de crédit) est établie par écrit ou sur un autre support durable (l'objectif est de développer la conclusion du contrat électronique). Cette offre comporte des mentions obligatoires édictées par décret (le législateur abandonne ainsi les modèles types obligatoires ; v. le décret n° 2011-136 du 1er février 2011 et désormais par voie de conséquence l'article R. 311-5 du Code de la consommation) et doit être remise ou adressée à chaque co-emprunteur, et le cas échéant, à la caution. Elle est encore accompagnée de la fiche standardisée prévue à l'article L. 311-6 du Code de la consommation. Lorsque l'offre comporte une assurance, une notice explicative doit être jointe. Si le prêteur exige que l'assurance soit obligatoire, il doit indiquer à l'emprunteur qu'il peut souscrire une assurance équivalente auprès de l'assureur de son choix (art. L. 311-19, C. consom.). Le prêteur est toujours tenu de maintenir les conditions de son offre pendant une durée minimale de quinze jours à compter la remise ou de l'envoi. Au-delà, l'offre devient automatiquement caduque.

*II. L'acceptation de l'offre de contrat de crédit*

Aux termes de l'article L. 311-13 du Code de la consommation, l'offre acceptée par l'emprunteur ne devient un contrat de crédit parfait qu'à la double condition :

– l'emprunteur ne doit pas se rétracter dans un délai de quatorze jours calendaires (avant la réforme du 1er juillet 2010, le délai n'était que de sept jours) révolus à compter du jour de l'acceptation de l'offre de contrat de crédit. En cas d'exercice de son droit de repentir, l'emprunteur ne sera plus tenu par le contrat de service accessoire au contrat de crédit (par exemple, l'assurance). Au-delà d'un délai de sept jours, les fonds prêtés peuvent être versés, malgré le fait que le délai de rétractation de quatorze jours ne soit pas expiré. Si l'emprunteur se rétracte dans une telle hypothèse, il devra rembourser le capital versé, ainsi que les intérêts contractuels dans un délai maximum de trente jours après l'envoi de la notification de la rétractation au prêteur (le prêteur n'a pas droit à une indemnité). La faculté de rétractation qui ne peut donner lieu à aucun enregistrement sur un fichier s'exercera normalement par écrit au moyen du formulaire détachable joint à l'exemplaire du contrat de crédit ;

– le prêteur a l'obligation de faire connaître à l'emprunteur sa décision de lui accorder le crédit (auparavant, la pratique de la clause d'agrément n'était qu'une simple faculté) dans un délai de sept jours. À défaut, l'agrément sera réputé refusé. Toutefois, la remise des fonds au-delà de sept jours vaut agrément (art. L. 311-13, C. consom.). Il faut ajouter que si le prêteur accorde le prêt après l'expiration du délai de sept jours, l'agrément ainsi donné tardivement ne reste valable qu'à la condition que l'emprunteur fasse savoir qu'il entend toujours bénéficier du crédit.

- L'EXÉCUTION DU CONTRAT

Le législateur apporte deux innovations :

– d'une part, le prêteur est tenu d'une obligation d'information (art. L. 311-21, C. consom.), notamment d'informer l'emprunteur de toute variation du taux débiteur dans le cadre de prêts à taux variable ou révisable (découverts supérieurs à trois mois et crédits renouvelables). Pour tous les crédits, à l'exception de la location-vente et la location avec option d'achat, il doit informer l'emprunteur, au moins une fois par an, du montant du capital restant à rembourser ;

– d'autre part, le remboursement par anticipation du crédit reste toujours possible sans donner lieu en principe à indemnité. Le prêteur peut, dans certains cas, exiger une indemnité dès lors que le montant du remboursement sera supérieur à une certaine somme fixée par décret, à savoir 10 000 euros sur une période de douze mois (art. L. 311-22, C. consom.).

*2) Les régimes spéciaux*

- LE CRÉDIT GRATUIT

L'article L. 311-27 du Code de la consommation prévoit que « *toute publicité, quel qu'en soit le support, qui porte sur une opération de crédit dont la durée est supérieure à trois mois et pour laquelle ne sont pas requis d'intérêts ou d'autres frais, indique le montant de l'escompte sur le prix d'achat éventuellement consenti en cas de paiement au comptant et précise qui prend en charge le coût du crédit consenti gratuitement* ».

### ● Le crédit renouvelable

Le crédit renouvelable qui est défini comme « *une ouverture de crédit qui, assortie ou non de l'usage d'une carte de crédit, offre à son bénéficiaire la possibilité de disposer de façon fractionnée, aux dates de son choix, du montant du crédit consenti* » (art. L. 311-16, C. consom.) fait l'objet d'un encadrement très renforcé au motif qu'il serait le plus dangereux (v. pour une application progressive de la réforme aux contrats de crédit renouvelable en cours, le décret n° 2011-457 du 26 avril 2011) :

- l'article L. 311-16 du Code de la consommation interdit même que ce crédit soit appelé autrement que crédit renouvelable dans tout document contractuel ou publicitaire. Sont ainsi bannies les appellations crédit permanent ou crédit revolving ;
- la loi du 1er juillet 2010 et le décret n° 2010-1005 du 30 août 2010 viennent encadrer la publicité du crédit renouvelable. Ainsi, les informations chiffrées qui sont données doivent être claires, précises et visibles en se servant d'un exemple représentatif dont le contenu est fixé réglementairement. Au surplus, toute publicité ne peut plus contenir des informations essentielles en bas de page ou en petits caractères. Enfin, l'exemple représentatif doit présenter le coût réel du crédit renouvelable ;
- lorsqu'un crédit renouvelable est proposé à l'emprunteur sur le lieu de vente ou à distance pour financer l'achat de biens ou la fourniture de prestations de services pour un montant supérieur à 1000 euros (art. D. 311-10, C. consom.), le consommateur doit disposer de la faculté de conclure un contrat de crédit amortissable (art. L. 311-8-1, C. consom.) ;
- l'emprunteur doit rembourser à chaque échéance un montant minimal du capital emprunté, en plus du paiement des intérêts (sur les modalités du remboursement minimal, v. les articles D. 311-4-1 et D. 311-4-2 du Code de la consommation ; v. également les arrêtés du 22 mars 2011 fixant les taux d'usure). Quant au prêteur, il doit consulter chaque année le FICP pour s'assurer de la situation de surendettement de l'emprunteur avant de lui proposer de renouveler le crédit renouvelable et vérifier la solvabilité de l'emprunteur tous les trois ans dans les mêmes conditions que pour l'octroi du crédit. Par ailleurs, chaque mois, l'emprunteur doit notamment être informé des mensualités restant dues jusqu'au remboursement total du crédit. Si les éléments recueillis au cours de tous ces contrôles sont alarmants, le prêteur peut réduire le montant total du crédit, suspendre le droit d'utiliser le crédit ou ne pas reconduire le contrat de crédit. Il peut tout autant le faire à tout moment à condition évidemment qu'il dispose d'informations le permettant sur la situation de l'emprunteur. En cas de suspension ou de non-reconduction du crédit, l'emprunteur reste alors tenu de rembourser le montant du crédit utilisé ;

– la carte de fidélité associée à une ligne de crédit renouvelable doit disposer d'une fonction de paiement au comptant. La publicité portant sur une telle carte doit d'ailleurs mentionner cette possibilité de paiement au comptant, ainsi que les modalités d'utilisation du crédit. Surtout, l'utilisation du crédit doit résulter d'un accord exprès du consommateur exprimé lors du paiement avec la carte (par exemple lors du passage aux caisses des grandes surfaces) ou dans un délai raisonnable à réception de l'état mensuel de l'exécution du contrat de crédit (par exemple, dans le cadre d'achats par correspondance).

- LE DÉCOUVERT EN COMPTE

Les autorisations de découvert sont soumises à quatre régimes différents :

– ***découverts remboursables dans le délai d'un mois***. De telles autorisations sont exclues du champ d'application de la loi du 1er juillet 2010. Mais il est évident qu'elles doivent respecter les prescriptions de l'arrêté concernant les conventions de compte de dépôt. Au surplus, la dénonciation de ces découverts doit respecter un délai de préavis de deux mois, conformément à l'article L. 311-44, alinéa 5 du Code de la consommation qui s'applique à tous les découverts sans distinction ;

– ***découverts remboursables dans un délai supérieur à un mois et inférieur ou égal à trois mois***. Ces découverts sont soumis à un régime simplifié (ainsi, le droit de rétractation et le devoir d'explication ne leur sont pas applicables) qui figure aux articles L. 311-42 à L. 311-47 du Code de la consommation. Pour autant, l'article L. 311-42 comporte de nombreuses dispositions applicables à ce type de découvert. Par exemple, le prêteur est tenu de formaliser l'autorisation de découvert sur un document distinct de tout support ou document publicitaire et de faire parvenir gratuitement à l'emprunteur qui le sollicite un exemplaire du contrat. Il doit également mentionner sur le relevé des informations sur le crédit, notamment toute modification du taux ou des frais afférents à l'autorisation de découvert. Le prêteur pourra résilier tout découvert à durée indéterminée en respectant en principe un délai de préavis de deux mois ;

– ***découverts remboursables dans un délai supérieur à trois mois***. Ces découverts sont soumis à l'intégralité des règles du crédit à la consommation. En outre, en cas de dépassement de découvert supérieur à trois mois, le prêteur doit proposer à l'emprunteur un contrat de crédit adapté à sa situation. À défaut, il encourt la déchéance du droit aux intérêts ;

– ***dépassements résultant d'un découvert non autorisé***. L'article L. 311-46 du Code de la consommation réglemente les découverts non autorisés et généralement tacites. Lorsqu'un dépassement significatif se prolonge au-delà d'un mois, le prêteur est tenu d'informer l'emprunteur du montant du dépassement, du taux débiteur et de tous frais ou intérêts sur des arriérés.

Le décret n° 2011-136 du 1er février 2011 donne une liste des informations précontractuelles applicables aux opérations de découvert en compte (art. R. 311-11 et s., C. consom.).

- LE CRÉDIT AFFECTÉ

Le législateur consacre le principe de l'interdépendance entre le contrat principal et le crédit affecté (ou encore appelé crédit lié – art. L 311-30 à L. 311-41, C. consom.) et n'exige plus que la mention du bien financé figure dans le contrat de crédit.

Deux nouveaux critères cumulatifs sont d'ailleurs retenus pour définir le crédit affecté, à savoir que :

– le crédit affecté doit exclusivement servir à financer un contrat relatif à la fourniture de biens particuliers ou la prestation de service ;

– le contrat de crédit et le contrat principal (de vente ou de prestation de services) doivent former une opération commerciale unique, ce qui a pour conséquence que le montant du crédit ne doit pas dépasser, en capital, le montant du bien ou du service financé.

L'intérêt du crédit affecté est double :

– d'une part, le contrat de vente ou de prestation de services est résolu de plein droit, sans indemnité, si le prêteur n'a pas, dans un délai de sept jours, à compter de l'acceptation du contrat de crédit par l'emprunteur, informé le professionnel de l'attribution du crédit ou si l'emprunteur a, dans ce même délai, exercé son droit de rétractation ;

– d'autre part, l'exercice de son droit de rétractation par le consommateur du contrat de vente ou de prestation de services emporte résiliation de plein droit du contrat de crédit, sans frais ou pénalités, à l'exception éventuellement des frais engagés pour l'ouverture du contrat de crédit.

- LES CONTRATS CONCLUS SUR UN LIEU DE VENTE OU À DISTANCE

L'article L. 311-20 du Code de la consommation dispose que le prêteur et l'emprunteur doivent remplir une fiche d'informations distincte de la fiche mentionnée à l'article L. 311-6 du même Code lorsque les contrats de crédit sont conclus sur un lieu de vente ou à distance.

Cette fiche comporte l'état des ressources et des charges de l'emprunteur et au-delà d'un crédit supérieur à 3 000 euros (seuil fixé par un décret n° 2010-1461 du 30 novembre 2010 ; art. D. 311-3-1), les informations doivent être accompagnées de justificatifs (un second décret n° 2010-1462 du 30 novembre 2010 fixe la liste des justificatifs à fournir ; art. D. 311-3-3). Par ailleurs, les professionnels doivent impérativement proposer au consommateur un crédit amortissable lorsque le prêt proposé est d'un montant supérieur à 1 000 euros.

- LE REGROUPEMENT DE CRÉDITS

L'article L. 313-15 du Code de la consommation encadre désormais l'opération consistant à substituer à plusieurs crédits existants un seul crédit d'une durée certes plus longue mais permettant à l'emprunteur d'alléger les mensualités.

Le regroupement de crédits à la consommation reste soumis aux règles régissant le crédit à la consommation.

Lorsque le regroupement concerne des crédits de catégories différentes (crédits à la consommation et crédits immobiliers), le décret n° 2010-1004 du 30 août 2010 prévoit que les règles relatives au crédit immobilier sont applicables dès que la part des crédits immobiliers dans l'opération de regroupement de crédits est supérieure à 60 %. Dans le cas contraire, ce sont les règles relatives au crédit à la consommation qui s'appliqueront (art. R. 313-11, C. consom.).

### d) Le contentieux du crédit à la consommation

#### *1) La sanction des irrégularités*

Le législateur a prévu des sanctions pénales et civiles en cas de manquement aux règles prescrites.

- la violation des règles régissant le crédit à la consommation est pénalement répréhensible. Pour les infractions les moins graves, l'article L. 311-49 du Code de la consommation prévoit une amende de 1 500 euros. Pour les infractions les plus graves, l'article L. 311-50 du même Code prévoit une amende de 30 000 euros ;
- l'article L. 311-48 du Code de la consommation prévoit une sanction civile particulièrement efficace et dissuasive, à savoir la déchéance du droit aux intérêts :
  - si le prêteur ne fournit pas à l'emprunteur les informations précontractuelles, il encourt une déchéance totale et de plein droit du droit aux intérêts,
  - si le prêteur ne respecte pas ses obligations d'explication (art. L. 311-8, C. consom.) et de vérification de la solvabilité de l'emprunteur (art. L. 311-9, C. consom.), il encourt une déchéance du droit aux intérêts modulable, à savoir que le juge peut prononcer totalement ou partiellement la déchéance du droit aux intérêts.

Si la déchéance au droit aux intérêts est prononcée, l'emprunteur n'est tenu qu'au seul remboursement du capital, ainsi que le cas échéant, au paiement des intérêts dont le prêteur n'a pas été déchu. Depuis la loi du 3 janvier 2008, le juge peut désormais relever d'office tout manquement aux dispositions du Code de la consommation (art. L. 141-4, C. consom.). Il est surtout crucial d'insister sur le fait que c'est la prescription de droit commun qui s'applique désormais aux actions engagées par l'emprunteur ou la caution (ce délai est de cinq ans à compter du jour où l'emprunteur ou la caution a eu connaissance du manquement à la loi).

Il faut ajouter qu'en cas d'usure (art. L. 313-3 à L. 313-6, C. consom.), les intérêts perçus seront imputés de plein droit sur les intérêts normaux échus et subsidiairement sur le capital. Si la créance est éteinte, le prêteur doit rembourser les sommes perçues avec intérêts légaux.

Enfin, en dehors des cas légaux, la nullité du contrat, sans préjudice de dommages-intérêts, reste ouverte.

### 2) *La défaillance de l'emprunteur*

Trois mesures doivent être traitées : les indemnités dues par l'emprunteur défaillant, le juge compétent en matière de litiges portant sur le crédit à la consommation et le délai de forclusion des actions engagées par le prêteur.

- LIMITATION LÉGALE DES INDEMNITÉS

Si le prêteur ne résilie pas le contrat de crédit, il peut demander à l'emprunteur une indemnité égale à 8 pour cent des sommes échues non payées ou une indemnité égale à 4 pour cent des échéances reportées (art. D. 311-12, C. consom.).

Si le prêteur résilie le contrat de crédit, il peut exiger de l'emprunteur le remboursement immédiat du capital restant dû, majoré des intérêts échus mais non payés, et une indemnité égale à 8 pour cent du capital restant dû à la date de la défaillance (art. D. 311-11, C. consom. ; v. en particulier, art. D. 311-13 du même Code applicable aux locations-ventes ou location avec option d'achat).

- COMPÉTENCE EXCLUSIVE DU JUGE D'INSTANCE

L'action exercée par le prêteur contre l'emprunteur défaillant doit être impérativement portée devant le tribunal d'instance. C'est encore le juge d'instance qui est compétent pour accorder des délais de paiement qui peuvent aller jusqu'à deux ans (v. art. L. 313-12, C. consom. qui renvoie aux articles 1244-1 à 1244-3, C. civ.).

- DÉLAI DE FORCLUSION

L'article L. 311-52 du Code de la consommation prévoit que les actions en paiement engagées devant le tribunal d'instance à l'occasion de la défaillance de l'emprunteur doivent être formées dans les deux ans de l'événement qui leur a donné naissance, à peine de forclusion.

Il s'agit d'un délai préfix et non de prescription (le délai ne peut donc pas être suspendu ou l'emprunteur ne peut y renoncer). L'emprunteur (ou la caution) peut invoquer la forclusion par voie d'exception ou par voie d'action. Surtout, le juge d'instance doit relever d'office la forclusion qui a vocation à s'appliquer à tous les crédits entrant dans le champ d'application de la loi.

L'alinéa 1er de l'article L. 311-52 du Code de la consommation fixe le point de départ du délai de forclusion à la date d'exigibilité de l'obligation.

Ainsi, lorsque le crédit est remboursable par des mensualités, le délai de forclusion part à compter de la première échéance demeurant impayée (le point de départ est le même en matière d'ouverture de crédit et de crédit renouvelable). Ce n'est donc que lorsque le contrat ne prévoit pas des échéances successives que le point de départ du délai de forclusion sera fixé à la date de clôture du compte, sauf en cas de dépassement du découvert autorisé où le juge fixe le point de départ à la date du dépassement du découvert.

Enfin, en cas de réaménagement ou rééchelonnement de la dette, le délai de forclusion part du premier incident de paiement non régularisé intervenu après le premier aménagement ou rééchelonnement. Dans le cadre d'une procédure de surendettement, le délai part du premier incident non régularisé après adoption du plan conventionnel de redressement ou après décision du juge d'instance.

## ■ *Le crédit immobilier*

La loi n° 79-596 du 13 juillet 1979 fixe le régime du crédit immobilier, à l'instar de la loi du 10 janvier 1978 qui régit le crédit mobilier à la consommation. Cette loi a été également codifiée dans les articles L. 312-1 à L. 312-36 du Code de la consommation. Les modifications apportées par la réforme du 1er juillet 2010 sont de moindre importance et portent sur le champ d'application, ainsi qu'à l'assurance de groupe.

### a) Le champ d'application des règles du crédit immobilier

La loi du 1er juillet 2010 précise les opérations relevant de la protection légale et les opérations exclues de cette protection légale.

#### *1) Les opérations relevant de la protection légale*

Le législateur définit la qualité des parties et la nature de l'opération de crédit soumises au droit de la consommation.

- Les parties soumises à la réglementation sur le crédit à la consommation

L'acquéreur est défini à l'article L. 312-1 du Code de la consommation comme « *toute personne qui acquiert, souscrit ou commande au moyen des prêts mentionnés à l'article L. 312-2* ».

Le vendeur est « *l'autre partie à ces mêmes opérations* » (art. L. 312-1, b).

Le prêteur est une personne physique ou morale qui consent de manière habituelle les prêts concernés par la réglementation (art. L. 312-7).

Sont donc encore exclus les prêts conclus entre des particuliers.

- LA NATURE DES OPÉRATIONS RÉGIES PAR LA RÉGLEMENTATION SUR LE CRÉDIT IMMOBILIER

Tous les prêts qui sont destinés à financer l'acquisition ou la construction d'un immeuble à usage d'habitation ou à usage mixte professionnel et d'habitation, ainsi que l'achat du terrain sur lequel doit être édifié un tel immeuble (art. L. 312-2, C. consom.).

Les dépenses de réparation, d'amélioration ou d'entretien d'un immeuble à usage d'habitation ou à usage mixte professionnel et d'habitation lorsque le montant du crédit est supérieur à 75 000 euros (en dessous de ce montant, l'opération est régie par les règles sur le crédit à la consommation).

Les locations-ventes et les locations assorties d'une promesse de vente, lorsqu'elles portent sur un immeuble à usage d'habitation ou à usage mixte professionnel et d'habitation (art. L. 312-24 et s., C. consom.).

L'acquisition de parts ou d'actions de sociétés donnant vocation à une attribution en propriété ou en jouissance (art. L. 312-2, C. consom.).

### *2) Les opérations exclues de la protection légale*

C'est l'article L. 312-3 du Code de la consommation qui détermine les exclusions de la protection légale.

- À RAISON DE LA QUALITÉ DES PARTIES

Les personnes morales de droit public et les professionnels (par exemple les promoteurs) ne peuvent bénéficier de la protection consumériste.

- À RAISON DE LA NATURE DES OPÉRATIONS

Sont exclus les prêts destinés, sous quelque forme que ce soit, à financer une activité professionnelle, notamment celle des personnes physiques ou morales qui, à titre habituel, même accessoire à une autre activité, ou en vertu de leur objet social, procurent, sous quelque forme que ce soit, des immeubles ou fractions d'immeubles, bâtis ou non, collectifs ou individuels, en propriété ou en jouissance.

Sont encore exclues les opérations de crédit différé régies par la loi n° 52-332 du 24 mars 1952 relative aux entreprises de crédit différé lorsqu'elles ne sont pas associées à un crédit d'anticipation.

Sont enfin exclues les ventes par adjudication (art. L. 312-20, C. consom.) et le contrat préliminaire dans la vente d'immeuble à construire (art. L. 261-11, CCH).

### b) L'encadrement du contrat de crédit immobilier

Le législateur entend éclairer et protéger le consommateur pendant tout le parcours de l'opération de crédit immobilier.

#### *1) Les règles régissant la formation du contrat de crédit*

- UNE PUBLICITÉ PARTICULIÈREMENT ENCADRÉE

Toute publicité en matière de crédit immobilier doit être lisible et compréhensible et comporter plusieurs mentions informatives : identité du prêteur, nature et objet du prêt, existence d'un délai de réflexion de dix jours, ainsi que l'indication que le contrat principal est subordonné à l'obtention du prêt et que si celui-ci n'est pas obtenu, le vendeur doit rembourser au consommateur les sommes versées (art. L. 312-4 et L. 312-5, C. consom.).

Si cette publicité comporte un seul élément chiffré, elle doit mentionner la durée de l'opération proposée ainsi que le coût total et le taux effectif global du crédit (art. L. 312-4-2°).

Est interdite toute publicité assimilant les mensualités de remboursement à des loyers ou faisant référence, pour le calcul des échéances, à des prestations sociales qui ne sont pas assurées pendant toute la durée du contrat (art. L. 312-6).

En cas de manquement à ces prescriptions, l'annonceur encourt une peine d'amende de 30 000 euros (art. L. 312-32).

- UNE OFFRE DE CRÉDIT FORMALISÉE

Le prêteur doit remettre à l'emprunteur une offre écrite adressée par voie postale (le cachet de la poste faisant foi) et comportant plusieurs mentions obligatoires prévues à l'article L. 312-8 du Code de la consommation, à savoir :

– l'identité des parties, et éventuellement des cautions déclarées ;
– la nature, l'objet, les modalités du prêt, notamment celles qui sont relatives aux dates et conditions de mise à disposition des fonds ;
– un échéancier des amortissements pour les prêts à taux fixe et, pour les prêts à taux variable, une notice présentant les conditions et modalités de variation du taux et une simulation permettant de faire comprendre l'impact d'une modification du taux (depuis la loi n° 96-314 du 12 avril 1996, le prêteur doit joindre à l'offre préalable un échéancier des amortissements détaillant, pour chaque échéance, la répartition du remboursement entre le capital et les intérêts) ;
– le montant du crédit susceptible d'être consenti, et, le cas échéant, celui de ses fractions périodiquement disponibles, son coût total, son taux défini ;
– les éventuelles conditions de l'indexation ;

– les stipulations, les assurances et les sûretés réelles ou personnelles exigées, qui conditionnent la conclusion du prêt avec une évaluation de leur coût ;
– les conditions requises pour un transfert éventuel du prêt à une tierce personne ;
– les dispositions de l'article L 312-10 du Code de la consommation.

Lorsque le prêteur propose une assurance de groupe, l'emprunteur a désormais, en application de la réforme du 1er juillet 2010, le choix de sa compagnie d'assurance. Ce choix reste subordonné à l'agrément du prêteur. En effet, l'assurance choisie par l'emprunteur doit présenter un niveau de garantie identique à celui de l'assurance de groupe proposée par le prêteur qui doit respecter les prescriptions de l'article L. 312-9 du Code de la consommation. Le prêteur doit surtout s'assurer que l'assurance a bien été souscrite et à défaut, il doit informer l'emprunteur des risques d'un défaut d'assurance.

En dehors de ces prescriptions légales, dans un arrêt du 29 juin 2007, la chambre mixte de la Cour de cassation met à la charge du prêteur l'obligation de mettre en garde l'emprunteur non averti contre les risques d'un endettement excessif. De même, dans un arrêt du 2 mars 2007, l'assemblée plénière de la Cour de cassation exige que le prêteur éclaire tout emprunteur sur l'adéquation des risques couverts à sa situation personnelle lorsqu'il souscrit une assurance complémentaire au crédit.

- UNE ACCEPTATION DE L'OFFRE DE CRÉDIT DIFFÉRÉE ET CONDITIONNÉE

L'offre de crédit doit être maintenue par le prêteur pendant trente jours. En application de l'article L. 312-10 du Code de la consommation, l'emprunteur bénéficie d'un délai de réflexion de dix jours, délai pendant lequel il ne peut accepter l'offre de crédit qui lui a été adressée que par voie postale (afin de faire cesser la pratique des offres antidatées). L'acceptation ne peut donc être donnée qu'entre le jour d'expiration du délai de réflexion de dix jours et la fin du délai de maintien de l'offre de crédit de trente jours. Tant que l'offre n'a pas été acceptée, aucun versement ne peut être fait (art. L. 312-34).

Aux termes de l'article L. 312-15 du Code de la consommation, le contrat principal doit mentionner les conditions de paiement, soit au comptant (l'acquéreur doit alors écrire de sa main que s'il a recours à un emprunt, il ne pourra se prévaloir des dispositions du Code de la consommation), soit à crédit.

Lorsque l'acquéreur a recours à un ou plusieurs emprunts, le contrat principal est conclu sous la condition suspensive de l'obtention de chacun des prêts (art. L. 312-16). La condition suspensive est réalisée dès que l'emprunteur obtient un prêt conforme à ce qui est mentionné dans le contrat principal. Si l'emprunteur refuse donc de conclure le contrat principal alors qu'il a reçu une offre de crédit conforme aux prévisions contractuelles, il perdra les sommes versées d'avance, en application des dispositions de l'article 1178 du Code civil.

L'offre est toujours acceptée sous la condition résolutoire de la conclusion du contrat principal dans un délai de quatre mois à compter du jour de l'acceptation (art. L. 312-12). Cela signifie que si le contrat principal n'est pas conclu, l'offre de crédit est réputée n'avoir jamais été conclue. En outre, l'annulation du contrat principal entraîne la résolution du contrat de crédit.

En cas de plusieurs prêts, l'article L. 312-13 du Code de la consommation prévoit que chaque prêt est conclu sous la condition suspensive de l'obtention des autres prêts (mais l'emprunteur doit alors informer tous les prêteurs de l'existence de plusieurs prêts pour financer l'opération en cours et la condition suspensive ne joue que pour des prêts dont le montant est supérieur à 10 % du crédit total).

Enfin, lorsque le prêt est subordonné à l'obtention d'une assurance, si l'assureur refuse d'agréer l'emprunteur, cela emporte résolution du contrat principal et du contrat de prêt (art. L. 312-9).

### *2) Les règles régissant l'exécution du contrat de crédit*

#### • La suspension du contrat de crédit

En vertu de l'article L. 312-19 du Code de la consommation, la suspension des échéances du prêt immobilier est possible à condition de faire intervenir dans le procès contre l'entrepreneur ou le vendeur le prêteur. Cette suspension entraîne le report du terme du prêt.

#### • Le paiement par anticipation du crédit

L'emprunteur peut rembourser par anticipation (art. L. 312-21) le prêt immobilier totalement ou partiellement (sauf si le contrat stipule que les remboursements égaux ou inférieurs à 10 % sont interdits à moins qu'il ne s'agisse du solde du prêt). Le prêteur a alors droit à une indemnité qui ne peut excéder la valeur d'un semestre d'intérêt sur le capital remboursé au taux moyen du prêt, sans pouvoir dépasser 3 % du capital restant dû avant le remboursement. Cette indemnité n'est pas due (mais seulement pour les contrats conclus postérieurement au 29 juin 1999) lorsque le remboursement par anticipation fait suite à un changement de lieu d'activité professionnelle ou à la cessation de cette activité de l'emprunteur ou de son conjoint ou à un décès.

#### • La renégociation du prêt

En cas de renégociation du prêt, la rédaction d'un avenant suffit.

*3) Le contentieux du crédit immobilier*

- Défaillance de l'emprunteur

En cas de défaillance de l'emprunteur et si le contrat du prêt est résolu, le prêteur peut exiger, outre le remboursement du capital restant dû et le paiement des intérêts échus, une indemnité qui ne peut excéder 7 % de cette somme. Le juge peut évidemment réduire cette clause pénale sur le fondement des articles 1152 et 1251 du Code civil. En l'absence de résolution du contrat de crédit, le prêteur peut augmenter le taux d'intérêt de trois points au maximum tant que l'emprunteur n'a pas repris le cours normal des remboursements.

- Litiges contre le prêteur

En cas de manquement aux prescriptions légales, le prêteur encourt des amendes correctionnelles (art. L. 312-2 et s., C. consom.). Il encourt également la déchéance du droit aux intérêts lorsqu'il ne respecte pas les règles concernant l'offre écrite ou mentionne une fausse date d'acceptation (art. L. 312-33). La nullité du contrat de prêt est enfin possible.

- Litiges contre l'emprunteur

En matière de crédit immobilier, l'action engagée par le prêteur contre tout emprunteur défaillant est soumise soit au tribunal d'instance, soit au tribunal de grande instance, selon l'importance du litige (mais le consommateur peut demander au juge d'instance un délai de paiement sans attendre d'être poursuivi en justice par le prêteur, quelle que soit l'importance du montant du litige).

## *Le surendettement*

Le régime du traitement du surendettement ne cesse de faire l'objet de modifications législatives. Initialement, c'est la loi du 31 décembre 1989 dite loi Neiertz qui mit en place une double procédure, d'une part une procédure de « règlement amiable » devant une commission administrative, et d'autre part une procédure de « redressement judiciaire civil » devant le juge de l'exécution. Puis la loi du 8 février 1995 a prévu de mettre en place une seule procédure devant la commission de surendettement des particuliers, le juge n'ayant qu'une mission de contrôle et d'accompagnement. Ce fut encore la loi du 29 juillet 1998 qui apporta des modifications. La loi 1er août 2003 finit par créer une procédure de rétablissement personnel afin de permettre l'effacement des dettes. Aujourd'hui, c'est la loi du 1er juillet 2010 qui est censée améliorer une nouvelle fois le dispositif de traitement du surendettement ordinaire et de traitement des situations irrémédiablement compromises.

Il faut ajouter la loi n° 2010-1609 du 22 décembre 2010 relative à l'exécution des décisions de justice, aux conditions d'exercice de certaines professions réglementées et aux experts judiciaires qui opère le transfert du contentieux du surendettement du juge de l'exécution au juge d'instance. C'est d'ailleurs le décret n° 2011-741 du 28 juin 2011 qui organise ce transfert à compter du 1er septembre 2011 tout en prévoyant une période transitoire de six mois dans laquelle les juges de l'exécution devront traiter leurs dossiers en cours.

## a) La procédure ordinaire de traitement du surendettement

La procédure de surendettement relève de la compétence de la commission de surendettement. Il existe une commission par département qui comprend le préfet (président), le responsable départemental de la direction générale des finances publiques en charge de la gestion publique (vice-président), le représentant local de la Banque de France (secrétaire), deux personnalités choisies par le préfet, l'une sur proposition de l'Association française des établissements de crédit, et l'autre sur proposition des associations familiales et de consommateurs. La loi du 1er juillet 2010 est venue ajouter à cette liste une personne justifiant d'une expérience dans le domaine de l'économie sociale et familiale et une personne justifiant d'un diplôme et d'une expérience dans le domaine juridique (ces deux personnes n'avaient auparavant qu'une voix consultative ; elles ont désormais voix délibérative).

### *1) La procédure devant la commission*

- CONDITIONS D'OUVERTURE

L'article L. 330-1 du Code de la consommation dispose que « *la situation de surendettement des personnes physiques est caractérisée par l'impossibilité manifeste pour le débiteur de bonne foi de faire face à l'ensemble de ses dettes non professionnelles exigibles et à échoir* ».

Trois conditions sont donc exigées pour qu'un consommateur bénéficie de la procédure classique de surendettement :

- ***être un débiteur personne physique*** : cela exclut donc les personnes morales et inclut toute personne prise individuellement, peu importe qu'elle soit mariée, pacsée ou en concubinage. En outre, les étrangers résidant en France peuvent bénéficier de la procédure de surendettement ;
- ***être un débiteur en situation de surendettement pour ses dettes non professionnelles*** : il faut donc tenir compte non seulement des dettes échues mais encore des dettes à échoir à partir du moment où elles sont non professionnelles (ce qui englobe toutes les dettes contractuelles telles que les crédits mais aussi les dettes locatives ou les dettes nées d'un cautionnement et toutes les dettes extra-contractuelles telles que les dettes fiscales ou les dettes alimentaires) ;

non seulement des ressources actuelles mais également des ressources prévisibles. Il faut ajouter que l'actif se compose des revenus mais également du capital du débiteur, ce qui comprend la valeur de l'immeuble. Mais la loi du 1er juillet 2010 est venue préciser au sein de l'article L. 330-1 du Code de la consommation que « *le seul fait d'être propriétaire de sa résidence principale ne peut être tenu comme empêchant que la situation de surendettement soit caractérisée* » (il appartient donc au débiteur de démontrer que la seule vente de son bien immobilier serait insuffisante à résorber son surendettement, compte tenu par exemple de la valeur de l'immeuble, du coût du relogement et du montant du passif). C'est par voie de conséquence seulement la comparaison entre l'actif et le passif qui permettra de savoir si le débiteur se trouve réellement en situation de surendettement ;

- ***être un débiteur de bonne foi*** : la bonne foi se présume et il appartient donc aux créanciers ou à la commission d'établir que le débiteur est de mauvaise foi. Sont d'ailleurs de bonne foi non seulement les débiteurs malheureux (qui sont victimes d'une perte d'emploi ou d'un divorce) mais également les débiteurs imprévoyants sans avoir eu intention de frauder ou de nuire. Il faut ajouter les déchéances de l'article L. 333-2 du Code de la consommation qui privent le débiteur de toute procédure de surendettement lorsqu'il existe des fausses déclarations ou la remise de documents inexacts, des détournements ou de la dissimulation d'actif ou une aggravation du passif par l'emprunt ou une diminution de l'actif pendant la procédure de surendettement.

- MISSIONS DE LA COMMISSION

*I. Une phase d'instruction*

Le débiteur doit déclarer à la commission l'état de son actif et de son passif. La première mission de la commission est de se prononcer sur la recevabilité de la demande ainsi effectuée. Elle se prononce d'ailleurs par une décision motivée qui doit être notifiée au débiteur et aux créanciers (le décret n° 2010-1304 du 29 octobre 2010 précise que la décision prononçant l'irrecevabilité ne doit être notifiée qu'au débiteur). Elle informe ensuite la Banque de France qui inscrit la demande de surendettement au Fichier National des Incidents de Paiement. Un recours contre toute décision de recevabilité ou d'irrecevabilité est possible devant le juge d'instance qui statue après avoir recueilli ou demandé les observations des parties.

Depuis la loi du 1er juillet 2010, la décision déclarant la recevabilité de la demande emporte suspension et interdiction des procédures d'exécution diligentées à l'encontre des biens du débiteur et portant sur des dettes autres qu'alimentaires. Cette suspension et cette interdiction sont acquises jusqu'à l'issue de la procédure sans excéder une durée d'une année (art. L. 331-3-1, C. consom. ; avant toute décision de recevabilité, cette suspension peut même être ordonnée par le juge d'instance, sur demande du débiteur, ou sur demande du président de la commission, de son délégué ou du représentant de la Banque de France, notamment pour suspendre une mesure d'expulsion du débiteur de son logement). Il faut ajouter que la loi n° 2010-1249 du 22 octobre 2010 prévoit que la décision de recevabilité ne permet pas, en elle-même, d'entraîner la résiliation ou la résolution d'un contrat en cours (v. sur ce dernier point, la modification de l'article L. 331-3-1).

En tout état de cause, le décret n° 2011-741 du 28 juin 2011 maintient les effets de la décision de recevabilité, lorsqu'un recours est formé contre celle-ci, afin de permettre au juge saisi de statuer (cela signifie par exemple le maintien de la suspension des voies d'exécution).

La seconde mission de la commission est d'instruire la demande (art. L. 331-3, C. consom.) au vu des déclarations du débiteur, de son audition ou de toute personne utile, de l'inventaire des créanciers après la publication d'un appel des créanciers, de la communication de tout renseignement auprès des administrations publiques, des établissements de crédit, des organismes de sécurité sociale, de la consultation du fichier des incidents de paiement, voire même du résultat des enquêtes sociales sollicitées auprès des collectivités territoriales ou des organismes de sécurité sociale. S'il a été porté à la connaissance de la commission, l'existence de cautionnement de dettes, elle doit inviter les cautions à justifier du montant des sommes déjà acquittées.

Au vu de l'ensemble de ces éléments, la commission notifie au débiteur et aux créanciers l'état du passif. Les créanciers ont alors trente jours pour fournir, en cas de désaccord, tout justificatif de leurs créances. Le débiteur n'a que vingt jours pour demander à la commission de saisir le juge d'instance aux fins de s'assurer de la validité des titres de créance et du montant des sommes réclamées. La commission dispose du droit de saisir d'office le juge d'instance aux mêmes fins (art. L. 331-4, C. consom.). Ce juge statue encore après avoir recueilli ou demandé les observations des parties.

### *II. Une phase de traitement du surendettement*

En premier lieu, la commission doit tenter de concilier les parties en vue de l'élaboration d'un plan conventionnel de redressement (art. L. 331-6, C. consom.) qui peut comporter des mesures de report ou de rééchelonnement des paiements des dettes, de remise de dettes, de réduction ou de suppression du taux d'intérêt, de consolidation, de création ou de substitution de garantie (art. L. 331-6, al. 2). Ces mesures mentionnées dans le plan seront alors inscrites au fichier des incidents de paiement. En tout état de cause, depuis la loi du 29 juillet 1998, le débiteur doit conserver un minimum vital ou un reste à vivre. En contrepartie des sacrifices consentis par les créanciers, le débiteur peut être tenu à des obligations de faire (par exemple, vendre son logement) ou des obligations de ne pas faire (par exemple, contracter d'autres emprunts). Le plan doit être approuvé par le débiteur et ses principaux créanciers. La durée du plan ne peut excéder huit ans et en cas d'inexécution des obligations du débiteur, les créanciers signataires du plan recouvrent leur droit de se poursuivre (art. R. 331-17).

En second lieu, en cas d'échec de plan conventionnel de redressement, la commission peut imposer ou recommander des mesures destinées à traiter le surendettement du débiteur :

- ***mesures imposées par la commission :*** depuis la loi du 1er juillet 2010, la commission peut désormais imposer des mesures (art. L. 331-7, C. consom. ; la doctrine parle d'ailleurs de « commission juridictionnelle »). Elle ne peut le faire que sur demande du débiteur et après avoir recueilli les observations des parties. Les mesures ainsi prises peuvent porter sur toutes les dettes, y compris les dettes fiscales et sociales, à l'exception des dettes alimentaires ou des dettes consécutives à une condamnation pénale (art. L. 331-1). Ces mesures sont limitativement énumérées à l'article L 331-7 : « - *1° : la commission peut rééchelonner ou reporter les paiements des dettes, sans que le délai de rééchelonnement ou de report puisse excéder huit ans ou la moitié de la durée de remboursement restant à courir des emprunts en cours ;*
- *2° : la commission peut imputer les paiements d'abord sur le capital ;*
- *3° : la commission peut prescrire que les sommes correspondant aux échéances reportées ou rééchelonnées portent intérêt à un taux réduit, qui peut être inférieur au taux légal sur décision spéciale et motivée, si la situation du débiteur l'exige ;*
- *4° : la commission peut suspendre l'exigibilité des créances autres qu'alimentaires pour une durée qui ne peut excéder deux ans ; sauf décision contraire, la suspension concerne aussi le paiement des intérêts ; à l'issue de la période de suspension, la commission réexamine la situation du débiteur et prend les mesures nécessaires, à l'exception d'une nouvelle suspension.* ».

La commission peut prendre tout ou partie de ces mesures qui doivent en tout état de cause laisser au débiteur un minimum à vivre (art. L. 331-2), n'a pas surtout à assurer d'égalité entre les créanciers (elle peut ainsi faire porter les efforts sur les créanciers qui ont conclu un contrat en connaissance de la situation de surendettement du débiteur et elle doit privilégier les créances des bailleurs sur celles des banques). Les sacrifices ainsi consentis peuvent faire l'objet de contreparties de la part du débiteur. En l'absence de contestation, les mesures prises s'imposent alors aux parties, la durée totale ne pouvant excéder huit ans ;

- ***mesures recommandées par la commission :*** si la commission entend réduire des dettes, à la suite de l'échec d'un plan conventionnel, elle ne peut procéder que par recommandations (art. L. 331-7-1) dans une décision qui devra être motivée spécialement dans deux cas :
  - en cas de vente amiable ou forcée du logement principal du débiteur, la commission peut demander de réduire le montant de la fraction des prêts immobiliers restant dus après la vente,
  - la commission peut proposer d'effacer partiellement les créances.

*2) Le rôle du juge d'instance*

Le juge d'instance n'intervient pas si les parties ont réussi à s'entendre sur un plan conventionnel de redressement ou si les mesures imposées par la commission ne sont pas contestées.

En revanche, lorsque l'une des parties conteste les mesures imposées par la commission, elle doit saisir le juge d'instance dans les quinze jours de leur notification (art. L. 332-2).

Enfin, les mesures recommandées par la commission peuvent être également contestées. En tout état de cause, le juge intervient pour leur conférer force exécutoire (art. L 332-1). Il vérifie leur régularité et pour l'effacement partiel des créances, il s'assure du bien fondé d'une telle mesure.

## b) La procédure extraordinaire de traitement des situations irrémédiablement compromises

La loi du 1er juillet 2010 distingue entre deux catégories de rétablissement personnel : un rétablissement personnel sans liquidation judiciaire et un rétablissement personnel avec liquidation judiciaire. Mais il faut que le débiteur sollicite l'ouverture d'une procédure de rétablissement personnel. Ce débiteur doit toujours être une personne physique de bonne foi. Il doit également se trouver dans une situation irrémédiablement compromise, c'est-à-dire qu'il ne doit pas être possible de mettre en place un quelconque plan conventionnel de redressement ou encore pour la commission d'imposer ou de recommander des mesures. La solution doit alors résider dans le seul effacement des dettes. La commission doit, après avoir constaté que le débiteur se trouve dans une situation irrémédiablement compromise, orienter le dossier vers l'une des catégories de rétablissement personnel.

*1) Rétablissement personnel sans liquidation judiciaire*

La loi du 1er juillet 2010 crée une procédure plus rapide et simplifiée. Il faut que le débiteur ne possède aucun bien ou que des biens meublants nécessaires à la vie courante et des biens non professionnels indispensables à l'exercice de son activité professionnelle ou encore que l'actif ne soit constitué que biens dépourvus de valeur marchande dont les frais de vente seraient manifestement disproportionnés au regard de leur valeur vénale (art. L. 330-1). En bref, ce débiteur ne doit posséder aucun bien saisissable.

Si la commission constate que le débiteur rentre dans les conditions légales pour bénéficier d'une telle procédure, elle recommande un rétablissement personnel sans liquidation judiciaire, avise les créanciers et transmet le dossier au juge d'instance. C'est donc le juge d'instance qui donne force exécutoire à la recommandation de rétablissement personnel en l'absence de contestation. S'il refuse d'homologuer une telle recommandation, il renvoie le dossier devant la commission aux fins d'ouverture d'une procédure ordinaire de surendettement. Chaque partie peut contester la recommandation de la commission de surendettement devant le juge d'instance dans un délai de quinze jours (art. L. 333-2). Que le juge procède par homologation ou par voie de recours, les effets d'un rétablissement personnel sans liquidation sont identiques, à savoir : l'effacement de toutes les dettes, à l'exception des dettes alimentaires, des dettes consécutives à une condamnation pénale, à des amendes pénales ou des dettes payées par les cautions ou encore des dettes à l'égard des crédits municipaux (art. L. 333-1 et L. 333-1-2).

Les informations sont inscrites au fichier des incidents de paiement pendant cinq ans à compter du jugement.

*2) Rétablissement personnel avec liquidation judiciaire*

Une telle procédure n'est possible que lorsque le débiteur possède des biens saisissables. Le juge d'instance est alors saisi par la commission aux fins d'ouverture d'un rétablissement personnel avec liquidation judiciaire avec l'accord du débiteur.

Si le juge estime que les conditions légales sont remplies, un jugement d'ouverture est rendu qui emporte suspension et interdiction des voies d'exécution diligentées contre le débiteur (art. L. 332-6). Un tel jugement fait l'objet d'une publication aux fins d'avertir les créanciers qui ont deux mois pour déclarer leurs créances (art. L. 332-7). Les créances non produites dans ce délai légal sont éteintes, sauf relevé de forclusion prononcé par le juge. Un mandataire peut être désigné avec pour mission de dresser l'état de la situation du débiteur.

Après avoir statué sur les contestations de créances, le juge prononce la liquidation judiciaire du patrimoine du débiteur (art. L. 332-8). Sont exclus les biens insaisissables, les biens non professionnels indispensables à l'exercice de son activité professionnelle ou encore l'actif constitué de biens dépourvus de valeur marchande dont les frais de vente seraient manifestement disproportionnés au regard de leur valeur vénale et les biens professionnels. Le liquidateur qui sera désigné devra procéder à la vente amiable ou forcée des biens du débiteur et répartir le produit de la vente entre les créanciers suivant leur rang.

Enfin, le juge prononcera vraisemblablement une clôture pour insuffisance d'actif, ce qui aura pour conséquence l'effacement de toutes les dettes, sauf les dettes alimentaires, les dettes consécutives à une condamnation pénale, les amendes pénales ou les dettes payées par les cautions. Les informations seront encore inscrites dans le fichier dans un délai de cinq ans à compter du jugement.

Partie 2

# *Le renforcement de la loyauté contractuelle dans les contrats de consommation*



Le droit de la consommation intervient pour protéger le consommateur contre la déloyauté du professionnel qui pour parvenir à ses fins peut exploiter ou provoquer une situation de faiblesse, tromper sa vigilance ou encore lui faire acquérir des produits défectueux ou dangereux, privilégiant ainsi son intérêt économique à celui de la santé ou de la sécurité du consommateur.

C'est pourquoi le droit de la consommation intervient pour lutter contre les abus les plus criants, les tricheries de toute sorte et l'acquisition par le consommateur de produits défectueux ou dangereux.

# La lutte contre les abus

Chapitre 4

*Le droit de la consommation s'efforce de lutter contre deux types d'abus dans les relations entre professionnels et consommateurs : l'abus de faiblesse et les clauses abusives.*

## 1 La lutte contre l'abus de faiblesse

Le délit d'abus de faiblesse (ou d'ignorance) est prévu dans le Code de la consommation aux articles L. 122-8 à L. 122-10 du Code de la consommation (l'abus de faiblesse fait également l'objet d'une incrimination au sein de l'article 223-15-2 du Code pénal) et puni d'une peine d'emprisonnement de cinq ans et d'une amende de 9 000 euros (depuis la loi n° 2008-776 du 4 août 2008, les personnes physiques déclarées coupables encourent également des peines complémentaires, comme par exemple l'interdiction d'exercer une profession commerciale).

### ■ *Les situations nécessaires à la constitution du délit d'abus de faiblesse*

#### a) Les méthodes de vente propres ou assimilées aux opérations de démarchage à domicile

Le champ classique du délit d'abus de faiblesse est les opérations de démarchage à domicile. L'article L. 122-8 du Code de la consommation réprime l'abus de faiblesse à l'occasion de visites à domicile, ce qui inclut également les opérations de démarchage exclues en matière de démarchage à domicile, comme par exemple, le démarchage bancaire.

Le champ de l'incrimination à des méthodes de vente assimilées aux opérations de démarchage à domicile a été étendu par la loi du 18 janvier 1992 aux engagements souscrits dans les cas suivants et énumérés à l'article L. 122-9 du Code de la consommation :

– le démarchage par téléphone ou par télécopie (art. L. 122-9-1°) ;
– la sollicitation personnalisée à se rendre sur un lieu de vente (art. L. 122-9-2°) telle que par exemple l'invitation faite par un professionnel à un consommateur de se rendre à l'intérieur d'un magasin pour profiter de certains avantages ou retirer un cadeau ;
– les ventes réalisées au cours de réunions ou d'excursion (art. L. 122-9-3°) ;
– la conclusion de contrats de consommation dans des lieux non destinés à la commercialisation du bien ou du service proposé (art. L. 122-9-4°).

#### b) Les méthodes de vente étrangères aux opérations de démarchage

Ces méthodes sont au nombre de trois :

– les transactions réalisées en dehors des lieux de vente qui ne sont pas précédées d'un acte de démarchage (art. L. 122-9-4°), telles que les transactions réalisées à l'hôpital ou dans un entrepôt ;
– les transactions réalisées dans les foires ou les salons (art. L. 122-9-4° *in fine*) ;
– les transactions conclues dans une situation d'urgence (art. L. 122-9-5°) telles que les transactions conclues au cours d'un dépannage à domicile.

### ■ *Les circonstances nécessaires à la constitution du délit d'abus de faiblesse*

L'article L. 122-8 du Code de la consommation pose trois séries de circonstances alternatives nécessaires à la constitution de l'infraction :

– le consommateur n'a pas été en mesure d'apprécier la portée de ses engagements ;
– ou il n'a pas décelé les ruses ou les artifices déployés pour la convaincre ;
– ou encore il a subi une contrainte.

Ces trois séries de circonstances peuvent se regrouper en deux comportements du professionnel :

– le professionnel peut profiter de la faiblesse ou de l'ignorance d'un consommateur : il s'agit d'envisager la constitution du délit d'abus de faiblesse comme en quelque sorte une condition préalable à la constitution de l'infraction. Ainsi, pour caractériser le délit d'abus de faiblesse, il faut l'existence d'un état de faiblesse ou d'ignorance de la victime, préalable à la sollicitation et indépendant des circonstances dans lesquelles elle a été placée pour souscrire l'engagement. Ce sont donc les circonstances énumérées à l'article L. 122-8 du Code de la consommation qui vont permettre à la jurisprudence de caractériser le délit d'abus de faiblesse :

- l'état de faiblesse peut être temporaire ou occasionnelle (sortie d'une hospitalisation par exemple),
- l'état de faiblesse peut aussi comporter des éléments intrinsèques à la victime tels que l'âge (le plus souvent des personnes. Mais aucune présomption d'état de faiblesse n'est attachée à l'âge), l'état de santé, la méconnaissance de la langue française ou d'éléments extrinsèques (par exemple, une détresse économique) ;

– le professionnel peut provoquer une situation de faiblesse ou d'ignorance du consommateur : le délit peut être constitué lorsqu'il existe des circonstances extérieures qui rendent momentanément vulnérable un consommateur qui, dans d'autres circonstances, serait en pleine possession de ses moyens. À cet égard, l'article L. 122-9 du Code de la consommation vise tout particulièrement la transaction conclue dans une situation d'urgence. En effet, l'urgence peut avoir pour conséquence de mettre le consommateur dans une situation provisoire de faiblesse lorsqu'il se trouve dans un état de panique ou d'affolement en raison de l'absence de solution équivalente (par exemple, lorsqu'il n'y a pas de possibilité de consulter d'autres professionnels pendant un week-end ou un jour férié) ou de la nécessité d'un dépannage rapide (par exemple, le dépannage d'une chaudière en hiver ou d'une cuvette de WC). Mais c'est aussi le cas lorsque le démarcheur produit des coupures de presse évoquant la recrudescence d'agressions ou qui reste plusieurs heures au domicile d'une personne, l'affolant volontairement ;

– la jurisprudence se fonde sur un faisceau d'indices permettant de cerner des éléments révélateurs de l'altération du jugement du consommateur. L'article L. 122-8 du Code de la consommation exige effectivement que la victime ait été incapable de mesurer la portée de ses engagements ou n'ait pu déceler les ruses et artifices destinés à la convaincre. Ainsi, la jurisprudence retient le plus souvent les indices suivants pour caractériser que le jugement du consommateur a été altéré : l'inutilité de l'achat (par exemple, l'achat de bouteilles de grands crus à une personne vivant seule et ne consommant pas de vin), la répétition d'achats identiques (par exemple, une personne âgée achetant en moins d'un an plusieurs appareils électroménagers identiques), la fréquence des achats (encore une personne âgée qui achète une grande quantité de produits d'entretien), la précipitation, l'importance des dépenses, l'importance de la dépense au regard des ressources du consommateur ;

– le professionnel doit avoir pour but de faire souscrire à la victime des engagements au comptant ou à crédit (art. L. 122-8) ou de se faire remettre, sans contreparties réelles, des sommes en numéraire ou par virement, des chèques bancaires ou postaux, des ordres de paiement par carte de paiement ou carte de crédit, ou bien des valeurs mobilières (art. L. 122-10).

### La connaissance par le professionnel de l'état de faiblesse ou d'ignorance du consommateur

Le délit d'abus de faiblesse ou d'ignorance suppose nécessairement que la faiblesse ou l'ignorance du consommateur soit connue du professionnel, ou plus exactement ne pouvait pas être méconnue. En effet, l'infraction est intentionnelle.

## 2 La lutte contre les clauses abusives

La lutte contre les clauses abusives constitue l'une des luttes les plus ardentes au cours du XX$^{e}$ siècle, participant même à la refonte du droit des contrats. Il faut bien comprendre que la jurisprudence était largement impuissante à combattre des clauses excessives ou dérisoires au sein de contrats de consommation avec les seuls moyens du droit commun des contrats. C'est la loi n° 78-23 du 10 janvier 1978 qui posa la première la prohibition des clauses abusives. Pour autant, cette loi réservait au pouvoir exécutif le soin d'interdire les clauses abusives. Seul le décret du 24 mars 1978 interdit quelques clauses contractuelles. C'est donc la jurisprudence qui s'affranchit du carcan réglementaire en décidant que le juge pouvait lui-même, en l'absence de décret, réputer non écrite une clause abusive. Ce mouvement favorable à une meilleure protection du consommateur contractant se poursuivit devant la nécessité de transposer en droit interne la directive européenne du 5 avril 1993 relative aux clauses abusives. Ainsi, la loi n° 95-96 du 1$^{er}$ février 1995 suivant en cela cette directive a permis au juge d'obtenir le droit de déclarer toute clause contractuelle abusive tout en publiant une liste noire de clauses *a priori* abusives. La loi de modernisation de l'économie du 4 août 2008 est venue renforcer la lutte contre les clauses abusives en distinguant désormais des clauses abusives par nature (liste dite noire) et des clauses présumées abusives (liste dite grise).

### L'identification de la clause abusive

C'est l'article L. 132-1 du Code de la consommation qui détermine le domaine d'application de la lutte contre les clauses abusives et définit ce qu'il faut entendre par clause abusive. Ce texte prévoit effectivement que : « *Dans les contrats conclus entre professionnels et non-professionnels ou consommateurs, sont abusives les clauses qui ont pour objet ou pour effet de créer, au détriment du non-professionnel ou du consommateur, un déséquilibre significatif entre les droits et les obligations des parties au contrat* ».

## a) Le domaine d'application

*1) Les contractants*

L'article L. 132-1 du Code de la consommation évoque les contrats conclus entre professionnels et non-professionnels ou consommateurs. Ce texte ne donne aucune définition ni de la notion de professionnels ni de la notion de non-professionnels ou de consommateurs.

Pour autant, pour appliquer la législation sur les clauses abusives, un contrat conclu entre un professionnel et un consommateur ou un non-professionnel est nécessaire :

– ***nécessité d'un contrat conclu par un professionnel*** : la commission de refonte du droit de la consommation en 1985 a donné une définition du professionnel qui se rapproche de celle donnée à l'article 2, c de la directive du 5 avril 1993 : « *les professionnels sont les personnes physiques ou morales, publiques ou privées, qui offrent des biens ou des services dans l'exercice d'une activité habituelle* ». La notion de professionnel est donc beaucoup plus fonctionnelle que catégorielle. Cela explique que les services publics marchands (services publics industriels et commerciaux) soient considérés comme professionnels en droit de la consommation ;

– ***nécessité d'un contrat conclu par un consommateur ou un non-professionnel*** : il existe tout d'abord un consensus autour d'une définition minimaliste de la notion de consommateur : est consommateur la personne physique qui contracte à des fins privées, c'est-à-dire à des fins domestiques ou familiales. Cette définition correspond d'ailleurs à la définition communautaire donnée à l'article 2 b de la directive du 5 avril 1993 : est consommateur « *toute personne physique qui... agit à des fins qui n'entrent pas dans le cadre de son activité professionnelle* » (c'est également la position de la juridiction communautaire). Il existe ensuite une discussion doctrinale qui repose sur la conjonction « ou » de la formule non-professionnel ou consommateur. En effet, un courant doctrinal estime que l'expression non-professionnel ne constitue qu'une pure redondance du mot consommateur. Un autre courant considère qu'il s'agit de deux catégories de contractants, permettant ainsi d'étendre la protection légale à d'autres contractants que le consommateur qui agit à des fins domestiques.

En réalité, la question ne semble pas s'être posée en jurisprudence dans ces termes qui recherche si le contractant a conclu un contrat sans lien direct avec son activité professionnelle. En tout état de cause, cela permet d'étendre la protection légale à des épargnants, à des usagers des services publics, à des patients (clientèles des professionnels médicales), à des personnes morales à but non lucratif (par exemple, une association, un comité d'entreprise ou une union syndicale)...

Il est même possible d'envisager d'étendre la protection légale à des personnes qui agissent dans le cadre de leur profession, mais en dehors de leur compétence professionnelle. Il semble que la Cour de cassation ait finalement fermé la porte aux professionnels au bénéfice de l'article L. 132-1 du Code de la consommation. Ainsi, dans un arrêt de 2008, elle a jugé que les dispositions de ce texte ne s'appliquent pas aux contrats de fournitures de biens ou de services conclus entre deux sociétés commerciales. Mais cette solution sera-t-elle conservée ? En effet, dans un arrêt du 23 juin 2011, la Cour de cassation admet qu'un syndicat de copropriétaires puisse bénéficier de l'article L. 136-1 du Code de la consommation au motif que les personnes morales ne sont pas exclues de la catégorie des non-professionnels, catégorie prévue dans ce texte. Dans un grand nombre de litiges entre professionnels, le lien direct est presque toujours retenu par la Cour de cassation. La Haute juridiction devrait abandonner son critère de rapport direct qui nuit à la clarté de la notion de consommateur.

Pour autant, le droit des clauses abusives reste exclu lorsque le contrat présente un rapport ou un lien direct avec l'activité professionnelle. La doctrine espérait enfin que l'effort de définition propre au droit des clauses abusives des contractants bénéficiaires de la protection légale pourrait servir à construire une notion unitaire du consommateur à l'ensemble du droit de la consommation. Mais il faut croire que le droit de la consommation continue de faire prévaloir une protection à géométrie variable selon les règles concernées...

*2) Les contrats*

Si l'article L. 132-1 du Code de la consommation ne fait aucune distinction entre les contrats, il n'empêche que la protection légale ne joue que dans le cadre de relations contractuelles entre professionnels et consommateurs ou non-professionnels.

Cela signifie que les relations contractuelles entre les services publics industriels et commerciaux et leurs usagers sont soumises aux dispositions de l'article L. 132-1 du Code de la consommation, sauf à rappeler que seul le juge administratif peut déclarer abusives des clauses de nature réglementaire.

Cela signifie encore que tous les contrats sont concernés par la lutte contre les clauses abusives. À cet égard, l'article L. 132-1 du Code de la consommation donne une liste non exhaustive de support de la clause : bon de commande, facture, bon de garantie, bordereau ou bon de livraison, billet ou ticket... Il faut bien comprendre que ce n'est pas le contrat qui doit être abusif mais certaines de ses clauses.

La loi n'exige pas enfin que le contrat soit un contrat d'adhésion (contrats prérédigés qui sont imposés aux consommateurs ; par exemple, les conditions générales des contrats de consommation sont rédigées à l'avance et ne sont pas négociées avec le consommateur), à la différence du droit communautaire (le droit communautaire érige effectivement le contrat d'adhésion en critère d'application de la directive du 5 avril 1993 relative aux clauses abusives).

### 3) *Les clauses*

L'article L. 132-1 du Code de la consommation s'applique à toutes les clauses contractuelles, à partir du moment où elles sont écrites. Il importe peu également qu'elles soient négociées ou non ou encore réglementaires. En revanche, le Code de la consommation ne s'applique pas aux clauses portant sur la définition de l'objet principal du contrat (la finalité de la protection légale n'est pas de faire disparaître le contrat mais de le rééquilibrer) ou sur le prix (il n'est pas possible de généraliser la lésion à toutes les relations contractuelles) ou encore qui sont de nature légale (la solution pour remédier à des clauses déséquilibrées qui sont conformes à un texte législatif réside dans une réforme législative).

## b) Le critère de l'abus

### 1) *La définition générale de la clause abusive : le déséquilibre significatif*

L'article L. 132-1 du Code de la consommation donne une définition à vocation générale de la clause abusive : constitue une clause abusive celle qui a pour objet ou pour effet de créer, au détriment du non-professionnel ou du consommateur, un déséquilibre significatif entre les droits et les obligations des parties au contrat.

Pour apprécier si une clause est abusive, il convient donc de se reporter aux éléments constitutifs du critère de l'abus figurant à l'article L. 132-1 du Code de la consommation :

- ***le déséquilibre peut trouver sa source dans une clause principale ou accessoire*** et peut être effectif ou potentiel (au sens qu'il suffit que la clause ait été rédigée pour permettre un déséquilibre contractuel) ;
- ***le déséquilibre s'apprécie au moment de la conclusion du contrat*** (la charge de la preuve pèse d'ailleurs sur le consommateur) en se référant à toutes les circonstances du contrat, à toutes les autres clauses du contrat, voire même aux clauses contenues dans un autre contrat lorsque la conclusion ou l'exécution des deux contrats en question dépendent juridiquement l'un de l'autre (par exemple, un prêt finançant l'achat d'un bien de consommation). C'est donc en réalité au regard de l'économie générale du contrat qu'il convient d'apprécier si une clause est abusive ou non. En principe, le Code de la consommation invite le juge à opérer une appréciation *in concreto*, c'est-à-dire en considération du consommateur ou du non-professionnel contractant et des circonstances de la conclusion du contrat de consommation. Exceptionnellement, cette appréciation du caractère abusif de la clause peut se faire *in abstracto* lorsqu'il s'agit d'apprécier par exemple des conditions générales d'un contrat, c'est-à-dire en considération d'un consommateur moyen et en fonction des circonstances habituelles ;
- ***le déséquilibre doit être significatif et se faire au détriment du consommateur ou du non-professionnel***. Cela signifie qu'une simple disproportion n'est pas suffisante pour faire

qualifier une clause d'abusive. Le plus souvent, la clause sera déclarée abusive lorsqu'elle confère un avantage excessif en faveur du professionnel. Par exemple, a été déclarée abusive la clause d'exclusion totale de responsabilité (pour une perte de travaux photographiques) ou encore la clause permettant à une banque de modifier unilatéralement, sans préavis, les conditions d'utilisation d'une carte bancaire. En revanche, n'a pas été déclarée abusive la clause de confidentialité du Code d'utilisation d'une carte téléphonique.

*2) L'existence de listes de clauses suspectes*

Depuis la loi de modernisation de l'économie du 4 août 2008, il existe deux listes de clauses suspectes : des clauses abusives par nature (art. L. 132-1, al. 3, C. consom.) et des clauses présumées abusives (art. L. 132-1 al. 2, C. consom.).

- CLAUSES ABUSIVES PAR NATURE OU LISTE NOIRE DE CLAUSES ABUSIVES

L'article L. 132-1 alinéa 3 du Code de la consommation prévoit qu'un décret en Conseil d'État, pris après avis de la commission des clauses abusives, détermine des types de clauses qui, eu égard à la gravité des atteintes qu'elles portent à l'équilibre du contrat, doivent être regardées, de manière irréfragable, comme abusives. De telles clauses doivent être déclarées abusives. Pour l'essentiel, il existe une liste noire de douze clauses qui figure à l'article R. 132-1 du Code de la consommation (par exemple, la clause constatant l'adhésion du non-professionnel ou du consommateur à des clauses qui ne figurent pas dans l'écrit qu'il a signé).

- CLAUSES PRÉSUMÉES ABUSIVES OU LISTE GRISE DE CLAUSES ABUSIVES

L'article L. 132-1 alinéa 2 du Code de la consommation prévoit qu'un décret pris en Conseil d'État, après avis de la commission des clauses abusives, détermine une liste de clauses présumées abusives ; en cas de litige concernant un contrat comportant une telle clause, le professionnel doit apporter la preuve du caractère non abusif de la clause litigieuse. À la différence du droit antérieur, il appartient désormais au professionnel de rapporter la preuve du caractère non abusif de la clause (la présomption est donc simple et non irréfragable). Il existe une liste grise de clauses abusives à l'article R. 132-2 du Code de la consommation (par exemple, la clause qui reconnaît au professionnel le droit de résilier le contrat sans préavis d'une durée raisonnable).

## ■ *Le sort de la clause abusive*

### a) Les acteurs de la lutte contre les clauses abusives

*1) Le juge*

Il faut bien comprendre que dès l'origine de la lutte contre les clauses abusives (loi du 10 janvier 1978), le juge ne pouvait réputer non écrite qu'une clause prohibée par décret. C'est donc le pouvoir réglementaire qui avait le pouvoir de déclarer que telle ou telle clause était abusive. Mais l'inertie du pouvoir réglementaire en ce domaine (un seul décret avant le coup de force du juge) poussa le juge judiciaire à s'affranchir de l'existence de décrets pour déclarer abusives des clauses contractuelles dans les relations entre consommateurs et professionnels. C'est d'ailleurs dans un arrêt du 14 mai 1991 dit Lorthior qui posa le principe de l'existence d'un pouvoir autonome détenu par le juge dans l'élimination des clauses abusives sans qu'elles soient nécessairement interdites par décret (mais dès 1987, la jurisprudence commença à s'enhardir...). Depuis la Cour de cassation n'a eu de cesse de rappeler le droit pour le juge de supprimer les clauses abusives de manière autonome. Au lieu de briser cette jurisprudence *contra legem*, dans la loi du 1er février 1995, le législateur a reconnu le pouvoir autonome du juge de déclarer abusives des clauses. Ce pouvoir a même été accru, en 2000, par l'arrêt *Océano* rendu par la juridiction communautaire qui autorise tout juge national à relever d'office le caractère abusif des clauses d'un contrat de consommation. Le législateur français a d'ailleurs été plus loin en reconnaissant désormais au juge le droit de relever d'office toutes les dispositions du Code de la consommation (art. L. 141-4, C. consom.). Il est alors difficile de comprendre quel est l'apport du projet de loi n° 3508 du 1er juin 2011 qui entend permettre ce qui existe déjà, à savoir le droit pour le juge de déclarer abusive une clause dans un contrat de consommation.

Dans cette lutte contre les clauses abusives, le juge peut s'inspirer des recommandations de la commission des clauses abusives et même solliciter son avis (art. R. 132-6). Il n'est évidemment pas lié par les recommandations ou les avis de cette commission. C'est donc plutôt la Cour de cassation qui, en contrôlant la qualification par les juges du fond des clauses abusives, permet d'unifier la jurisprudence en limitant cette qualification aux clauses qui créent un déséquilibre contractuel incontestablement excessif en faveur du professionnel. Il faut ajouter que le juge administratif s'est lui aussi invité à la lutte contre les clauses abusives. Ainsi, dans une décision du 11 juillet 2001, le Conseil d'État a déclaré abusive une disposition d'un règlement du service de distribution d'eau par application des dispositions du Code de la consommation. C'est forcément intégrer dans le bloc de légalité des règles consuméristes pour apprécier le caractère abusif de clauses réglementaires.

### *2) La commission des clauses abusives*

Il s'agit d'une commission administrative composée de treize membres :

- un président qui est un magistrat de l'ordre judiciaire ;
- deux magistrats de l'ordre judiciaire ou de l'ordre administratif, dont l'un est vice-président ;
- deux personnalités qualifiées en matière de droit et de technique des contrats, choisis après avis du Conseil national de la consommation ;
- quatre représentants des professionnels ;

– quatre représentants des consommateurs.
– le directeur de la Direction Générale de la concurrence, de la consommation et de la répression des fraudes exerce les fonctions de commissaire du gouvernement.

Ses missions sont variées :

– une mission principale : recommander la suppression ou la modification des clauses abusives dans les modèles de convention habituellement proposés par les professionnels aux consommateurs ;
– des missions secondaires : donner un avis sur les projets de décret concernant les listes noires ou grises de clauses abusives, donner un avis à une juridiction qui en fait la demande sur le caractère abusif ou non d'une clause dans le cadre d'une instance, rédiger son rapport annuel d'activité.

Elle peut être saisie, selon les hypothèses, par le ministre chargé de la consommation, par des associations de consommateurs, par des professionnels ou par une juridiction. Elle peut même se saisir d'office.

Si au départ la commission des clauses abusives n'avait qu'un poids modéré dans la lutte contre les clauses abusives, tel n'est pas le cas aujourd'hui. En effet, même si ses recommandations n'ont aucune force obligatoire, il n'en demeure pas moins qu'elles participent à guider l'office du juge et le travail du législateur (par exemple dans la loi du 23 juin 1989 sur les agences matrimoniales et dans la liste des clauses abusives par nature ou présumées abusives). Elle vient de publier son rapport d'activité pour l'année 2010.

### *3) Les associations de consommateurs*

Depuis la loi n° 89-14 du 5 janvier 1988, les associations de consommateurs ont le droit d'agir devant les juridictions civiles en suppression de clauses abusives ou illicites dans les contrats proposés ou destinés aux consommateurs. Cette action qui a une nature préventive est aujourd'hui codifiée à l'article L. 421-6 du Code de la consommation (ce texte a d'ailleurs été modifié par l'ordonnance du 23 août 2001 qui fait de l'action en suppression de clauses abusives ou illicites une action en cessation). Le juge peut ainsi ordonner, le cas échéant sous astreinte, la suppression d'une clause illicite ou abusive dans tout contrat ou type de contrat proposé ou destiné au consommateur. L'association peut évidemment demander des dommages-intérêts en réparation du préjudice collectif.

Il est important de rappeler que les associations de consommateurs disposent d'autres modes d'actions en justice :

– elles peuvent agir devant les juridictions répressives en réparation du préjudice collectif des consommateurs causé par une infraction pénale en vue d'obtenir des dommages-intérêts ou la cessation des agissements illicites ou encore la publication du jugement rendu (art. L. 421-1, C. consom.) ;

– elles peuvent également, dans un procès engagé par un consommateur, intervenir devant les juridictions civiles, notamment en vue d'obtenir la cessation des agissements illicites (art. L. 421-7) ;
– elles peuvent encore demander la réparation de préjudices individuels qui ont une source commune (il s'agit de l'action en représentation conjointe édictée aux articles L. 422-1 à L. 422. Pour autant, la fameuse « class action » n'est pas à l'heure du jour, y compris dans le projet de loi du 1er juin 2011).

Il faut ajouter que le projet de loi n° 3508 du 1er juin 2011 permet à la décision constatant le caractère abusif d'une clause dans un contrat de consommation rendue à la suite d'une action intentée par une association de consommateurs en suppression d'une clause abusive de produire ses effets sur l'ensemble des contrats identiques.

*4) Les pouvoirs publics*

De plus en plus, les contrats de consommation comportent des dispositions impératives (ce qui constitue une prédétermination du contenu contractuel des contrats de consommation) ou négociées par des accords collectifs (par exemple en matière de bail d'habitation).

Il faut ajouter que depuis 2005, la DGCCRF dispose du droit d'agir en justice pour faire supprimer toute clause illicite ou abusive (art. L. 141-1, C. consom.). Ses missions sont de plus en plus étendues. À ce titre, le projet de loi n° 3508 du 1er juin 2011 prévoit de renforcer et de moderniser les moyens d'action de cette administration, y compris dans le domaine de la lutte contre les clauses abusives.

### b) La sanction des clauses abusives

Aux termes de l'article L. 132-1 du Code de la consommation, la clause abusive est réputée non écrite, c'est-à-dire que seule la clause est nulle (nullité partielle), ce qui laisse subsister le reste du contrat. Toutefois, le caractère abusif d'une clause peut emporter la nullité totale du contrat lorsque cette clause constitue la cause impulsive et déterminante du contrat ou si toutes les clauses ont été stipulées indivisibles (art. L. 132-1, al. 8). Enfin, le droit des clauses abusives n'est pas assorti de sanctions pénales.

# La lutte contre les tricheries

CHAPITRE
5

*Deux catégories de méthodes commerciales sont sous les feux des projecteurs en droit de la consommation en matière de lutte contre les tricheries. Les fraudes et les pratiques commerciales déloyales (anciennement la publicité trompeuse) constituent effectivement et invariablement le cœur du droit pénal de la consommation. Il faut ajouter à cette réglementation la régulation de la publicité.*

## 1 La prohibition des fraudes

### ■ *La tromperie*

Le délit de tromperie suppose une condition préalable qui réside dans l'existence d'un contrat portant sur des marchandises ou des prestations de services. Deux remarques s'imposent sur cette condition préalable de l'infraction :

– tout d'abord, ***la tromperie nécessite l'existence de relations contractuelles à titre onéreux*** (les contrats à titre gratuit ne relèvent pas du champ d'application du délit de tromperie), à savoir l'existence d'un contrat ou à tout le moins une offre de contracter. En effet, l'article L. 213-1 du Code de la consommation vise explicitement « *quiconque aura trompé ou tenté de tromper le contractant* ». Cela signifie que la tromperie peut avoir lieu au stade de l'offre de contrat (il s'agit de sanctionner ici la tentative de tromperie), lors de la conclusion du contrat ou lors de l'exécution du contrat (par exemple, le fait de livrer une quantité de marchandises qui se trouve en réalité inférieure à la quantité promise). Mais il importe peu que l'auteur de la fraude soit partie au contrat de consommation ou celui qui fournit la marchandise ou la prestation de services ;

– ensuite, **les relations contractuelles doivent porter sur une marchandise** (c'est-à-dire tout bien mobilier corporel, v. art. L. 213-1, C. consom.) **ou sur une prestation de services** (art. L. 216-1, C. consom.).

## a) Les éléments constitutifs de l'infraction

### *1) Élément matériel du délit de tromperie*

Deux éléments sont à prendre en compte :

– ***il faut d'abord un comportement, c'est-à-dire tricher***. L'article L. 213-1 du Code de la consommation qui dispose que « *quiconque aura trompé ou tenté de tromper le contractant, par quelque moyen ou procédé que ce soit* » englobe non seulement une tromperie par commission (infraction de commission) mais également une tromperie par omission (infraction d'omission) :

  • la ***tromperie par commission*** est le fait d'utiliser des manœuvres pour induire en erreur le consommateur. Par exemple, commet le délit de tromperie le garagiste qui modifie le compteur kilométrique d'une voiture afin de la vendre plus chère (en droit civil, on parle de dol),

  • la ***tromperie par omission*** est le fait de dissimuler ou de taire une information essentielle au consommateur (en droit civil, on parle de réticence dolosive). Par exemple, commet le délit de tromperie le garagiste qui tait au consommateur l'existence d'un accident antérieur du véhicule vendu ;

– ***il faut ensuite que la tromperie porte sur un objet figurant dans une liste légale.*** L'article L. 213-1 du Code de la consommation énumère effectivement une liste limitative, à savoir : « - *1°) soit sur la nature, l'espèce, l'origine, les qualités substantielles (sachant que la tromperie sur les qualités substantielles comprend la nature et l'espèce de la marchandise ou de la prestation de service), la composition ou la teneur en principes utiles de toutes marchandises ; 2°) soit sur la quantité des choses livrées ou sur leur identité par la livraison d'une marchandise autre que la chose déterminée qui a fait l'objet du contrat ; 3°) soit sur l'aptitude à l'emploi, les risques inhérents à l'utilisation du produit, les contrôles effectués, les modes d'emploi ou les précautions à prendre.* » En dehors de cette liste, il n'y a point de délit de tromperie.

### *2) Élément moral du délit de tromperie*

Le délit de tromperie nécessite une intention de tromper. Mais cette intention frauduleuse est largement comprise en jurisprudence. En effet, la négligence coupable assimilable à de la mauvaise foi suffit pour caractériser cette intention trompeuse. De même, la mauvaise foi se déduit de l'absence de vérification, de surveillance, ou de contrôle. Il faut ajouter, qu'en application des dispositions de l'article L. 212-1 du Code de la consommation, l'importateur est tenu de s'assurer de la conformité des marchandises mises sur le marché.

### b) La répression du délit de tromperie

L'article L. 213-1 du Code de la consommation punit d'une peine d'emprisonnement de deux ans et d'une amende de 37 500 euros (ou l'une de ces deux peines seulement) toute personne physique qui commet ou tente de commettre une tromperie.

Cet article prévoit deux causes d'aggravation de la sanction pénale (les peines sont alors portées au double) :

- si ***la marchandise est dangereuse pour l'homme ou l'animal*** (par exemple, cette circonstance aggravante a été retenue dans le cadre du scandale du sang contaminé) ;
- si ***l'auteur a administré des substances anabolisantes*** à des animaux destinés à la consommation humaine.

Le Code de la consommation prévoit également de nombreuses peines complémentaires possibles, telles que la confiscation des marchandises, leur destruction, la publication ou l'affichage du jugement, voire la diffusion d'un message informant le public de la décision de justice aux frais du condamné.

Enfin, les personnes morales sont responsables pénalement (une peine d'amende ou une peine d'interdiction).

## ■ *Les falsifications*

Les falsifications sont réprimées au sein des articles L. 213-3 et L. 213-4 du Code de la consommation (ces infractions sont punies des mêmes peines que celles applicables en matière de tromperie, sauf à préciser que lorsque la substance falsifiée ou corrompue est nuisible à la santé de l'homme ou de l'animal, la peine d'emprisonnement est portée à quatre ans et l'amende à 75 000 euros). Les falsifications sont également des délits intentionnels.

### a) Les falsifications réprimées par l'article L. 213-3 du Code de la consommation

L'article L. 213-3 alinéa 1er, 1° du Code de la consommation prévoit que seront punis des peines « *ceux qui falsifieront des denrées servant à l'alimentation de l'homme ou des animaux, des substances médicamenteuses, des boissons et des produits agricoles ou naturels destinés à être vendus* ».

En d'autres termes, le législateur prévoit une infraction principale de falsification qui consiste selon la jurisprudence à recourir à une manipulation ou un traitement illicite ou non conforme à la réglementation, de nature à altérer la constitution physique du produit (par exemple, l'adjonction de glycérine au vin) et qui porte sur des denrées alimentaires ou des médicaments, ou encore des boissons ou enfin des produits agricoles ou naturels (par exemple, les fleurs) destinés à la vente.

Il existe des délits connexes de falsification. Ainsi, l'article L. 213-3, alinéa 1er, 2° et 3° du Code de la consommation réprime ceux qui se livrent à la commercialisation des marchandises falsifiées. De même, l'article L. 213-3 alinéa 1er, 4° du même Code sanctionne ceux qui commercialisent ou provoquent l'emploi de produits ou appareils propres à réaliser une falsification.

### b) Les falsifications réprimées par l'article L. 213-4 du Code de la consommation

Ces falsifications ne sont punies que d'une peine d'emprisonnement de trois mois et d'une amende de 4 500 euros. Il s'agit de sanctionner ceux qui détiennent des appareils de mesure inexacts, de produits falsifiés ou d'objets permettant toute falsification.

## 2 La régulation de la publicité et la prohibition des pratiques commerciales déloyales

### ■ *Régulation de la publicité*

Certaines publicités, notamment pour des produits dangereux sont purement interdites telles que par exemple la publicité de stupéfiants ou la publicité pour des produits permettant de se donner la mort. D'autres font l'objet d'autorisations très limitées telles que la publicité pour le tabac (art. L. 3511-1 et s., C. santé publ. ; le principe est l'interdiction de la publicité pour le tabac ; seule la publicité sur les enseignes des débits de tabac, les affichettes à l'intérieur de ceux-ci et les publications destinées aux professionnels est autorisée), les médicaments (art. L. 5122-1 et s., C. santé publ. ; la publicité auprès du public est interdite pour les médicaments soumis à prescription médicale et pour ceux remboursables par la sécurité sociale ; pour les autres médicaments, leur publicité doit faire l'objet d'une autorisation préalable) ou les boissons alcoolisées (art. L. 3323-2 et s., C. santé publ. ; la publicité n'est autorisée pour les boissons contenant plus de 1,2 degré d'alcool que sur certains supports).

Enfin, des publicités font l'objet d'une réglementation particulière, Il en est ainsi pour la publicité télévisée (le conseil supérieur de l'audiovisuel exerce d'ailleurs le contrôle de la publicité télévisée). De même, la publicité dite comparative obéit à une réglementation consumériste (art. L. 121-8 et s., C. consom., sachant que le dernier alinéa de l'article L. 121-8 a été purement abrogé par la loi du 17 mai 2011).

Constitue une publicité comparative celle qui « *met en comparaison des biens ou services en identifiant, implicitement ou explicitement, un concurrent ou des biens ou des services offerts par un concurrent* ».

Pour qu'une telle publicité soit licite, les conditions légales sont les suivantes :

- elle doit être loyale (cela signifie qu'elle ne doit pas être trompeuse ou de nature à induire en erreur) ;
- elle doit porter sur des biens ou des services répondant aux mêmes besoins ou ayant le même objectif ;
- elle doit comparer objectivement une ou plusieurs caractéristiques essentielles, pertinentes, vérifiables et représentatives ;
- elle ne peut tirer indûment profit de la notoriété attachée à une marque de fabrique, de commerce ou de service, à un nom commercial, à d'autres signes distinctifs d'un concurrent ou à l'appellation d'origine ainsi qu'à l'indication géographique d'un produit concurrent ;
- elle ne peut entraîner le discrédit ou le dénigrement des marques, noms commerciaux, autres signes distinctifs, biens, services, activité ou situation d'un concurrent ;
- elle ne doit pas entraîner une confusion entre l'annonceur et un concurrent ou entre les marques, noms commerciaux, autres signes distinctifs, biens ou services de l'annonceur et ceux d'un concurrent ;
- elle ne doit pas présenter des biens ou des services comme une imitation ou une reproduction d'un bien ou d'un service bénéficiant d'une marque ou d'un nom commercial protégé ;
- la comparaison n'est possible qu'entre appellations d'origine et indications géographiques identiques ;
- certains supports sont interdits, à savoir les emballages, les factures, les titres de transport, les moyens de paiement ou les billets d'accès à des spectacles ou à des lieux ouverts au public.

En cas de manquement à ces prescriptions, l'article L. 122-14 du Code de la consommation renvoient aux peines prévues en matière de pratiques commerciales trompeuses.

## ■ *Prohibition des pratiques commerciales déloyales*

Le législateur a dû s'y reprendre à deux fois pour transposer en droit interne la directive du 11 mai 2005 relative aux pratiques commerciales déloyales :

- en premier lieu, la loi n° 2008-3 du 3 janvier 2008 pour le développement de la concurrence au service des consommateurs, dite loi Chatel remplace le délit de publicité fausse ou de nature à induire en erreur par celui de pratiques commerciales trompeuses (art. L. 121-1). Cette loi crée également une nouvelle incrimination, à savoir les pratiques commerciales agressives (art. L. 122-11) ;

- en second lieu, la loi n° 2008-776 du 4 août 2008 sur la modernisation de l'économie comble déjà les lacunes de la loi du 3 janvier 2008 notamment en intégrant la liste noire de la directive européenne. Certaines pratiques sont ainsi réputées trompeuses (art. L. 121-1-1) ou agressives (art. L. 122-11-1). Il faut ajouter la loi du 17 mai 2011 qui conditionne l'interdiction des ventes ou prestations de services liées ou avec prime ou encore des loteries commerciales, à l'appréciation du caractère déloyal de ces pratiques commerciales.

Ainsi, l'article L. 120-1 du Code de la consommation (qui constitue à lui seul le chapitre préliminaire du titre II – Pratiques commerciales – du Livre I – information des consommateurs et formation des contrats) pose un principe général l'interdiction de la déloyauté.

En effet, l'alinéa premier de ce texte dispose que « *les pratiques commerciales déloyales sont interdites* ». Cet article définit ensuite les pratiques commerciales déloyales comme des pratiques qui sont contraires aux exigences de la diligence professionnelles et qui altèrent, ou sont susceptibles d'altérer de manière substantielle, le comportement économique du consommateur normalement informé et raisonnablement attentif et avisé, à l'égard d'un bien ou d'un service. Il convient d'ajouter que « *le caractère déloyal d'une pratique commerciale visant une catégorie particulière de consommateurs ou un groupe de consommateurs vulnérables en raison d'une infirmité mentale ou physique, de leur âge ou de leur crédulité s'apprécie au regard de la capacité moyenne de discernement de la catégorie ou du groupe* ».

La notion de pratiques commerciales ne fait l'objet d'aucune définition légale. Il conviendra donc de se référer éventuellement à la définition de la directive européenne : « *toute action, omission, conduite, démarche ou communication commerciale, y compris la publicité et le marketing de la part d'un professionnel, en relation directe avec la promotion, la vente ou la fourniture d'un produit aux consommateurs* » (art. 2 d, directive du 11 mai 2005).

Le paragraphe II précise que « *constituent, en particulier, des pratiques commerciales déloyales les pratiques commerciales trompeuses définies aux articles L. 121-1 et L. 121-1-1 et les pratiques commerciales agressives définies aux articles L. 122-11 et L. 122-11-1* ».

### a) Les pratiques commerciales trompeuses

Si la lutte contre les pratiques commerciales trompeuses s'intéresse principalement à la publicité, il n'en demeure pas moins que la notion de pratique commerciale concerne tous les procédés de vente ou de service. Il y a là une véritable volonté du législateur d'étendre l'incrimination de pratiques commerciales trompeuses par rapport à l'ancienne incrimination de publicité trompeuse.

L'article L. 121-1 du Code de la consommation distingue deux catégories de pratiques commerciales trompeuses :
– les pratiques commerciales trompeuses par action ;
– les pratiques commerciales trompeuses par omission.

En premier lieu, constituent des pratiques commerciales trompeuses par action :
– celles qui créent une confusion avec un autre bien ou service, une marque, un nom commercial, ou autre signe distinctif d'un concurrent (art. L. 121-1, I, 1°) ;
– celles qui reposent sur des allégations, indications ou présentations fausses ou de nature à induire en erreur et portant sur l'un ou plusieurs éléments, à savoir de manière limitative sur l'existence, la disponibilité, la nature, les caractéristiques essentielles du bien ou service, le prix, son mode de calcul, son caractère promotionnel, les conditions de vente, de paiement ou de livraison, le service après-vente, la nécessité d'un service, d'une pièce détachée, d'un remplacement ou d'une réparation, la portée des engagements de l'annonceur, la nature, le procédé ou le motif de la vente ou de la prestation de services, l'identité, les qualités, les aptitudes et les droits du professionnel, le traitement des réclamations et les droits du consommateur (art. L. 121-1, I, 2°) ;
– celles qui n'identifient pas clairement la personne qui la met en œuvre (art. L. 121-1, I, 3°).

En second lieu, constituent des pratiques commerciales trompeuses par omission celles qui si, compte tenu des limites propres au moyen de communication utilisé et des circonstances qui l'entourent, omettent, dissimulent ou fournissent de façon inintelligible, ambiguë ou à contretemps une information substantielle ou qui n'indiquent pas leur véritable intention commerciale dès lors que cela ne ressort pas déjà du contexte. Sont considérées comme des informations substantielles les caractéristiques principales du bien ou du service, l'adresse et l'identité du professionnel, le prix toutes taxes comprises et des frais de livraison à la charge du consommateur ou de leur mode de calcul, s'ils ne peuvent être établis à l'avance, des modalités de paiement, de livraison, d'exécution et de traitement des réclamations des consommateurs dès lors qu'elles sont différentes de celles habituellement pratiquées dans le domaine d'activité professionnelle concerné, le droit de rétractation si ce dernier est prévu par loi.

Par ailleurs, l'article L. 121-1-1 du Code de la consommation énumère une liste de vingt deux pratiques commerciales réputées trompeuses telles que par exemple les pratiques commerciales qui ont pour objet d'affirmer d'un produit ou d'un service qu'il augmente les chances de gagner aux jeux de hasard (15°) ou encore d'affirmer faussement qu'un produit ou une prestation de services est de nature à guérir des maladies, des dysfonctionnements ou des malformations (16°).

C'est dire qu'il s'agit de pratiques commerciales par nature ou qui sont présumées de manière irréfragables et trompeuses. Il n'y a donc pas lieu de discuter du caractère trompeur de ces pratiques commerciales.

Aux termes de l'article L. 121-6 du Code de la consommation, la sanction est une peine d'emprisonnement de deux ans et d'une amende de 37 500 euros qui peut être portée à 50 % du budget publicitaire. S'ajoutent des peines complémentaires telles que l'affichage ou la publication du jugement. L'article L. 121-3 du même Code permet même la cessation de telles pratiques, soit sur réquisition du ministère public, soit d'office par le juge. Au surplus, la personne pour le compte duquel la pratique commerciale est mise en œuvre est responsable à titre principal de l'infraction commise (art. L. 121-5).

Enfin, dans un arrêt rendu le 15 décembre 2009, la chambre criminelle de la Cour de cassation oblige de faire la démonstration d'une intention coupable à propos de l'ancien délit de publicité trompeuse. Cette solution emporte comme conséquence que le délit pratique commerciale trompeuse qui remplace le délit de publicité trompeuse n'est pas également un délit non intentionnel mais bien un délit intentionnel. Il n'empêche que la preuve d'absence de précautions ou de la violation de prescriptions légales ou réglementaires sera suffisante pour caractériser cette fameuse intention coupable.

### b) Les pratiques commerciales agressives

En application des dispositions de l'article L. 122-11 du Code consommation, constituent des pratiques commerciales agressives lorsque du fait de sollicitations répétées et insistantes ou de l'usage d'une contrainte physique ou morale et compte des circonstances qui l'entourent :

- elles altèrent ou sont de nature à altérer de manière significative la liberté de choix d'un consommateur ;
- elles vicient ou sont de nature à vicier le consentement d'un consommateur ;
- elles entravent l'exercice des droits contractuels d'un consommateur.

Deux conditions cumulatives doivent être remplies :

- la pratique commerciale n'est agressive que si elle utilise comme moyens des sollicitations répétées et insistantes (cela vise sans doute les méthodes harcelantes telles que pratiquées notamment dans le cadre du démarchage téléphonique ou dans les foires) ou la contrainte physique ou morale (cela évoque la violence des art. 1111 et s., C. civ.) ;
- la pratique commerciale n'est agressive que si, compte tenu des circonstances qui l'entourent, elle altère la liberté de choix du consommateur ou vicie son consentement ou encore entrave

l'exercice de ses droits contractuels (cela suppose de rapporter la preuve de pressions telles que le consommateur moyen n'a pas su se décider autrement).

À ce titre, l'article L. 122-11, II, précise qu'afin de déterminer si une pratique commerciale recourt au harcèlement, à la contrainte, y compris la force physique, ou à une influence injustifiée, les éléments suivants sont pris en considération :

- le moment et l'endroit où la pratique est mise en œuvre, sa nature et sa persistance ;
- le recours à la menace physique ou verbale ;
- l'exploitation, en connaissance de cause, par le professionnel, de tout malheur ou circonstance particulière d'une gravité propre à altérer le jugement du consommateur, dans le but d'influencer la décision du consommateur à l'égard du produit ;
- tout obstacle non contractuel important ou disproportionné imposé par le professionnel lorsque le consommateur souhaite faire valoir ses droits contractuels, et notamment celui de mettre fin au contrat ou de changer le produit ou de fournisseur ;
- toute menace d'action alors que cette action n'est pas légalement possible.

Il faut ajouter qu'il s'agit une nouvelle fois d'un délit intentionnel.

Sont encore réputées pratiques commerciales agressives une liste initialement de huit pratiques commerciales, mais réduites désormais à sept (conséquence de la réforme de la vente sans commande préalable, la loi du 17 mai 2011 a supprimé le 6° de l'article L. 122-11-1, C. consom.), figurant à l'article L. 122-11-1 du Code de la consommation, telles que par exemple, le fait de se livrer à des sollicitations répétées et non souhaitées par téléphone, télécopieur, courrier électronique ou tout autre outil de communication à distance (art. L. 122-11-1-3°).

Enfin, toute pratique commerciale agressive est punie d'une peine d'emprisonnement de deux ans et d'une amende de 150 000 euros (art. L. 122-12). En outre, l'article L. 122-15 du Code de la consommation prévoit que lorsque la pratique commerciale agressive aboutit à la conclusion d'un contrat, celui-ci est nul et de nul effet.

# La lutte contre la non-conformité ou l'insécurité des produits

Chapitre 6

*Le droit de la consommation intervient dans la mise sur le marché des produits. Il entend ainsi se porter garant de la conformité et de la sécurité des produits offerts aux consommateurs. En effet, aux termes de l'article L 212-1 du Code de la consommation, dès la première mise sur le marché, les produits doivent répondre aux prescriptions en vigueur relatives à la sécurité et à la santé des personnes, à la loyauté des transactions commerciales et à la protection des consommateurs. Cela signifie que le consommateur qui conclut un contrat de consommation doit obtenir un produit qui soit raisonnablement conforme à son attente et qui ne présente pas de danger.*

## 1 La lutte contre le défaut de conformité d'un produit

Pour atteindre l'objectif d'un produit répondant à l'attente légitime du consommateur (ce qui implique pour le professionnel de respecter les prescriptions réglementaires et les prescriptions contractuelles) le droit de la consommation adopte des mesures tantôt préventives, tantôt curatives.

### ■ *Les mesures préventives*

Ces mesures préventives sont de deux ordres :

– ***le professionnel doit respecter les prescriptions réglementaires***, c'est-à-dire des normes impératives. C'est d'ailleurs le sens de l'article L. 212-1 du Code de la consommation lorsqu'il prescrit au professionnel que les produits (il faut ajouter également les services qui bénéficient la plupart du temps de règles spécifiques telles qu'en matière de voyages ou de contrats passés avec des teinturiers par exemple) doivent répondre aux prescriptions en vigueur. À ce titre, l'article L. 214-1 du même Code renvoie au pouvoir réglementaire le soin de fixer les normes impératives destinées à empêcher que le consommateur soit trompé sur les caractéristiques essentielles de produits vendus. Ce texte donne d'ailleurs une liste non exhaustive et impressionnante des prescriptions possibles.

Par exemple, la dénomination « chocolat pur beurre de cacao » n'est réservée qu'aux chocolats fabriqués exclusivement à partir de graisses tirées des fèves de cacaoyer, sans adjonction possible de matière grasse végétale (v. art. L. 112-7, C. consom.). Deux contrôles sont mis en place :

- *un système d'auto-contrôle réalisé par le professionnel lui-même* (l'article L 212-1 du Code de la consommation pose d'ailleurs le principe d'auto-contrôle) qui peut être le producteur si le bien est fabriqué en France ou l'importateur si le bien est fabriqué à l'étranger. À la demande des agents habilités, le professionnel est tenu de justifier des vérifications et des contrôles effectués. En cas de manquement à cette obligation de contrôle, le professionnel est assimilé à un professionnel de mauvaise foi, ce qui permet de le poursuivre plus facilement pour tromperie ou pour falsification,
- *un système de contrôle administratif* (par exemple, des agents de la direction générale de la concurrence, de la consommation et de la répression des fraudes, des agents de la direction des douanes...) ;

– ensuite, il existe des ***normes facultatives qui ont des sources nationales*** (l'AFNOR élabore la norme NF) o**u supranationales** (la norme ISO). Ces normes ne sont pas en principe impératives, sauf lorsque le pouvoir réglementaire en décide autrement. En outre, il est interdit d'émettre des normes nationales qui dérogent aux normes européennes. Mais à partir du moment où le professionnel a obtenu le droit d'apposer par exemple la norme NF sur un produit, le fait de l'apposer sur un produit non conforme constitue l'infraction de tromperie.

## ■ *Les mesures curatives*

Le consommateur attend lorsqu'il conclut un contrat de consommation que le bien ou le service acquis soit conforme aux prévisions contractuelles.

Pour protéger le consommateur contre un défaut de conformité, il ne faut pas oublier que le Code civil lui-même prévoit des règles générales et spéciales.

Les règles générales, c'est-à-dire applicables à tous les contrats, résident dans la protection du contractant contre les vices du consentement (l'erreur sur une qualité substantielle et le dol essentiellement) ou dans la possibilité de faire valoir l'exception d'inexécution (lorsque le bien n'est pas par exemple livré).

Les règles spéciales concernent les contrats de vente (la garantie contre les vices cachés lorsque le défaut ou le vice de la chose vendue empêche son utilisation normale ou l'obligation de délivrance conforme consistant à ce que le vendeur délivre une chose conforme. Ainsi la non-conformité correspond généralement à l'hypothèse où la chose livrée n'est pas conforme à celle qui a été commandée).

À la suite de la transposition de la directive de 1999 par l'ordonnance de 2005 dans les articles L. 211-1 et suivants du Code de la consommation, le droit français adopte une obligation de conformité qui a vocation à inclure la garantie contre les vices cachés et l'obligation de délivrance.

Les conditions de mise en œuvre de l'obligation de conformité figurant dans le Code de la consommation sont les suivantes :

- elle ne concerne que les contrats de vente de biens meubles corporels (ce qui exclut les immeubles), ainsi que la fourniture de biens meubles à fabriquer ou produire (v. art. L. 211-1, C. consom.) et le conditionnement de l'eau et du gaz (si le gaz de ville est donc exclu, le gaz en bouteille est concerné). Les ventes par autorité de justice et les ventes aux enchères publiques sont exclues du domaine d'application de la loi (v. art. L. 211-2, C. consom.) ;
- seuls les contrats conclus entre les professionnels et les consommateurs sont visés (v. art. L. 211-3, C. consom.) ;
- le vendeur est tenu de livrer un bien conforme au contrat et répond des défauts de conformité lors de la délivrance (v. art. L. 211-4, C. consom.). Afin de préciser la non-conformité, l'article L. 211-5 du Code de la consommation définit ce qu'il faut entendre par bien conforme : soit ce bien est propre à l'usage habituellement attendu d'un bien semblable (il s'agit alors d'une conformité objective, donc applicable à tout bien identique. Par voie de conséquence, lorsque la chose livrée est atteinte d'un vice, elle ne peut être conforme au contrat), soit ce bien doit correspondre aux caractéristiques prévues dans le contrat par les deux parties ou à l'usage spécial souhaité par l'acheteur et accepté par le vendeur (il s'agit alors d'une conformité subjective) ;
- l'action en garantie de conformité doit être exercée dans un délai de deux ans à compter de la délivrance du bien (art. L. 211-12, C. consom.).

Les effets de la mise en œuvre de cette garantie légale de conformité sont à trois niveaux :

- le consommateur peut exiger la mise en conformité du bien au contrat (art. L. 211-8), ce qui lui permet de choisir entre la réparation et le remplacement du bien (art. L. 211-9) ; pour autant, le professionnel peut s'opposer à la modalité choisie par le consommateur si celle-ci a un coût manifestement disproportionné ou se trouve impossible à mettre en œuvre (art. 211-9, al. 2) ;

– à défaut de mise en œuvre des modalités du premier niveau, le consommateur peut exiger la résolution du contrat de consommation ou la réduction du prix (art. L. 211-10) ;
– le consommateur peut dans tous les cas de figure demander des dommages-intérêts (art. L. 211-11, al. 2).

Il faut insister sur le fait que le consommateur dispose d'une option, à savoir invoquer les règles du Code civil ou les règles du Code de la consommation.

Il faut ajouter que le consommateur peut vouloir faire jouer la garantie contractuelle ou encore appelée garantie commerciale. Cette garantie doit faire l'objet d'un écrit qui doit préciser son contenu, les conditions pour la mettre en œuvre, sa durée, son étendue territoriale, le nom et l'adresse du garant (art. L. 211-15 et L. 211-16). Surtout, le professionnel doit clairement indiquer qu'indépendamment de cette garantie commerciale, il reste tenu des garanties légales. À cet égard, il doit reproduire les dispositions applicables en matière de garantie légale des vices cachés et de garantie légale de conformité. De même, le professionnel qui s'engage à fournir un service après-vente reste soumis à des obligations légales qui sont pour l'essentiel de formaliser par écrit une telle convention (art. L. 211-19), lors de la mise en service de prévoir l'installation et la vérification du bon fonctionnement de l'appareil livré (art. L. 211-20), ainsi que de remettre au consommateur la notice d'emploi et le certificat de garantie (art. L. 211-20) et de lui permettre de formuler des réserves sur l'intervention (art. L. 211-21). Le professionnel doit également informer le consommateur sur la facturation des prestations forfaitaires de réparation (art. L. 211-22).

Enfin, la non-conformité d'un produit (ou d'un service d'ailleurs) peut constituer une fraude (par exemple, parce que le professionnel a induit volontairement en erreur le consommateur sur les caractéristiques du produit ou du service) sanctionnée pénalement au titre des tromperies ou des falsifications (art. L. 213-1 et s.).

## 2 La lutte contre l'insécurité d'un produit (ou d'un service)

C'est la jurisprudence qui a dégagé la notion d'obligation de sécurité, essentiellement à propos du contrat de transport. Le législateur n'a donc fait que poser le principe d'obligation générale de sécurité au sein du Code la consommation.

### ■ *Le principe : une obligation générale de sécurité*

Aux termes de l'article L. 221-1 du Code de la consommation, « *les produits et services doivent, dans des conditions normales d'utilisation ou dans d'autres conditions raisonnablement prévisibles par le professionnel présenter la sécurité à laquelle on peut légitimement s'attendre et ne pas porter atteinte à la santé des personnes* ».

Cette obligation générale de sécurité s'impose même en l'absence de contrat conclu avec une personne. Pas plus le texte ne fait référence aux consommateurs, ce qui signifie que la sécurité est due à toute personne risquant de souffrir d'un dommage du fait d'un produit ou d'un service mis sur le marché.

Dans ce texte, c'est surtout la notion « *de sécurité à laquelle on peut légitimement s'attendre* » qui constitue le cœur de l'obligation générale de sécurité. L'exigence de sécurité s'apprécie effectivement *in abstracto*, c'est-à-dire d'après l'attente du public et non dans l'attente spécifique d'une personne. Il faut ajouter que l'adverbe "légitimement" impose que le public ne puisse exiger une sécurité absolue mais seulement une sécurité compatible avec l'état de la technique et avec des conditions d'utilisation normale du produit ou du service ou s'il existe des conditions anormales d'utilisation, il faut qu'elles soient prévisibles par le professionnel (par exemple, l'utilisation d'un véhicule au-delà des limitations de vitesse).

Pour les produits, des critères d'évaluation de la sécurité figurent dans les articles L. 222-1 à L. 222-3 du Code de la consommation :

- si le produit est conforme à la réglementation spécifique applicable à la santé ou à la sécurité des consommateurs, il bénéficie d'une présomption irréfragable de satisfaction à l'obligation générale de sécurité ;
- si le produit est conforme à des normes nationales non obligatoires transposant des normes européennes, il bénéficie d'une présomption simple de satisfaction à l'obligation générale de sécurité ;
- à défaut, l'obligation générale de sécurité est évaluée en prenant en considération les normes nationales non obligatoires, les recommandations de la Commission européenne, les guides de bonne pratique, l'état actuel des connaissances de la technique, la sécurité à laquelle les consommateurs peuvent légitimement s'attendre.

## ■ *L'aménagement du principe*

### a) Les mesures préventives

Elles peuvent venir :

- du ***professionnel*** : aux termes de l'article L. 221-1-2 du Code de la consommation, le producteur doit fournir au consommateur les informations qui lui permettent d'évaluer les risques du produit et de s'en prémunir, lorsque ces risques ne sont pas immédiatement perceptibles par le consommateur sans un avertissement adéquat (il s'agit encore d'une obligation d'information). Il doit également se tenir informé des risques que les produits qu'il commercialise peuvent présenter (il s'agit d'une obligation de suivi du produit qui peut aller de la mise en garde jusqu'au retrait du produit). Aux termes de l'article L. 221-1-4 du Code de la consommation, le distributeur s'interdit de fournir des produits dont il sait, sur la base des informations en sa possession et en sa qualité de professionnel, qu'ils ne présentent pas la sécurité à laquelle on peut légitimement s'attendre. Enfin, les producteurs et les distributeurs sont tenus d'informer les autorités administratives compétentes de la mise sur le marché de produits qui ne répondent pas aux exigences de sécurité (art. L. 221-1-3) en indiquant les actions menées pour prévenir les risques ;

– des ***autorités administratives*** : si un produit présente un risque sans danger grave et immédiat, un décret pris en Conseil d'État, après avis de la commission de la sécurité des consommateurs, peut fixer les mesures propres à faire cesser le risque en question, mesures qui peuvent aller dans la fixation des conditions relatives à la circulation ou la détention des produits jusqu'au retrait des produits du marché, voire leur destruction (art. L. 221-3). S'il y a urgence, notamment en cas d'un danger grave et immédiat, un arrêté ministériel ou préfectoral peut être pris pour y remédier. Par ailleurs, les agents des administrations peuvent saisir tout produit dangereux (art. L. 215-5). Le préfet peut également suspendre toute prestation de service dangereuse pendant une durée de deux mois (art. L. 221-6). Ces mesures administratives sont assorties de sanction pénale en cas de non-respect.

Il faut ajouter à ces mesures préventives, de nombreuses règles en matière de sécurité des produits (nationales ou européennes) telles que l'information du consommateur (par exemple, en mentionnant sur les denrées alimentaires préemballées périssables, la date limite de consommation appelée DLC ou sur les autres denrées alimentaires, la date limite d'utilisation optimale appelée DLUO, le produit perdant sa qualité mais restant encore consommable), l'existence de normes de sécurité ou de réglementations très spécifiques (par exemple pour les médicaments).

## b) Les mesures curatives

### *1) Les règles propres au droit commun*

Tout manquement à la sécurité des produits ou des prestations de services peut constituer une infraction sanctionnée au titre des fraudes (les délits de tromperie ou de falsification au sein des articles L. 213-1 à L. 213-4) ou du délit plus spécifique de mise en danger de la vie d'autrui (art. 223-1, C. pén.), voire au titre des atteintes involontaires à la vie ou à l'intégrité des personnes figurant dans le Code pénal.

Il faut ajouter que la jurisprudence a admis l'existence d'une responsabilité civile contractuelle (en ce que le professionnel est tenu d'une obligation de sécurité de ses produits, obligation qui peut être de moyens ou de résultat, selon l'intensité de l'obligation de sécurité mise à la charge du professionnel), voire une véritable responsabilité extra-contractuelle (lorsque la victime n'est pas partie contractante). Ainsi, le professionnel est tenu civilement des dommages causés par le défaut de son produit. Parfois, c'est sur le terrain de la responsabilité civile délictuelle que la jurisprudence se fonde pour engager la responsabilité d'un professionnel, notamment lorsqu'il s'agit d'indemniser le consommateur victime d'un dommage au sein d'une grande surface. Il faut ajouter que pour réparer civilement, les dommages causés par des prestations de service, la jurisprudence met à la charge des professionnels le plus souvent une obligation de résultat de sécurité et parfois une obligation de moyens.

*2) La responsabilité du fait d'un produit défectueux*

Issue de la transposition de la directive communautaire du 25 juillet 1985, les articles 1386-1 et suivants du Code civil prévoient une responsabilité particulière du fait des produits défectueux.

Ce régime s'applique aux dommages causés par des produits (c'est-à-dire des biens meubles même incorporés dans un immeuble, y compris les produits du sol, de l'élevage, de la chasse et de la pêche et l'électricité ; Sont donc exclus les immeubles et les prestations de services). Sont responsables le producteur stricto sensu, des personnes assimilées au producteur (par exemple, le professionnel qui appose son nom sur le produit) et certains professionnels intervenant dans le processus de distribution (le vendeur par exemple). Le producteur stricto sensu et les professionnels assimilés producteurs sont responsables à titre principal. Les distributeurs ne sont responsables qu'à titre subsidiaire, à savoir lorsque le producteur n'est pas identifiable.

Les conditions de mise en œuvre de la responsabilité du fait des produits défectueux sont les suivantes :

- le produit doit être défectueux, c'est-à-dire un produit qui n'offre pas la sécurité à laquelle on peut légitiment s'attendre. La défectuosité s'apprécie au regard de toutes les circonstances et notamment de la présentation du produit, de l'usage qui peut en être raisonnablement attendu et du moment de sa mise en circulation (art. 1386-4, C. civ.) ;
- il faut un dommage (art. 1386-2, C. civ.) qui peut être corporel ou matériel ;
- il faut encore un lien de causalité entre le défaut et le dommage.

C'est au demandeur, donc à la victime, de démontrer que les conditions de cette responsabilité sont réunies (art. 1386-9 C. civ.). Mais la victime peut agir sur le fondement des règles civiles du droit commun. La responsabilité est d'ailleurs éteinte dix ans après la mise en circulation (art. 1386-16, C. civ.) et l'action en responsabilité se prescrit dans un délai de trois ans à compter de la date à laquelle le demandeur a eu ou aurait dû avoir connaissance du dommage, du défaut et de l'identité du producteur (art. 1386-17, C. civ.).

Le professionnel bénéficie de plusieurs causes d'exonération (art. 1386-11, C. civ.) :

- l'absence de mise en circulation du produit (en effet, le produit doit avoir été mis en circulation, c'est-à-dire que le bien doit être sorti du processus de fabrication pour entrer dans celui de commercialisation, art. 1386-5, C. civ.) ;
- l'inexistence du défaut lors de la mise en circulation ;
- le produit n'était pas destiné à la vente ou à toute autre forme de distribution ;
- l'état des connaissances scientifiques et techniques, au moment où le produit a été mis en circulation, n'a pas permis de déceler l'existence du défaut (cette cause est encore appelée risque de développement) ;
- le défaut du produit est dû à la conformité avec des règles impératives législatives ou réglementaires ;
- le producteur de la partie composante n'est pas responsable s'il établit que le défaut est imputable à la conception du produit dans lequel cette partie a été incorporée ou aux instructions données par le producteur de ce produit.

Les conséquences de cette responsabilité particulière consistent dans la réparation intégrale du préjudice corporel subi. En revanche, pour la réparation du préjudice matériel, la réparation n'est due qu'au delà d'une franchise de 500 euros.

# BIBLIOGRAPHIE


- AUGUET (Y.) (coord), DORANDEU (N.), GOMY (M.), ROBINNE (S.), VALETTE-ERCOLE (V.), *Droit de la consommation*, Ellipses, coll. « Tout le droit », 1re éd., 2008.
- BIARDEAUD (G.) et FLORÈS (Ph.), *Le contentieux du droit de la consommation*, AER, ENM, 2 vol, 2005.
- BOUT (R.), BRUSCHI (M.), LUBY (M.) et POILLOT-PERUZZETTO (S.), *Lamy droit économique : concurrence, distribution, consommation*, Lamy 2011.
- CALAIS-AULOY (J.) et TEMPLE (H.), *Droit de la consommation*, Dalloz, coll. « Précis », 8e éd., 2010.
- JULIEN (J.), *Droit de la consommation et du surendettement*, Montchrestien, 2009.
- LEPAGE (A.), MAISTRE du CHAMBON (P.) et SALOMON (R.), *Droit pénal des affaires*, Litec, 2e éd., 2010.
- LEVENEUR (L.) (sous la direction), *Code de la consommation*, Litec, 2011.
- PICOD (Y.) et DAVO (H.), *Droit de la consommation*, A. Colin, coll. « U », 2e éd. 2010.
- PIEDELIÈVRE (S.), *Droit de la consommation*, Économica, coll. « Corpus droit privé », 2008.
- RAYMOND (G.), *Droit de la consommation*, Litec, coll. « Professionnels », 2011.

Achevé d'imprimer par
l'Imprimerie France Quercy, 46090 Mercuès
N° d'impression : 11402c - Dépôt légal : août 2011



*Imprimé en France*

Corinne Renault-Brahinsky

# L'essentiel *de la* Réforme du droit des obligations



**1re édition**



Gualino une marque de Lextenso

LES CARRÉS

Cette collection de livres présente de manière synthétique, rigoureuse et pratique l'ensemble des connaissances que l'étudiant doit posséder sur le sujet traité. Elle couvre :
- le Droit et la Science Politique ;
- les Sciences économiques ;
- les Sciences de gestion ;
- les concours de la Fonction publique.

---

**Corinne Renault-Brahinsky**, est Docteur en droit et auteur de nombreux livres de droit à destination des étudiants en droit (licence et master). Retrouvez-la sur Twitter (@CorinneRB) ou sur Facebook (L'auteur Corinne Renault-Brahinsky).

## Du même auteur, chez le même éditeur

### Collection « Carrés Rouge »

- *L'essentiel du Droit des personnes*, 10e éd. 2016-2017.
- *L'essentiel du Droit de la famille*, 14e éd. 2015-2016.
- *L'essentiel du Droit des obligations*, 12e éd. 2016-2017.
- *L'essentiel de la Procédure pénale*, 16e éd. 2016-2017.
- *L'essentiel du Droit des régimes matrimoniaux*, 8e éd. 2015.
- *L'essentiel du Droit des successions*, 8e éd. 2015.

### Collection « Mémentos LMD »

- *Droit des régimes matrimoniaux*, 8e éd. 2016-2017.
- *Droit des obligations*, 13e éd. 2016-2017.
- *Procédure pénale*, 17e éd. 2016-2017.
- *Droit des personnes et de la famille*, 15e éd. 2016-2017.
- *Droit des successions*, 8e éd. 2015.

---

DANGER LE PHOTOCOPILLAGE TUE LE LIVRE


70, rue du Gouverneur Général Éboué
92131 Issy-les-Moulineaux cedex
ISBN 978 - 2 - 297 - 05590 - 1
ISSN 1288-8206

Suivez-nous sur

# PRÉSENTATION

Le droit des contrats et plus largement le droit des obligations actuel découle de dispositions datant de plus de deux siècles. Des modifications ponctuelles ont été apportées par des lois d'adaptation et de modernisation ainsi que lors de la transposition de certaines directives communautaires mais aucune réforme d'ensemble n'a été entreprise depuis le Code civil de 1804.

Les évolutions de la société, le développement des technologies et des échanges économiques internationaux ont rendu nécessaires des adaptations impulsées par la pratique. Une jurisprudence abondante et parfois indécise en a découlé. Le droit positif est devenu en conséquence complexe et incertain entraînant la méfiance des partenaires étrangers des entreprises françaises. Une réforme était indispensable afin de redonner une vision claire du droit positif tant sur le plan interne qu'international.

L'***ordonnance n° 2016-131 du 10 février 2016*** portant réforme du droit des contrats, du régime général et de la preuve des obligations constitue une réforme majeure du Code civil, dont l'entrée en vigueur est prévue le 1er octobre 2016.

## 1 La genèse de la réforme

La doctrine et les praticiens du droit ont émis le vœu que le droit des contrats et des obligations ne soit pas totalement refondu mais modernisé, en conservant à la fois le principe du consensualisme et celui de la protection des parties les plus faibles, exigés par le Code civil.

### ■ *Les avant-projets et projets*

Les réflexions doctrinales ont donné lieu à plusieurs projets académiques :

- le groupe de travail animé par le professeur Pierre Catala a publié en 2005 un avant-projet (http://www.justice.gouv.fr/art_pix/RAPPORTCATALASEPTEMBRE2005.pdf) ;

- la société de législation comparée et l'association Henri Capitant des amis de la pensée juridique-française a publié en 2008 des principes contractuels communs (PCC) ;
- des propositions ont été formulées par l'Académie des sciences morales et politiques dans le cadre du groupe constitué sous l'égide du professeur François Terré (Terré (F.) (sous la direction de), *Pour une réforme du droit des contrats*, Dalloz, « Coll. « Thèmes et commentaires », 2008).

Le projet français trouve également son inspiration dans les projets européens et internationaux d'harmonisation du droit européen et international des contrats : les principes Unidroit, les Principes du droit européen des contrats (PDEC), le projet de Code européen des contrats ou Code Gandolfi, publié en 2000, le projet de cadre commun de référence (DCFR). Le droit comparé a constitué une source d'inspiration pour la réforme. Un avant-projet avait été également émis par la Chancellerie en octobre 2013.

### *La loi d'habilitation et l'ordonnance*

La ***loi n° 2015-177 du 16 février 2015*** relative à la modernisation et à la simplification du droit et des procédures dans les domaines de la justice et des affaires intérieures a habilité le Gouvernement à réformer par voie d'ordonnance le ***droit commun des contrats, le régime des obligations et le droit de la preuve.*** Suite à l'adoption de la loi, un ***projet d'ordonnance*** est publié le 25 février 2015. Il s'accompagne d'un appel à contribution, qui a donné lieu à de nombreux travaux de la part des différents acteurs économiques et juridiques.

L'***ordonnance n° 2016-131 du 10 février 2016*** portant réforme du droit des contrats, du régime général et de la preuve des obligations a été publiée au Journal Officiel du 11 février 2016. Elle s'accompagne d'un « Rapport au président de la République » présentant rapidement chacune des dispositions contenues dans l'ordonnance.

## 2 Les objectifs de la réforme

Les principaux objectifs de cette réforme, annoncés par le Rapport au président de la République, expliquent les différentes innovations qu'elle comporte.

| Objectifs | Moyens | Exemples |
|---|---|---|
| Sécurité juridique | Style accessible, compréhensible et simple | |
| | Simplification du plan du Code | *Exposé chronologique des dispositions relatives au contrat de sa formation à sa disparition* |
| | Abandon des notions floues et superflues | *Distinction entre obligations de faire, de ne pas faire, et de donner* |
| | Consécration de notions absentes du Code | *Offre, promesse unilatérale de contrat* |
| | Intégration de la jurisprudence dans les textes | *Consécration de la réticence dolosive*<br>*Faculté de fixation unilatérale du prix*<br>*Enrichissement injustifié* |
| | Règlement des controverses doctrinales ou jurisprudentielles | *Date de formation du contrat* |
| Renforcement de l'attractivité du droit français | Rapprochement du droit français et des droits étrangers | *Abandon formel de la notion de cause* |
| | Consécration de mécanismes juridiques issus de la pratique | *Date de formation du contrat* |
| | Simplification de certains mécanismes juridiques | *Offres réelles* |
| | Création de solutions nouvelles permettant de mettre fin à une incertitude pesant sur le contrat | *Actions interrogatoires* |
| | Création de nouvelles prérogatives au profit des contractants, évitant le recours au juge | *Résolution unilatérale par notification.*<br>*Exception d'inexécution.*<br>*Faculté d'accepter une réduction du prix* |

Le renforcement de l'attractivité de notre droit doit pouvoir être atteint sans remettre en cause les dispositions protectrices des parties et l'équilibre de leurs droits et devoirs. Ces garanties sont assurées par les dispositions liminaires affirmant les principes de liberté contractuelle, de force obligatoire du contrat et de bonne foi, ainsi que par la sanction de l'abus de dépendance.

**Extrait du Rapport au président de la République**

*« On peut enfin rappeler que cet objectif de justice contractuelle ne peut être atteint que si le droit applicable est lisible et accessible, et donc susceptible d'être compris sans l'assistance d'un spécialiste. La sécurité juridique est ainsi à la fois l'un des objectifs de l'ordonnance et le moyen d'atteindre les autres buts, dont celui de la justice contractuelle ».*

## 3 La réorganisation des textes

L'ordonnance du 10 février 2016 modifie chacun des titres du Code civil consacré aux contrats et aux obligations et répartit les chapitres, sections, sous-sections, paragraphes, etc. d'une manière parfois inédite.

### La modification du contenu des titres

L'ordonnance du 10 février 2016 modifie le Titre et par conséquent le contenu des Titres III, IV, et IV *bis* du Livre III du Code civil relatifs aux contrats et obligations.

| Nouveau texte | Titre | Ancien texte |
|---|---|---|
| Des sources d'obligations | Titre III | Des contrats et des obligations conventionnelles en général |
| Du régime général des obligations | Titre IV | Des engagements qui se forment sans convention |
| De la preuve des obligations | Titre IV *bis* | De la responsabilité du fait des produits défectueux |

## La nouvelle répartition des thématiques

| Nouveau texte | Thème | Ancien texte |
|---|---|---|
| 1100 à 1100-2 | Source des obligations | |
| 1101 | Définition du contrat | 1101 |
| 1102 | Liberté contractuelle/Respect ordre public | 6 |
| 1103 | Force obligatoire du contrat | 1134, al. 1er |
| 1104 | Principe de bonne foi | 1134, al. 3 |
| 1105 à 1111-1 | Classification des contrats | 1102 à 1107 |
| 1112 à 1112-2 | Négociations | |
| 1113 à 1122 | Offre et acceptation | |
| 1123-1124 | Pacte de préférence/Promesse unilatérale | |
| 1125 à 1127-6 | Conclusion du contrat par voie électronique | 1369-1 à 1369-9 |
| 1129 | Existence du consentement | 414-1 et 901 |
| 1130 à 1144 | Vices du consentement | 1109 à 1117 |
| 1145 à 1152 | Capacité | 1123 à 1125-1 |
| 1153 à 1161 | Représentation | 1984 et s. |
| 1162 à 1171 | Contenu du contrat | 1126 à 1133 |
| 1172 à 1173 | Forme du contrat/Généralités | |
| 1174 à 1177 | Forme du contrat électronique | 1108-1 à 1108-2<br>1369-10 à 1369-11 |
| 1178 à 1185 | Nullité | 1115-1117-1138 |
| 1186-1187 | Caducité | |
| 1188 à 1192 | Interprétation du contrat | 1156 à 1164 |
| 1193 à 1195 | Effet du contrat entre les parties/force obligatoire | 1134-1135 |
| 1196-1197 | Effet du contrat entre les parties/Effet translatif | 1136 à 1138 |

| | | |
|---|---|---|
| 1198 à 1202 | Effets du contrat à l'égard des tiers/généralités | 1321 et 1321-1<br>1141<br>1165 |
| 1203 à 1209 | Effets du contrat à l'égard des tiers/ stipulation pour autrui et promesse de porte-fort | 1119 à 1122 |
| 1210 à 1215 | Durée du contrat | |
| 1216 à 1216-3 | Cession du contrat | |
| 1217 à 1231-7 | Inexécution du contrat | 1617-1619-1644<br>1142 à 1153-1<br>1184 |
| 1240 à 1245-17 | Responsabilité extra-contractuelle | 1382 à 1386-18 |
| 1301 à 1303-4 | Quasi-contrats | 1372 à 1381 |
| 1304 à 1320 | Modalités de l'obligation | 1168 à 1225 |
| 1321-1326 | Cession de créance | 1689 à 1701 |
| 1327-1328-1 | Cession de dette | |
| 1329-1335 | Novation | 1271 à 1281 |
| 1336-1340 | Délégation | 1275 à 1277 |
| 1341-1341-3 | Actions ouvertes au créancier | 1166-1167 |
| 1342 à 1345-3 | Paiement | 1235 à 1248 |
| 1346 à 1346-5 | Paiement avec subrogation | 1249 à 1252 |
| 1347 à 1348-2 | Compensation | 1289 à 1299 |
| 1349 à 1349-1 | Confusion | 1300 à 1301 |
| 1350 à 1350-2 | Remise de dette | 1282 à 1288 |
| 1351 à 1351-1 | Impossibilité d'exécuter | 1148-1302-1303 |
| 1352 à 1352-9 | Restitutions | 1312-1378 à 1381 |
| 1353 à 1369 | Preuve des obligations | 1316 à 1369 |

## 4 L'entrée en vigueur de la réforme

L'entrée en vigueur de l'ordonnance du 10 février 2016 est prévue pour le ***1er octobre 2016***. Les contrats conclus avant cette date sont soumis à la loi ancienne, sauf pour les dispositions des articles 1123, alinéas 3 et 4 (action interrogatoire en matière de pacte de préférence), 1158 (action interrogatoire en matière de représentation), et 1183 (action interrogatoire en matière de nullité), applicables ***immédiatement,*** c'est-à-dire le 1er octobre 2016 (il s'agit d'une exception à l'exception).

Lorsqu'une ***instance a été introduite*** avant l'entrée en vigueur de l'ordonnance, l'action est poursuivie et jugée conformément à la loi ancienne. Cette règle s'applique également en appel et en cassation.

Un ***projet de loi de ratification*** devra être présenté au Parlement dans les 6 mois suivant la publication de l'ordonnance, soit avant le 10 août 2016.

Cet *Essentiel de la Réforme du droit des obligations* consacré à la réforme des contrats, du régime général et de la preuve des obligations s'organise en 19 chapitres répartis sur 3 parties :

- ***les sources des obligations*** : la conclusion du contrat, la validité du contrat, les conditions de forme, les sanctions des conditions de validité, l'interprétation du contrat, les effets du contrat, la durée du contrat, la cession du contrat, l'inexécution du contrat, les quasi-contrats ;
- ***le régime général des obligations*** : les modalités de l'obligation, les opérations sur obligations, les actions ouvertes au créancier, l'extinction de l'obligation, les restitutions ;
- ***la preuve des obligations*** : les principes généraux, l'admissibilité des modes de preuve, les différents modes de preuve.

Les articles cités en rouge sont ceux du Code civil tels qu'ils découlent de l'ordonnance du 10 février 2016 et qui entreront en vigueur le 1er octobre 2016.

# SOMMAIRE

## PARTIE 1
## Les sources des obligations : le contrat et les quasi-contrats

SOMMAIRE

## Chapitre 5 - La sanction des conditions de validité du contrat 73



## Chapitre 6 - L'interprétation du contrat 81



## Chapitre 7 - Les effets du contrat entre les parties 85

SOMMAIRE

SOMMAIRE

# PARTIE 2
# Le régime général des obligations

# Les sources des obligations : le contrat et les quasi-contrats

# PARTIE 1

Les obligations trouvent leurs sources dans les actes juridiques, les faits juridiques ou l'autorité seule de la loi. L'***acte juridique*** majeur est le contrat, dont la réforme est l'objet principal. Les ***faits juridiques*** majeurs sont la responsabilité civile, qui fera l'objet d'une prochaine réforme, et les « autres sources d'obligations », selon la dénomination découlant de l'ordonnance du 10 février 2016, constitué des quasi-contrats.

# Dispositions générales relatives aux contrats et aux obligations

**Chapitre 1**

*L'ordonnance comprend un certain nombre de dispositions préliminaires. Les premières se trouvent en introduction du titre III consacré aux sources d'obligations (art. 1100 à 1100-2), les secondes constituent le premier chapitre du sous-titre 1er du titre III, consacré au contrat (art. 1101 à 1111-1).*

## 1 Dispositions générales relatives aux obligations

Le Titre III du Livre III du Code civil, relatif aux sources des obligations, débute par 3 articles préliminaires qui définissent comme sources des obligations le fait juridique et l'acte juridique.

### ■ *Les sources des obligations*

L'*article 1100* précise les ***trois sources*** possibles d'obligations (*al. 1er*), reprenant des principes classiques : les actes juridiques, les faits juridiques et l'autorité seule de la loi.

L'*alinéa 2 de l'article 1100* consacre une source particulière d'obligations : l'***exécution volontaire*** ou la ***promesse d'exécution*** d'un devoir de conscience envers autrui : « *Elles [les obligations] peuvent naître de l'exécution volontaire ou de la promesse d'exécution d'un devoir de conscience envers autrui* ».

Ce texte consacre la jurisprudence de la Cour de cassation relative à l'***obligation naturelle.***

**_Civ. 1re, 10 octobre 1995 (n° 90-20300)_**

*« La transformation, improprement qualifiée novation, d'une obligation naturelle en obligation civile, repose sur un engagement unilatéral d'exécuter l'obligation naturelle et ne nécessite donc pas qu'une obligation civile ait elle-même préexisté à celle-ci ».*

L'ancien article 1100, alinéa 2 disposait que « *Elles [les obligations] peuvent naître de l'exécution volontaire ou de la promesse d'exécution d'un devoir de conscience envers autrui* ».

### Les actes juridiques

L'*article 1100-1* définit les ***actes juridiques*** comme « *des manifestations de volonté destinées à produire des effets de droit. Ils peuvent être conventionnels ou unilatéraux* » (*al. 1er*).

Les ***actes collectifs*** ne sont pas mentionnés.

Les règles qui régissent la validité et les effets de ces actes sont « *en tant que de raison* », celles qui gouvernent les contrats (*art. 1100-1, al. 2*). Les règles du droit des contrats sont donc applicables à tous les actes juridiques, y compris les actes juridiques unilatéraux tels que l'offre et l'acceptation par exemple.

### Les faits juridiques

L'*article 1100-2* définit les faits juridiques comme « *des agissements ou des événements auxquels la loi attache des effets de droit* » (*al. 1er*).

Le régime juridique des faits juridiques est prévu par les dispositions relatives à la responsabilité extra-contractuelle ou aux autres sources d'obligations (*al. 2*), ces dernières étant composées des seuls quasi-contrats.

## 2 Dispositions générales relatives aux contrats

L'ancien Titre III du Livre III du Code civil comportait déjà un Chapitre 1er consacré aux « Dispositions préliminaires », qui définissait le contrat puis opérait une classification accompagnée de la définition de chacun des différents types de contrats. Le chapitre qui le remplace est consacré aux « Dispositions liminaires ». Des principes fondamentaux s'ajoutent désormais aux dispositions existantes qui ont été reprises et actualisées.

Comme les Principes du droit européen des contrats (PDEC) et les principes Unidroit, les dispositions du Code civil relatives aux contrats suivent désormais un plan chronologique calqué sur la vie du contrat.

## La définition du contrat

Des modifications substantielles sont apportées à la définition du contrat afin de la moderniser : « *Le contrat est un accord de volontés entre deux ou plusieurs personnes destiné à créer, modifier, transmettre ou éteindre des obligations* » (*art. 1101*).

<table>
<tr><td>Code civil</td><td rowspan="3">Le contrat est</td><td>une convention</td><td>par laquelle une ou plusieurs personnes</td><td>s'obligent, envers une ou plusieurs autres,</td><td>à donner, à faire ou à ne pas faire</td><td>quelque chose</td></tr>
<tr><td>Ordonnance</td><td rowspan="2">un accord de volontés</td><td rowspan="2">entre deux ou plusieurs personnes</td><td rowspan="2">destiné</td><td>à créer, modifier, transmettre ou éteindre</td><td>des obligations</td></tr>
<tr><td>Projet d'ordonnance</td><td>à créer</td><td>des effets de droit</td></tr>
</table>

La référence à la ***convention*** disparaît. Le terme d'« accord de volontés » est préféré à celui de « convention ».

La notion de convention était avant l'ordonnance du 10 février 2016 considérée comme plus large que celle de contrat mais la distinction était peu usitée et les deux mots ont souvent été regardés comme ***synonymes***, d'où la modification en conséquence de la définition du contrat.

La nouvelle définition du contrat marque également la ***disparition de la distinction entre obligation de donner, de faire ou de ne pas faire***, qui faisait l'objet d'une contestation importante de la part de la doctrine.

Les actes conventionnels, unilatéraux et collectifs, ne sont pas définis.

## Les principes fondamentaux

Sont regroupés aux *articles 1102, 1103 et 1104* des principes fondamentaux du droit des contrats, autrefois disséminés au sein du titre III ou intégrés dans le droit positif sans être présents dans le Code civil : il s'agit de la ***liberté contractuelle***, de la ***force obligatoire du contrat*** et de la ***bonne foi***.

**_Extrait du Rapport au président de la République_**

*« Ce choix de mettre en exergue trois principes fondamentaux exprime l'un des objectifs essentiels poursuivis par l'ordonnance : il s'agit de trouver un équilibre entre justice contractuelle et autonomie de la volonté ».*

## a) La liberté contractuelle

La liberté contractuelle est consacrée pour la première fois dans le Code civil. Aux termes du nouvel *article 1102*, « *Chacun est libre de contracter ou de ne pas contracter, de choisir son cocontractant et de déterminer le contenu et la forme du contrat dans les limites fixées par la loi. La liberté contractuelle ne permet pas de déroger aux règles qui intéressent l'ordre public* ».

La liberté contractuelle porte sur ***3 éléments*** :

- le choix de contracter ou pas ;
- le choix du contractant ;
- le choix du contenu et de la forme du contrat.

Le droit positif intégrait depuis longtemps cette règle à laquelle il avait été reconnu une ***valeur constitutionnelle*** (Cons. const., 13 juin 2013, n° 2013-672 DC). Le principe était déduit de l'article 6 du Code civil : « *On ne peut déroger, par des conventions particulières, aux lois qui intéressent l'ordre public et les bonnes mœurs* ».

La liberté contractuelle telle qu'elle est décrite au nouvel *article 1102* comporte les mêmes limites que celles contenues à l'article 6 du Code civil mais la référence aux ***bonnes mœurs***, notion considérablement restreinte au fil du temps par la jurisprudence, est supprimée.

Le projet d'ordonnance proposait d'obliger les cocontractants à respecter non seulement l'ordre public mais également les « *droits et libertés fondamentaux reconnus dans un texte applicable aux relations entre personnes privées* ». Le texte définitif de l'ordonnance ne retient pas cette proposition.

## b) La force obligatoire du contrat

Le principe selon lequel « *Les contrats légalement formés tiennent lieu de loi à ceux qui les ont faits* » (*art. 1103*), reprend l'***ancien article 1134, alinéa 1er***. Le terme « contrats » remplace celui de « convention ». Le principe, inchangé, se trouve déplacé du chapitre consacré à l'effet des obligations vers les dispositions préliminaires.

### c) La bonne foi

« *Les contrats doivent être négociés, formés et exécutés de bonne foi* » (*art. 1104, al. 1er*). Le principe est conservé (ancien art. 1134, al. 3) mais déplacé.

Le texte étend l'obligation d'agir de bonne foi à la ***négociation et à la formation*** du contrat. L'obligation est donc plus large que dans le texte antérieur, qui n'exigeait que l'exécution de bonne foi. En réalité, le droit positif a entériné l'intégration de l'obligation de bonne foi dans la formation du contrat : la jurisprudence sanctionne en effet tant la rupture abusive des pourparlers que la réticence dolosive.

Le texte n'exige pas la ***rupture de bonne foi*** du contrat, alors que la jurisprudence sanctionne notamment l'abus dans l'exercice du pouvoir de résolution ou de résiliation du contrat (Com., 5 oct. 1993, n° 91-10408).

La bonne foi n'est pas définie.

Il est précisé que cette disposition est d'***ordre public*** (*art. 1104, al. 2*), ce qui avait été omis dans le projet d'ordonnance mais était déjà admis par la doctrine.

***Le caractère supplétif des dispositions de l'ordonnance du 10 février 2016***

**Extrait du Rapport au président de la République**

*« Dans la tradition du code civil, l'ordonnance n'affirme pas expressément dans un article spécifique le caractère supplétif de volonté de ses dispositions. En effet, leur caractère supplétif s'infère directement de l'article 6 du code civil et des nouveaux articles 1102 et 1103, sauf mention contraire explicite de la nature impérative du texte concerné. Il n'y a donc pas lieu de préciser pour chaque article son caractère supplétif, qui constitue le principe, le caractère impératif étant l'exception. La subsistance dans certains articles de la mention « sauf clause contraire » n'autorise par conséquent aucune interprétation a contrario et ne remet nullement en cause le principe général du caractère supplétif des textes : ce rappel résulte seulement d'un pur souci didactique prenant en compte les souhaits exprimés par les professionnels au sujet de certains textes particuliers (en particulier sur le régime des obligations) ».*

## *La classification des contrats*

La classification des contrats est réactualisée. Certaines distinctions subsistent, d'autres sont nouvelles.

### a) Les distinctions réaffirmées

Une grande partie de la classification existante est conservée par le nouveau texte.

#### *1) Contrats nommés/Contrats innommés*

L'*article 1105* reprend l'ancien article 1107 dans des termes plus clairs. La distinction avait été omise dans le projet d'ordonnance.

Tous les contrats sont soumis à des ***règles générales***, définies dans le sous-titre qui leur est consacré (*art. 1105*). Les contrats qui ont une dénomination propre sont soumis en outre à des ***règles particulières***. Le *3e alinéa de l'article 1105* comporte une ***précision inédite*** : les règles générales s'appliquent sous réserve de ces règles particulières. Ce texte permet d'écarter les règles générales applicables à tous les contrats lorsque des règles relevant des contrats spéciaux ou d'autres codes (Code de commerce, Code de la consommation…) seront incompatibles avec les premières.

La possibilité de recourir à un contrat innomé découle de la ***liberté contractuelle***.

#### *2) Contrat synallagmatique/Contrat unilatéral*

La distinction entre contrat synallagmatique et contrat unilatéral figurant aux anciens articles 1102 et 1103 est peu modifiée : seule la définition du contrat unilatéral est légèrement retouchée (*art. 1106*) :

- le contrat est ***synallagmatique*** lorsque les contractants s'obligent réciproquement les uns envers les autres ;
- le contrat est ***unilatéral*** lorsqu'une ou plusieurs personnes s'obligent envers une ou plusieurs autres sans qu'il y ait d'engagement réciproque de celles-ci.

#### *3) Contrat à titre onéreux/Contrat à titre gratuit*

Les définitions sont modernisées, sans changement notable (*art. 1107*) :

- le ***contrat à titre onéreux*** est celui dans lequel chacune des parties reçoit de l'autre un avantage en contrepartie de celui qu'elle procure. La définition se détache plus de celle du contrat synallagmatique qu'elle ne le faisait auparavant ;
- le ***contrat*** à ***titre gratuit*** est celui dans lequel l'une des parties procure à l'autre un avantage sans attendre ni recevoir de contrepartie.

#### 4) Contrat commutatif/Contrat aléatoire

Tirant notamment les conséquences de la disparition de la distinction entre obligation de donner, de faire et de ne pas faire, la distinction entre contrat commutatif et contrat aléatoire est simplifiée (*art. 1108*) :

- le contrat est ***commutatif*** lorsque chacune des parties s'engage à procurer à l'autre un avantage qui est regardé comme l'équivalent de celui qu'elle reçoit ;
- le contrat est ***aléatoire*** lorsque les parties, sans rechercher l'équivalence de la contrepartie convenue, acceptent de faire dépendre les effets du contrat, quant aux avantages et aux pertes qui en résulteront, d'un événement incertain.

### b) Les nouvelles distinctions

De nouvelles distinctions sont consacrées par le nouveau texte.

#### 1) Contrat consensuel/Contrat solennel/Contrat réel

La distinction entre contrat consensuel, contrat solennel et contrat réel est désormais clairement exposée (*art. 1109*) :

- le ***contrat consensuel*** se forme par le seul échange des consentements quel qu'en soit le mode d'expression ;
- le ***contrat solennel*** est celui dont la formation est subordonnée à des formalités déterminées par la loi ;
- le ***contrat réel*** est celui dont la formation est subordonnée à la remise d'une chose. La catégorie des contrats réels a été conservée alors que son utilité est de moins en moins avérée parce que leur nombre se restreint (ne sont notamment plus des contrats réels, selon la jurisprudence, le gage et le prêt lorsque le prêteur est un professionnel du crédit).

#### 2) Contrat de gré à gré/Contrat d'adhésion

La distinction entre contrat de gré à gré et contrat d'adhésion est reconnue (*art. 1110*) :

- le ***contrat de gré à gré*** est celui dont les stipulations sont librement négociées entre les parties ;
- le ***contrat d'adhésion*** est celui dont les conditions générales, soustraites à la négociation, sont déterminées à l'avance par l'une des parties.

### *3) Contrat cadre/Contrat d'application*

Le nouveau texte introduit dans le Code civil la distinction entre contrat cadre et contrat d'application (*art. 1111*) :

- le ***contrat cadre*** est celui par lequel les parties y conviennent des caractéristiques essentielles de leurs relations contractuelles futures ;
- le ***contrat d'application*** est celui qui précise les modalités d'exécution du contrat cadre.

### *4) Contrat à exécution instantanée/Contrat à exécution successive*

Le Code civil distingue désormais entre contrat à exécution instantanée et contrat à exécution successive (*art. 1111-1*) :

- le ***contrat à exécution instantanée*** est celui dont les obligations peuvent s'exécuter en une prestation unique ;
- le ***contrat à exécution successive*** est celui dont les obligations d'au moins une partie s'exécutent en plusieurs prestations échelonnées dans le temps.

# La conclusion du contrat

**Chapitre 2**

*Le deuxième Chapitre du Sous-titre consacré au contrat est relatif à la formation du contrat. Il est divisé en 4 sections : la conclusion du contrat (art. 1112 à 1127-6), la validité du contrat (art. 1128 à 1171), la forme du contrat (art. 1172 à 1177) et enfin les sanctions (art. 1178 à 1192).*

Les dispositions du Code civil consacrées à la conclusion du contrat étaient jusque-là peu nombreuses, voire quasiment inexistantes. L'ordonnance permet d'intégrer dans le Code civil les ***solutions dégagées par la pratique et validées ou précisées par la jurisprudence***. En outre, le nouveau texte permet parfois de mettre fin à certaines hésitations jurisprudentielles.

Le Code civil organise désormais la conclusion du contrat par des règles relatives aux négociations précontractuelles, à l'offre et à l'acceptation, aux contrats préparatoires ainsi que par des dispositions spécifiques aux contrats conclus par voie électronique.

## 1 Les négociations précontractuelles

Le Code civil intègre pour la première fois des dispositions relatives aux négociations précontractuelles, qui consacrent globalement la jurisprudence.

### *Les principes gouvernant les négociations précontractuelles*

« *L'initiative, le déroulement et la rupture des négociations précontractuelles sont libres. Ils doivent impérativement satisfaire aux exigences de la bonne foi* » (*art. 1112, al. 1er*) : l'ordonnance du 10 février 2016 pose d'une part un principe de liberté dans la négociation et d'autre part un principe de loyauté.

### a) Le principe de liberté

La liberté de contracter implique celle de ne pas contracter et donc celle de ***négocier ou de ne pas négocier***.

La liberté de négocier impose également le ***libre choix de la personne avec laquelle négocier***, qui suppose la possibilité pour chacun des potentiels futurs cocontractants d'engager des pourparlers avec plusieurs cocontractants possibles :

***Com., 26 novembre 2003, Manoukian (n° 00-10243)***

*« le simple fait de contracter, même en connaissance de cause, avec une personne ayant engagé des pourparlers avec un tiers ne constitue pas, en lui-même et sauf s'il est dicté par l'intention de nuire ou s'accompagne de manœuvres frauduleuses, une faute de nature à engager la responsabilité de son auteur ».*

Ce principe de liberté implique la possibilité pour chacun des négociateurs, affirmée depuis longtemps par la jurisprudence, de ***mettre librement fin aux pourparlers contractuels*** :

***Com., 12 janvier 1999 (n° 96-14604)***

*« Mais attendu que l'arrêt relève que rien, dans l'accord du 20 mars 1990 marquant l'entrée en négociation, n'emportait obligation pour l'une ou l'autre des parties de mener ces pourparlers à leur terme et que la rupture a été immédiatement et loyalement signifiée ; qu'en cet état, la cour d'appel a pu décider qu'aucune faute n'était donc caractérisée à la charge de la société S. et de la Compagnie la H. qui n'ont jamais fait qu'user de la liberté qu'elles avaient de ne pas contracter et n'ont pas manqué à la bonne foi qui doit présider aux relations commerciales ».*

L'initiative par l'une des parties de mettre fin aux négociations ne peut donc en principe constituer une faute.

### b) Le principe de loyauté

L'*article 1112* impose la ***loyauté*** aux négociateurs pendant les pourparlers précontractuels. Dans le même ordre d'idées, l'*article 1104* pose le principe de ***bonne foi*** notamment dans la négociation du contrat.

## ■ *La faute commise dans les négociations*

La faute commise dans les négociations peut être exceptionnellement génératrice de responsabilité (*art. 1112, al. 2*), notamment dans certains cas de rupture des négociations précontractuelles.

### a) La faute

La faute génératrice de responsabilité n'est pas définie par le nouveau texte. Il découle de la jurisprudence qu'elle ***ne réside jamais dans la rupture elle-même*** mais dans les ***circonstances*** de celle-ci. La jurisprudence sanctionne le fait de « *rompre, sans raisons légitimes, brutalement et unilatéralement les pourparlers avancés* », sans exiger de caractérisation de la mauvaise foi.

***Com., 12 octobre 1993 (n° 91-19456)***

*« qu'ayant constaté que la C. et la société H. avaient échangé des courriers dont il résultait que la seconde avait adressé à la C. un cahier des charges des travaux à exécuter en assurant celle-ci de la continuation de l'exploitation en cas de nécessité et avait confirmé la prise en location par M. X..., l'arrêt retient que la société H., qui avait imposé à la C. d'effectuer des travaux de mise en état selon un rythme très rapide, avait brutalement et unilatéralement rompu les pourparlers ; que, de ces appréciations et constatations, la cour d'appel a pu déduire, sans avoir à caractériser l'existence de la mauvaise foi ou d'une intention de nuire, que la société H. avait agi avec légèreté constitutive d'une faute dont elle devait réparer les conséquences ; ».*

### b) Le fondement de la responsabilité

Le texte de l'ordonnance ne précise pas quel type de responsabilité est encouru. Le projet d'ordonnance optait clairement pour la responsabilité extra-contractuelle. La jurisprudence opte également pour la ***responsabilité extra-contractuelle*** du fautif.

***Com., 20 mars 1972 (n° 70-14154)***

*« que les premiers juges avaient constaté la rupture abusive des pourparlers par les Ets V.
Attendu que par ces énonciations, et abstraction faite des autres motifs [...], la cour d'appel, sans encourir les griefs du pourvoi, a pu retenir à l'encontre de la Société V. une responsabilité délictuelle... ».*

Le Rapport au président de la République confirme le ***fondement extra-contractuel***, tout en laissant place à la responsabilité contractuelle lorsque des avant-contrats ont prévu cette phase de négociation et une éventuelle rupture.

***Extrait du Rapport au président de la République***

*« Cette responsabilité sera en principe de nature extra-contractuelle, sauf aménagement conventionnel de cette phase de négociation et de sa rupture ».*

#### c) L'étendue de la réparation

L'*article 1112* précise dans son *2e alinéa* qu'en cas de faute commise dans les négociations, la réparation du préjudice qui en résulte ne peut avoir pour objet de compenser la perte des avantages attendus du contrat non conclu.

Le même principe avait été dégagé par la jurisprudence lors de l'arrêt ***Manoukian***.

> ***Com., 26 novembre 2003, Manoukian (n° 00-10243)***
>
> *« la cour d'appel a décidé à bon droit qu'en l'absence d'accord ferme et définitif, le préjudice subi par la société Alain Manoukian n'incluait que les frais occasionnés par la négociation et les études préalables auxquelles elle avait fait procéder et non les gains qu'elle pouvait, en cas de conclusion du contrat, espérer tirer de l'exploitation du fonds de commerce ni même la perte d'une chance d'obtenir ces gains ».*

En effet, selon le Rapport au président de la République, « *indemniser le profit escompté de la conclusion du contrat, même sous la forme atténuée d'une perte de chance, conduirait à donner indirectement effet à un contrat qui n'a pas été conclu* ».

### Le devoir précontractuel de confidentialité

L'ordonnance crée un devoir précontractuel de confidentialité, inspiré par la jurisprudence et les projets européens d'harmonisation : « *Celui qui utilise ou divulgue sans autorisation une information confidentielle obtenue à l'occasion des négociations engage sa responsabilité dans les conditions du droit commun* » (*art. 1112-2*).

Le texte interdit aux négociateurs à la fois ***d'utiliser et de divulguer*** sans autorisation une information confidentielle obtenue à l'occasion des négociations.

La ***jurisprudence*** a sanctionné à plusieurs reprises la violation de l'obligation de confidentialité des négociateurs, estimant qu'il s'agissait d'un acte de concurrence déloyale (Com., 3 oct. 1978, n° 77-10915, Com., 3 juin 1986, n° 84-16971) ou de parasitisme, constitutif d'une faute délictuelle.

Confirmant la jurisprudence, l'*article 1112-2* prévoit que la violation de la confidentialité des pourparlers entraîne la mise en œuvre de la ***responsabilité de droit commun*** de son auteur.

En pratique, les négociations précontractuelles s'accompagnent fréquemment d'un ***accord de confidentialité*** (appelé également « *no disclosure agreement* », c'est-à-dire « accord de non-divulgation »), interdisant aux négociateurs de révéler les informations confidentielles échangées au cours de leurs négociations. Il est également possible d'insérer dans un avant-contrat une ***clause de confidentialité***.

## Le devoir d'information

Un devoir général d'information, ***indépendant du devoir de bonne foi***, est créé à la charge des cocontractants et futurs cocontractants (*art. 1112-1*).

La doctrine était largement favorable à l'adoption d'une telle disposition (notamment J. Ghestin). Les projets doctrinaux européens de réforme du droit des contrats prévoyaient aussi de consacrer cette obligation d'information.

La jurisprudence sanctionnait déjà la violation de l'obligation d'information au titre du ***dol***, ce qui supposait la démonstration d'une intention. L'obligation d'information devient ***autonome*** : sa violation devient sanctionnable en dehors de tout dol.

**Com., 28 juin 2005 (n° 03-16794)**

*« Mais attendu que le manquement à une obligation précontractuelle d'information, à le supposer établi, ne peut suffire à caractériser le dol par réticence, si ne s'y ajoute la constatation du caractère intentionnel de ce manquement et d'une erreur déterminante provoquée par celui-ci ; que le moyen, qui se borne en ses trois branches à invoquer des manquements de la banque à son obligation précontractuelle d'information, sans alléguer que ces manquements auraient été commis sciemment dans l'intention de provoquer dans l'esprit de M. X... une erreur déterminante de son consentement, ne peut être accueilli ; ».*

Un certain nombre de ***lois spéciales*** prévoyaient déjà une obligation d'information, notamment l'article L. 111-1 du Code de la consommation.

### a) Le débiteur de l'obligation d'information

Celui qui est tenu d'une obligation d'information n'est pas forcément un professionnel mais « *Celle des parties qui connaît une information* », celle qui en sait plus que l'autre. Il doit exister un ***déséquilibre entre les connaissances respectives de chacune des parties***, qu'il s'agisse de professionnels ou de particuliers. La jurisprudence appliquait déjà ce principe (Civ. 1re, 30 juin 1992, n° 90-19093).

La partie qui prétend qu'***une information lui était due*** doit le prouver (*art. 1112-1, al. 4*). L'autre partie, qui devait cette information, a la charge de ***prouver qu'elle l'a fournie***, conformément à la jurisprudence (Civ. 1re, 25 février 1997, n° 94-19685 : « *le médecin est tenu d'une obligation particulière d'information vis-à-vis de son patient et [qu']il lui incombe de prouver qu'il a exécuté cette obligation* »).

### b) Le contenu de l'information

L'information qui doit être transmise est celle dont l'importance est déterminante pour le consentement de l'autre, c'est-à-dire ***les éléments sans lesquels la partie concernée n'aurait pas contracté***. La jurisprudence avait déjà une exigence identique (Civ. 1re, 4 oct. 1977, n° 75-10473).

Le texte définit la notion d'information déterminante : « *Ont une* ***importance déterminante*** *les informations qui ont un lien direct et nécessaire avec le contenu du contrat ou la qualité des parties* » (*art. 1112-1, al. 3*).

L'obligation d'information a des ***limites*** : l'ignorance doit être légitime. Chacune des parties a l'obligation de se renseigner et ne doit pas se montrer trop crédule.

***Req., 7 janvier 1901***

*« Le contractant qui s'est trompé parce qu'il a été trop crédule ou négligent dans ses vérifications ne doit s'en prendre qu'à lui-même ».*

Afin de ne pas créer d'insécurité juridique, le devoir d'information ***ne porte pas sur l'estimation de la valeur de la prestation*** (*art. 1112-1, al. 2*), conformément à la jurisprudence de la Cour de cassation.

***Civ. 3e, 17 janvier 2007 (n° 06-10442)***

*« l'acquéreur, même professionnel, n'est pas tenu d'une obligation d'information au profit du vendeur sur la valeur du bien acquis ».*

***Civ. 1re, 3 mai 2000, Baldus (n° 98-11381)***

*« Aucune obligation d'information ne pesait sur l'acheteur » (alors que « il savait [donc] qu'en achetant de nouvelles photographies au prix de 1 000 francs l'unité, il contractait à un prix dérisoire par rapport à la valeur des clichés sur le marché de l'art »).*

### c) Les sanctions

L'absence de transmission de l'information peut conduire à deux types de sanctions :

- la mise en œuvre de la ***responsabilité extra-contractuelle*** du contractant qui y était tenu (*art. 1112-1, al. 6*), dans le cas où la violation de l'obligation ne provoque pas de vice du consentement.

**_Extrait du Rapport au président de la République_**

*« une partie qui aurait négocié pendant des mois avec une autre, et découvrirait tardivement et fortuitement une information déterminante que celle-ci aurait dû lui fournir, pourrait refuser de conclure le contrat, et réclamer la réparation du préjudice subi du fait du manquement au devoir d'information (ex : frais de négociation inutiles, perte de chance de conclure un contrat avec une autre partie, etc.) ».*

En l'absence d'intention de tromper, le défaut d'information ne sera sanctionné que par l'octroi de dommages et intérêts ;

- ***l'annulation du contrat*** pour dol lorsque la violation de l'obligation d'information a provoqué un vice du consentement (*art. 1112-1, al. 6*). Il s'agit ici de faire un lien avec l'*article 1137* du Code civil qui sanctionne désormais la réticence dolosive (voir pp. 53-54). La violation du devoir d'information sera sanctionnée comme une réticence dolosive et donc comme un vice du consentement, à condition de revêtir un caractère intentionnel.

Ces dispositions sont d'***ordre public*** (*art. 1112-1, al. 5*).

## 2 L'offre et l'acceptation

L'ordonnance permet de compléter substantiellement les textes du Code civil relatifs à l'offre et à la demande, quasiment inexistants dans le Code de 1804. Les nouveaux textes intègrent l'importante jurisprudence qui s'est développée au fil du temps en la matière et met fin aux fluctuations qu'elle a parfois pu entraîner. « *Le contrat est formé par la rencontre d'une offre et d'une acceptation, par lesquelles les parties manifestent leur volonté de s'engager* » (*art. 1113, al. 1er*).

### *L'offre*

#### a) Les caractères de l'offre

L'offre n'est pas définie par l'*article 1114* qui se contente d'en préciser les ***caractéristiques*** afin de la distinguer de la simple invitation à entrer en négociation :

- elle doit comprendre les éléments essentiels du contrat envisagé : la jurisprudence traditionnelle insistait sur la nécessité d'une offre précise (Civ. 1re, 27 juin 1973, n° 72-12321). Cette précision peut concerner le prix ou d'autres éléments, selon le contrat concerné (par exemple, dans un contrat de location, l'obligation de précision porte davantage sur la chose louée que sur le prix) ;

- elle exprime la volonté de son auteur d'être lié en cas d'acceptation : ***l'offre doit être ferme***, ce que la jurisprudence affirmait également.

***Com., 6 mars 1990 (n° 88-12477)***

*« Attendu qu'entre commerçants, une proposition de contracter ne constitue une offre que si elle indique la volonté de son auteur d'être lié en cas d'acceptation ».*

L'offre peut être assortie de réserves sans être disqualifiée en invitation à entrer en pourparlers, dès lors que cette réserve ne permet pas au pollicitant de se dégager de l'offre par sa seule volonté ;

- elle peut être faite à personne déterminée ou indéterminée : selon la jurisprudence, « *l'offre faite au public lie le pollicitant à l'égard du premier acceptant dans les mêmes conditions que l'offre faite à personne déterminée* » (Civ. 3e, 28 nov. 1968).

### b) La caducité de l'offre

L'offre devient caduque dans deux cas (*art. 1117*) :

- à ***l'expiration du délai fixé*** par son auteur (une jurisprudence constante affirmait cette règle, voir Civ. 1re, 7 mai 2008, n° 07-11690) ou à défaut, à l'***expiration d'un délai raisonnable*** ;
- en cas d'***incapacité ou de décès*** de son auteur : la jurisprudence était plus inconstante sur la question du décès du pollicitant.

***Civ. 3e, 10 mai 1989 (n° 87-18130)***

*« Attendu que la notification d'une vente sous condition suspensive au titulaire du droit de préemption, par le notaire chargé d'instrumenter, ne constituant pas une promesse de vente mais une simple offre, celle du 22 juillet 1981 rendue caduque par l'effet du décès de Mme G. survenu le 11 août 1981, ne pouvait faire l'objet postérieurement à cette date d'une acceptation de la part de la SAFER » : le décès du pollicitant rend l'offre caduque.*

***Civ. 1re, 25 juin 2014 (n° 13-16529)***

*« l'offre qui n'est pas assortie d'un délai est caduque par le décès de celui dont elle émane avant qu'elle ait été acceptée » : la Cour de cassation distingue selon l'existence ou non d'un délai ».*

### c) La rétractation de l'offre

La rétractation d'une offre est possible à certaines conditions en dehors desquelles elle peut être fautive :

- le pollicitant a la possibilité de retirer son offre ***tant que celle-ci n'est pas parvenue*** à son destinataire (*art. 1115*) ;
- le pollicitant a la possibilité de retirer son offre ***après l'expiration du délai prévu*** par son auteur. La jurisprudence refusait également de façon constante la rétractation avant l'expiration du délai prévu ;

> ***Civ. 3e, 7 mai 2008 (n° 07-11690)***
>
> *« si une offre d'achat ou de vente peut en principe être rétractée tant qu'elle n'a pas été acceptée, il en est autrement au cas où celui de qui elle émane s'est engagé à ne pas la retirer avant une certaine époque ».*

- à défaut de délai expressément prévu, le pollicitant a la possibilité de retirer son offre ***après l'expiration d'un délai raisonnable*** (*art. 1116, al. 1er*) : le texte valide une autre jurisprudence constante (Civ. 3e, 20 mai 2009, n° 08-13230). La jurisprudence a précisé, ce que le texte ne fait pas, que le caractère raisonnable du délai était laissée à l'appréciation des juges du fond (Civ. 3e, 25 mai 2005, n° 03-19411 ; Com., 27 avr. 2011, n° 10-17177).

En dehors des hypothèses décrites ci-dessus, la rétractation est fautive et sanctionnée par la mise en œuvre de la ***responsabilité extra-contractuelle*** (*art. 1116, al. 3*), c'est-à-dire par des dommages-intérêts.

Comme il est traditionnellement décidé en droit commun, l'auteur de la révocation fautive n'est pas tenu de « *compenser la perte des avantages attendus du contrat* » (*art. 1116, al. 3*).

Il n'est pas question de **contrat forcé**, solution parfois adoptée par la jurisprudence, mais exclue expressément par le texte : « *La rétractation de l'offre en violation de cette interdiction* ***empêche la conclusion du contrat*** » (*art. 1116, al. 2*). La jurisprudence avait parfois opté pour l'exécution forcée (Civ. 3e, 7 mai 2008, n° 07-11690). Les différents avant-projets restaient partagés sur cette question.

## L'acceptation

Le Code civil donne désormais une définition de l'acceptation : « *L'acceptation est la manifestation de volonté de son auteur d'être lié dans les termes de l'offre* » (*art. 1118, al. 1er*). En l'absence d'adhésion globale au contenu de l'offre, l'acceptation doit être requalifiée en contre-proposition (*art. 1118, al. 3*).

Le nouveau texte apporte des solutions sur un certain nombre de problèmes posés par l'acceptation, tels que le silence, les délais de réflexion et de rétractation, les conditions générales et le moment et le lieu de formation du contrat.

### a) Le silence

Si la jurisprudence accepte la manifestation de ***volonté expresse aussi bien que tacite*** de l'acceptation, elle refuse traditionnellement de donner au silence la signification d'une acceptation.

***Civ., 25 mai 1870***

***« Attendu, en droit, que le silence de celui que l'on prétend obligé ne peut suffire, en l'absence de toute autre circonstance, pour faire preuve contre lui de l'obligation alléguée ».***

Conformément à la jurisprudence, l'*article 1120* confirme le principe selon lequel ***le silence ne vaut pas acceptation, sauf*** s'il résulte :

- de la ***loi*** : par exemple, « *Si, à l'expiration des baux écrits, le preneur reste et est laissé en possession, il s'opère un nouveau bail dont l'effet est réglé par l'article relatif aux locations faites sans écrit.* » (art. 1738) ;
- des ***usages*** : certains usages commerciaux permettent de considérer le silence comme une acceptation. Par exemple, l'absence de contestation d'une facture entre commerçants pendant un certain délai permet de considérer la facture comme acceptée ;
- des ***relations d'affaires*** : lorsque les parties ont l'habitude de signer des contrats de même nature de façon régulière, le silence n'est plus équivoque et peut valoir acceptation ;
- de ***circonstances particulières*** : la notion est large et permet sans doute d'englober certains cas dont la jurisprudence avait fait un cas d'acceptation, c'est-à-dire :
  - les cas où l'offre a été faite ***dans l'intérêt exclusif de son destinataire,***

**Chambre des requêtes du 29 mars 1938**

Un propriétaire qui ne parvenait pas à se faire payer ses loyers fait une offre de remise partielle de loyer. Les locataires n'ayant pas répondu, le bailleur les a assignés en justice en leur demandant la totalité du loyer. La chambre des requêtes a estimé qu'ils n'avaient pas à payer la totalité dans la mesure où ils étaient censés avoir accepté la première proposition.

- les cas dans lesquels « ***les circonstances permettent de donner à ce silence la signification d'une acceptation*** ».

***Civ. 1re, 24 mai 2005***

*« Mais attendu que si le silence ne vaut pas à lui seul acceptation, il n'en est pas de même lorsque les circonstances permettent de donner à ce silence la signification d'une acceptation ».*

### b) Les délais de réflexion et de rétractation

Aucune disposition du Code civil ne traitait jusque-là des délais de réflexion et de rétractation, prévus uniquement par des lois spéciales, notamment par le droit de la consommation. Insérés à l'*article 1122* du Code civil, ils font désormais partie intégrante du droit commun des contrats.

| *Délai de réflexion* | *Délai de rétractation* |
|---|---|
| *« délai avant l'expiration duquel le destinataire de l'offre ne peut manifester son acceptation ».* | *« délai avant l'expiration duquel son bénéficiaire peut rétracter son consentement ».* |
| Le bénéficiaire d'un délai de réflexion ne peut y renoncer | Pendant le délai de rétractation, le destinataire de l'offre peut librement revenir sur son consentement |

### c) Les conditions générales

L'*article 1119* consacre la jurisprudence selon laquelle les conditions générales doivent être ***acceptées de façon expresse*** par le contractant. Elles ne peuvent produire effet que si elles ont été portées à la connaissance du contractant et acceptées par celui-ci (*art. 1119, al. 1er*). Il n'est donc plus possible d'évoquer les conditions générales uniquement par renvoi.

Lorsque les conditions générales invoquées par l'une et l'autre partie sont discordantes, les clauses incompatibles seront sans effet (*art. 1119, al. 2*), dans la mesure où la rencontre des consentements fait défaut. Dans cette hypothèse, la jurisprudence faisait pourtant prévaloir les conditions particulières.

En cas de ***discordance*** entre clauses générales et clauses particulières, « *les secondes l'emportent sur les premières* » (*art. 1119, al. 3*).

### d) Le moment et le lieu de formation du contrat

La détermination du moment de la formation du contrat permet de dire à quel moment sont transférés les risques de celui-ci.

La détermination du lieu du contrat permet de désigner le tribunal compétent.

Ces éléments sont déterminants pour les ***contrats conclus entre absents***, c'est-à-dire notamment ***par correspondance***.

La jurisprudence avait longtemps adopté la ***théorie de l'émission*** (le contrat se forme au moment et au lieu où se manifeste la volonté d'accepter).

***Req., 21 mars 1932***

*« la formation de la promesse est réalisée et le contrat rendu parfait par l'acceptation des propositions qui sont faites, dès l'instant où cette acceptation a lieu ».*

***Com., 7 juin 1981***

*« Mais attendu que, faute de stipulation contraire, l'acte du 10 juin 1975 était destiné à devenir parfait, non pas par la réception par la société l'A. de l'acceptation de la société C., mais par l'émission par celle-ci de cette acceptation ».*

En 2011, elle opère un ***revirement***, optant pour la ***théorie de la réception***, selon laquelle le contrat est formé au moment et au lieu où est reçue l'acceptation.

***Civ. 3e, 16 juin 2011***

*« Qu'en statuant ainsi, alors que la formation du contrat était subordonnée à la connaissance de l'acceptation de l'offre par le pollicitant et qu'elle avait constaté qu'à la date de la notification des offres rectificatives, la réponse du preneur sur les offres initiales n'était pas parvenue au propriétaire, la cour d'appel a violé le texte susvisé ; ».*

Comme la jurisprudence la plus récente ainsi que les avant-projets Catala et Terré, l'*article 1121* du Code civil consacre la ***théorie de la réception*** : « *Le contrat est conclu dès que l'acceptation parvient à l'offrant. Il est réputé conclu au lieu où l'acceptation est parvenue* ». « *Cette solution apporte une plus grande sécurité juridique sur la date de formation du contrat. Elle est conforme à celle retenue dans différents projets d'harmonisation européens* » (Rapport au président de la République).

## 3 Les contrats préparatoires

Pour la première fois, le Code civil organise le régime de certains ***avant-contrats*** : la promesse unilatérale de contrat et le pacte de préférence, qui constituent les avant-contrats les plus courants. Cette introduction reste limitée : ni les accords de principe, ni la lettre d'intention, par exemple, n'apparaissent dans les nouveaux textes.

### *Le pacte de préférence*

#### a) La notion de pacte de préférence

Le pacte de préférence est « *le contrat par lequel une partie s'engage à proposer prioritairement à son bénéficiaire de traiter avec lui pour le cas où elle déciderait de contracter* » (*art. 1123, al. 1er*). Comme la jurisprudence, le nouveau texte n'exige ni détermination d'un prix ni celle de la durée dans le pacte de préférence.

***Civ. 3e, 15 janvier 2003 (n° 01-03700)***

*« la prédétermination du prix du contrat envisagé et la stipulation d'un délai ne sont pas des conditions de validité du pacte de préférence ».*

#### b) L'action interrogatoire

Une action interrogatoire est créée en matière de pacte de préférence : elle permet au tiers de demander par écrit au bénéficiaire de confirmer dans un délai qu'il fixe et qui doit être raisonnable, ***l'existence d'un pacte de préférence et s'il entend s'en prévaloir*** (*art. 1123, al. 3*).

La jurisprudence avait pourtant rejeté l'action interrogatoire en matière de pacte de préférence :

**_Civ. 3$^{e}$, 29 juin 2010 (n° 09-68110)_**

*« Mais attendu qu'ayant souverainement retenu que, si M. Z... était informé de la clause stipulant un pacte de préférence, pour avoir eu connaissance du bail, les consorts X... n'établissaient pas qu'il avait été informé de leur intention de s'en prévaloir, la cour d'appel, qui a relevé à bon droit qu'il ne pouvait être reproché à l'acquéreur du fonds de commerce, étranger au pacte de préférence, de ne pas avoir pris l'initiative de vérifier les intentions des bénéficiaires et qui en a déduit qu'il n'avait commis aucune faute à l'origine du préjudice allégué par les consorts X..., a légalement justifié sa décision ; ».*

L'écrit devra mentionner qu'à défaut de réponse dans ce délai, le bénéficiaire ne pourra demander que des dommages-intérêts en cas de violation du pacte de préférence (*art. 1123, al. 4*).

### c) La sanction de la violation du pacte de préférence

Dans tous les cas où celui qui s'est engagé à signer avec le bénéficiaire signe avec une autre personne, le bénéficiaire peut obtenir la ***réparation*** du préjudice subi (*art. 1123, al. 2*).

Lorsqu'en outre, le tiers connaissait l'existence du pacte et l'intention du bénéficiaire de s'en prévaloir, c'est-à-dire lorsque le tiers est de ***mauvaise foi***, le bénéficiaire peut en outre obtenir la ***nullité du contrat ou sa substitution au tiers***.

La jurisprudence admettait déjà la possibilité pour le bénéficiaire de se retourner à la fois contre celui qui s'est engagé et contre le tiers avec lequel il a finalement contracté (Civ. 1$^{re}$, 11 juill. 2006, n° 03-18528). Le nouveau texte valide également la jurisprudence relative à la substitution du bénéficiaire de la promesse au tiers avec lequel celui qui s'est engagé a finalement contracté.

**_Ch. mixte, 26 mai 2006 (n° 03-19376)_**

*« le bénéficiaire d'un pacte de préférence est en droit d'exiger l'annulation du contrat passé avec un tiers en méconnaissance de ses droits et d'obtenir sa substitution à l'acquéreur, à la condition que ce tiers ait eu connaissance, lorsqu'il a contracté, de l'existence du pacte de préférence et de l'intention du bénéficiaire de s'en prévaloir ».*

Contrairement au projet d'ordonnance, le texte définitif oblige le bénéficiaire à faire la ***preuve*** de la connaissance par le tiers de l'existence du pacte de préférence s'il veut obtenir la substitution. Cette preuve peut se révéler difficile à apporter.

## La promesse unilatérale de contrat

### a) La notion de promesse unilatérale de contrat

« *La promesse unilatérale est le contrat par lequel une partie, le promettant, accorde à l'autre, le bénéficiaire, le droit d'opter pour la conclusion d'un contrat dont les éléments essentiels sont déterminés, et pour la formation duquel ne manque que le consentement du bénéficiaire* » (*art. 1124, al. 1er*).

Le Code civil n'abordait pas la question de la promesse unilatérale et il n'en existait pas de définition unanime de la part de la jurisprudence ou de la doctrine. Seul l'article 1589 traitait de la promesse synallagmatique de vente.

### b) La sanction de la révocation de la promesse pendant le délai d'option

La question de la sanction de la violation de la promesse unilatérale a donné lieu à une vive ***controverse*** à laquelle met fin le nouveau texte.

La jurisprudence avait opté en 1993 pour la sanction par des dommages-intérêts, excluant toute exécution forcée.

***Civ. 3e, 15 décembre 1993 (n° 91-10199)***

*« Mais attendu que la cour d'appel, ayant exactement retenu que tant que les bénéficiaires n'avaient pas déclaré acquérir, l'obligation de la promettante ne constituait qu'une obligation de faire et que la levée d'option, postérieure à la rétractation de la promettante, excluait toute rencontre des volontés réciproques de vendre et d'acquérir, le moyen n'est pas fondé ; ».*

Un arrêt du 8 septembre 2010 avait été perçu comme l'amorce d'un revirement, qui fut à nouveau démenti par un arrêt du 11 mars 2011, confirmé par la chambre commerciale un peu plus tard.

***Civ. 3e, 8 septembre 2010 (n° 09-13345)***

*« Attendu [...] qu'une promesse unilatérale de vente n'a pas pour effet de transmettre à celui qui en est bénéficiaire la propriété ou des droits immobiliers sur le bien qui en est l'objet, que l'obligation du promettant quoique relative à un immeuble constitue tant que le bénéficiaire n'a pas déclaré acquérir non pas une obligation de donner mais une obligation de faire [...] Qu'en statuant ainsi, alors que le promettant avait définitivement consenti à vendre et que l'option pouvait être valablement levée, après son décès, contre ses héritiers tenus de la dette contractée par leur auteur, sans qu'il y eût lieu d'obtenir l'autorisation du juge des tutelles, la cour d'appel a violé le texte susvisé ; ».*

**Civ. 3e, 11 mai 2011 (n° 10-12875)**

*« la levée de l'option par le bénéficiaire de la promesse postérieurement à la rétractation du promettant excluant toute rencontre des volontés réciproques de vendre et d'acquérir, la réalisation forcée de la vente ne peut être ordonnée ».*

**Com., 13 septembre 2011 (n° 10-19526)**

*« la levée de l'option par le bénéficiaire de la promesse postérieurement à la rétractation du promettant excluant toute rencontre des volontés réciproques de vendre et d'acquérir, la réalisation forcée de la vente ne pouvait être ordonnée ».*

L'*article 1124, alinéa 2* sanctionne la révocation de la promesse pendant le délai d'option par l'***exécution forcée*** du contrat, mettant fin à la controverse.

### c) La conclusion du contrat par le promettant avec un tiers

Le contrat conclu en violation de la promesse unilatérale avec un tiers est ***nul***, à condition que le tiers avec lequel le promettant a finalement signé le contrat ait eu connaissance de l'existence de la promesse (*art. 1124, al. 3*).

**Comparaison des sanctions de la violation du pacte de préférence et de la promesse unilatérale de contrat**

| | Violation du pacte de préférence | Violation de la promesse unilatérale de contrat |
|---|---|---|
| Sanction systématique | Dommages-intérêts | Exécution forcée du contrat |
| Sanction soumise à conditions | *Lorsque le tiers connaissait l'existence du pacte de préférence et l'intention du bénéficiaire de s'en prévaloir :* **nullité du contrat conclu avec le tiers + substitution du bénéficiaire du pacte de préférence au tiers contractant** | *Lorsque le tiers avec lequel le promettant a finalement signé le contrat avait connaissance de l'existence de la promesse :* **nullité du contrat conclu avec le tiers** |

## 4 La conclusion du contrat par voie électronique

Les *articles 1126 à 1127-6* ***reprennent quasiment in extenso*** les anciens articles 1369-1 à 1369-9 du Code civil, découlant de l'ordonnance du 16 juin 2005 et complétée par le décret d'application du 2 février 2011 (ces textes constituant la transposition de la directive 2000/31/CE du 8 juin 2000).

### *L'offre par voie électronique*

L'auteur de l'offre faite par voie électronique reste engagé par celle-ci aussi longtemps qu'elle est accessible par voie électronique de son fait (*art. 1127-1, al. 2*).

Sauf exceptions, l'offre faite par voie électronique doit comporter un certain nombre d'énonciations (*art. 1127-1, al. 3 et s.*) :

- étapes à suivre pour la conclusion du contrat ;
- moyens techniques permettant au destinataire de l'offre, avant la conclusion du contrat, d'identifier d'éventuelles erreurs commises dans la saisie des données et de les corriger ;
- langues proposées pour la conclusion du contrat : la langue française doit en faire partie), ce qui est nouveau au sein des dispositions du Code civil mais découlait déjà de la loi n° 94-665 du 4 août 1994 relative à l'emploi de la langue française ;
- le cas échéant, modalités d'archivage ainsi que conditions d'accès aux documents archivés (*art. 1127-1* ; art. L. 221-14, C. consom.) ;
- moyens de consulter par voie électronique les règles professionnelles et commerciales auxquelles l'auteur de l'offre entend, le cas échéant, se soumettre.

L'*article 1127-3* prévoit des ***exceptions*** à l'obligation de mentionner ces obligations pour les contrats de fourniture de biens ou de prestation de services qui sont conclus exclusivement par échange de courriers électroniques ou dans les contrats conclus entre professionnels.

### *L'acceptation par voie électronique*

L'acceptation d'une offre de contrat sous forme électronique n'est valable que dès lors que le destinataire de l'offre a eu « ***la possibilité de vérifier*** *le détail de sa commande et son prix total, et de corriger d'éventuelles erreurs* » (*art. 1127-2, al. 1er*). Il peut ensuite confirmer son acceptation. « *L'auteur de l'offre doit* ***accuser réception*** *sans délai injustifié, par voie électronique, de la commande qui lui a été adressée.* » (*art. 1127-2, al. 2*). Ces dispositions peuvent être écartées dans les conventions conclues entre professionnels (*art. 1127-3*).

# La validité du contrat

**Chapitre 3**

*Le Code civil posait jusque-là quatre conditions de validité du contrat : le consentement, la capacité, un objet certain et une cause licite. L'article 1128 prévoit désormais que « Sont nécessaires à la validité d'un contrat : 1° Le consentement des parties ; 2° Leur capacité de contracter ; 3° Un contenu licite et certain ».*

La ***disparition de la notion de cause*** dans le Code civil constitue assurément l'une des innovations majeures de l'ordonnance du 10 février 2016. Facteur de nombreuses difficultés pratiques et critiquée par la doctrine, elle est abandonnée au profit de l'exigence d'un contenu « licite et certain », englobant à la fois l'objet et la cause. Les nouveaux textes tiennent néanmoins compte de la jurisprudence découlant des fonctions assignées à la cause.

## 1 Le consentement

Les nouvelles dispositions relatives au consentement sont largement reprises des anciens textes, tout en intégrant les évolutions impulsées par la jurisprudence.

### *L'existence du consentement*

« *Conformément à l'article 414-1, il faut être **sain d'esprit** pour consentir valablement à un contrat* » (*art. 1129*). La règle n'est pas nouvelle. Elle est également énoncée aux articles 414-1 et *1128* du Code civil dans des termes presque identiques. Le trouble mental s'apprécie au jour de la conclusion du contrat.

En l'absence de toute mesure de protection organisée pour l'intéressé, le droit commun s'applique, c'est-à-dire que la ***nullité est encourue*** si la preuve du trouble mental est apportée (art. 414-1 et 414-2, C. civ.).

Lorsque la personne fait finalement l'objet d'une ***mesure de protection***, le droit commun des incapacités s'applique, notamment l'article 464 du Code civil qui permet la ***réduction des obligations*** de la personne protégée lorsque celles-ci résultent d'actes accomplis moins de 2 ans avant la publicité de la mesure de protection.

## ■ *L'intégrité du consentement*

Les dispositions relatives aux vices du consentement intègrent désormais les évolutions jurisprudentielles. L'erreur, le dol et la violence peuvent, à certaines conditions, vicier le consentement et ainsi justifier une sanction (*art. 1130*), qui devient commune à tous les vices du consentement : la nullité relative (*art. 1131*).

### a) Le caractère déterminant du vice du consentement

Pour être sanctionnable, le vice du consentement doit avoir été ***déterminant***, c'est-à-dire que, sans l'erreur, le dol ou la violence, « *l'une des parties n'aurait pas contracté ou aurait contracté à des conditions substantiellement différentes* » (*art. 1130, al. 1er*).

La jurisprudence exigeait déjà le caractère déterminant du vice.

**Com., 7 février 2012 (n° 01-10487)**

*« la lourde condamnation prononcée contre M. Y... si elle avait été connue de M. X..., l'aurait empêché de contracter, car elle rendait illusoire l'acceptation d'une participation dans la société de la part de partenaires financiers ; qu'ayant ainsi fait ressortir que M. Y... n'était pas seulement un technicien mais l'un des deux dirigeants de la société ce dont résultait le caractère déterminant de la dissimulation reprochée à la société E., la cour d'appel a légalement justifié sa décision ; ».*

L'ordonnance du 10 février 2016 ne reprend pas la distinction qu'une partie de la doctrine opère entre le ***dol déterminant***, et le ***dol incident***, ce dernier étant celui sans lequel la victime aurait « seulement » contracté à des conditions substantiellement différentes. Selon ce courant doctrinal, le dol incident ne devrait pas être considéré comme une cause de nullité mais pourrait donner lieu à des dommages-intérêts. La jurisprudence ne reprenait pas non plus cette distinction.

**Civ. 3e, 22 juin 2005 (n° 04-10415)**

*« la cour d'appel, qui a souverainement retenu que ces éléments étaient déterminants pour l'acquéreur qui devait être mis à même d'apprécier la rentabilité d'une opération et aurait à tout le moins acquis à un prix inférieur s'il avait connu la situation exacte, en a exactement déduit que les réticences dolosives imputables à la société S. entraînaient la nullité de la vente ».*

L'***appréciation du caractère déterminant*** du vice du consentement par le juge se fera ***in concreto***, c'est-à-dire « *eu égard aux personnes et aux circonstances dans lesquelles le consentement a été donné* » (*art. 1130, al. 2*). L'ancien article 1112 permettait déjà d'appliquer cette solution pour la violence (« *Il y a violence lorsqu'elle est de nature à faire impression sur une personne raisonnable, et qu'elle peut lui inspirer la crainte d'exposer sa personne ou sa fortune à un mal considérable. On a égard, en cette matière, à l'âge, au sexe et à la condition des personnes* »). Le nouveau texte valide la jurisprudence qui l'avait étendu aux autres vices du consentement.

**Civ. 1re, 26 janvier 1972**

*« il appartient à l'acheteur arguant de son erreur d'établir le caractère, pour lui substantiel, des qualités qu'il n'a pas trouvées dans l'objet acheté ».*

## b) L'erreur

Les nouveaux textes ne donnent pas de définition de l'erreur mais exposent les caractéristiques et les hypothèses dans lesquelles elle peut être cause de nullité.

### *1) Les caractéristiques de l'erreur cause de nullité*

L'*article 1132* confirme la jurisprudence selon laquelle la faute doit être ***excusable*** (ce qui exclut, par exemple, l'erreur du marchand de biens sur la conversion entre francs et euros, cf. Civ. 3e, 4 juill. 2007, n° 06-15881).

L'erreur doit porter sur les ***qualités essentielles*** de la prestation due ou sur celles du cocontractant. L'*article 1133* définit les qualités essentielles de la prestation comme « *celles qui ont été expressément ou tacitement convenues et en considération desquelles les parties ont contracté* » (*al. 1er*). Le texte opte pour une analyse objective. La notion de « qualité essentielle » est préférée à celle de « qualité substantielle ». Sur le fond, cela n'apporte aucun changement mais l'expression choisie par le nouveau texte est moins floue que l'autre.

L'***erreur de droit*** peut être sanctionnée de la même manière que l'***erreur de fait***, dès lors qu'elle n'est pas inexcusable (*art. 1132*), ce qu'admettait déjà la jurisprudence (Civ. 3e, 5 juill. 1995, n° 92-20425).

### *2) Les erreurs causes de nullité*

L'***erreur du cocontractant sur sa propre prestation*** peut être cause de nullité. En effet, l'erreur peut porter « *sur les qualités essentielles de la prestation due ou sur celles du cocontractant* » (art. 1132). L'*article 1133* confirme dans son *2e alinéa* que « *L'erreur est cause de nullité relative, qu'elle porte sur la prestation de l'une ou de l'autre partie* ». Cette solution vient confirmer une jurisprudence constante (par exemple, Civ. 1re, 22 févr. 1978, affaire *Poussin*).

L'***erreur sur les qualités essentielles du cocontractant*** est sanctionnable dès lors que le contrat a été conclu en considération de la personne (« ***intuitu personae*** », *art. 1134*).

### *3) L'erreur indifférente*

L'***erreur sur la valeur*** consiste en une appréciation économique inexacte qui ne va pas jusqu'à l'erreur sur les qualités essentielles de la prestation due (*art. 1136*). Elle ne peut être une cause de nullité du contrat, sauf si elle remet en cause l'essence même du contrat. Cette question a donné lieu à controverse notamment en matière de franchise, dans une hypothèse où la rentabilité de l'opération était nettement inférieure à celle annoncée par le franchiseur : le contrat a été annulé, la jurisprudence sanctionnant l'erreur sur la valeur par le biais de l'erreur sur les qualités substantielles. Le nouveau texte avalise la jurisprudence en réservant le cas de l'erreur sur les qualités essentielles.

**Com., 4 octobre 2011 (n° 10-20956)**

*« Attendu qu'en se déterminant ainsi, après avoir constaté que les résultats de l'activité du franchisé s'étaient révélés très inférieurs aux prévisions et avaient entraîné rapidement sa mise en liquidation judiciaire, sans rechercher si ces circonstances ne révélaient pas, même en l'absence de manquement du franchiseur à son obligation précontractuelle d'information, que le consentement du franchisé avait été déterminé par une erreur substantielle sur la rentabilité de l'activité entreprise, la cour d'appel n'a pas donné de base légale à sa décision ».*

L'***erreur sur les motifs*** n'est pas une cause de nullité, dès lors que ceux-ci sont étrangers aux qualités essentielles de la prestation due et du cocontractant, sauf dans le cas où les parties en ont fait expressément un élément déterminant de leur consentement (*art. 1135, al. 1er*). La jurisprudence appliquait déjà les mêmes principes.

**Com., 11 avril 2012 (n° 11-15429)**

*« L'erreur sur un motif du contrat extérieur à l'objet de celui-ci n'est pas une cause de nullité de la convention, quand bien même ce motif aurait été déterminant, à moins qu'une stipulation expresse ne l'ait fait entrer dans le champ contractuel en l'érigeant en condition du contrat ».*

En revanche, l'***erreur sur le motif d'une libéralité*** est une cause de nullité lorsque sans elle, son auteur n'aurait pas disposé (*art. 1135, al. 2*). Ce type d'erreur était auparavant sanctionné sur le fondement de l'absence de cause dans les contrats à titre gratuit.

L'erreur sur la qualité d'une prestation due sur laquelle un aléa a été accepté n'est pas sanctionnée (*art. 1133, al. 3*). ***L'aléa chasse l'erreur***. La jurisprudence adopte déjà cette solution, dès lors que cet aléa est connu et a été accepté.

**Civ. 1re, 24 mars 1987 (n° 85-15736)**

*« ainsi accepté de part et d'autre, l'aléa sur l'authenticité de l'œuvre avait été dans le champ contractuel ; qu'en conséquence, aucune des deux parties ne pouvait alléguer l'erreur en cas de dissipation ultérieure de l'incertitude commune, et notamment pas le vendeur ni ses ayants cause en cas d'authenticité devenue certaine ».*

Ainsi, la nullité peut être prononcée si l'aléa n'était pas connu de l'une des parties (Civ. 1re, 22 février 1978, affaire *Poussin*).

### c) Le dol

Le dol est défini comme « *le fait pour un contractant d'obtenir le consentement de l'autre par des manœuvres ou des mensonges* » (*art. 1137, al. 1er*) ou de dissimuler intentionnellement « *une information dont il sait le caractère déterminant pour l'autre partie* » (*art. 1137, al. 2*). La définition est plus claire et plus complète que celle de l'ancien article 1116.

#### *1) Les formes du dol cause de nullité*

Le dol peut prendre 3 formes (*art. 1137*) :

- des ***manœuvres*** : l'ancien article 1116 prévoyait déjà cette hypothèse ;
- des ***mensonges*** : la jurisprudence assimilait déjà le mensonge aux manœuvres, alors même que l'ancien texte ne le prévoyait pas ;

**_Civ. 3e, 6 novembre 1970 (n° 69-11665)_**

*« Un simple mensonge, non appuyé d'actes extérieurs, peut constituer un dol ».*

- la ***dissimulation intentionnelle d'une information*** : le dol peut consister en une dissimulation intentionnelle par l'un des contractants d'une information dont il sait le caractère déterminant pour l'autre partie (*art. 1137, al. 2*). La réticence dolosive existe chaque fois qu'une dissimulation a pour objectif de tromper l'autre partie. La violation du devoir d'information, prévue à *l'article 1112-1* (voir p. 37), constitue l'une des formes de la réticence dolosive. Lorsqu'elle a provoqué un vice du consentement (erreur ou dol), elle peut conduire à l'annulation du contrat.

### *2) L'exigence d'un comportement intentionnel*

En cas de ***mensonges ou de manœuvres***, l'élément intentionnel est ***présumé*** car l'intention se déduit du comportement. Le nouveau texte n'aborde d'ailleurs pas la question de l'intention pour ces deux formes de dol.

En cas de ***dissimulation d'une information***, la jurisprudence exigeait déjà que l'***intention de tromper*** soit prouvée. À défaut, elle décidait qu'il ne pouvait y avoir lieu qu'à dommages-intérêts et non pas à nullité. Le nouveau texte précise effectivement que la dissimulation doit être intentionnelle.

**_Com., 28 juin 2005 (n° 03-16794)_**

*« Le manquement à une obligation précontractuelle d'information, à le supposer établi, ne peut suffire à caractériser le dol par réticence, si ne s'y ajoute la constatation du caractère intentionnel de ce manquement et d'une erreur déterminante provoquée par celui-ci ».*

### *3) Le caractère excusable de l'erreur provoquée*

« *L'erreur qui résulte d'un dol est toujours excusable* ». L'*article 1139* reprend une jurisprudence constante.

**_Civ. 3e, 21 février 2001 (n° 98-20817)_**

*« La réticence dolosive rend toujours excusable l'erreur provoquée ».*

Comme la jurisprudence, l'*article 1139* prévoit que l'erreur provoquée par le dol peut entraîner la nullité même si elle porte sur la valeur de la prestation ou sur un simple motif du contrat.

**_Com., 17 juin 2008 (n° 07-15398)_**

*« l'erreur du cessionnaire sur la valeur des titres sociaux, dès lors qu'elle a été provoquée par une manœuvre du cédant, peut donner lieu au prononcé de la nullité de l'acte de cession pour dol ».*

#### *4) Le dol émanant d'un tiers*

Le dol doit émaner de la partie contractante (*art. 1137*). L'ancien article 1116 prévoyait qu'il devait émaner de l'une des parties. Il ne peut donc émaner d'un tiers, ce que précisait déjà la jurisprudence.

**_Com., 22 juillet 1986 (n° 85-12392)_**

*« Le dol viciant le consentement de l'une des parties à un contrat n'emporte la nullité de ce contrat que s'il émane de l'autre partie ».*

Ce principe est modéré par plusieurs ***exceptions*** (*art. 1138*), déjà validées par la jurisprudence : ainsi, le dol peut être sanctionné lorsqu'il émane du ***représentant*** du contractant (Com., 13 juin 1995, n° 93-17409), de son ***gérant d'affaires*** (Civ. 1re, 7 juill. 1960) ou de son ***porte-fort*** (Com., 27 février 1996, n° 94-11241). L'*alinéa 2* de l'*article 1138* y ajoute le dol d'un ***tiers de connivence*** : la jurisprudence en donne peu d'exemples (Com., 25 mars 1974, n° 73-10910 : un tiers s'était présenté comme un mandataire apparent avec la complicité du cocontractant). Cet ajout était déjà proposé par l'avant-projet Terré ainsi que par le projet Gandolfi. L'avant-projet d'ordonnance avait opté pour une formulation différente : le dol émanant d'un tiers pouvait être sanctionné à condition que le cocontractant en ait eu connaissance et en ait tiré avantage.

### d) La violence

Les dispositions relatives à la violence font l'objet de modifications substantielles, en raison notamment de l'introduction de l'abus de dépendance.

#### *1) La notion de violence*

La violence est une ***contrainte*** sous la pression de laquelle le contractant s'engage parce qu'il craint d'exposer sa personne, sa fortune ou celles de ses proches à un mal considérable (*art. 1140*). Les principes restent les mêmes, bien que l'ancien article 1111 ne donnait pas véritablement de définition.

Le nouveau texte ne reprend pas le contenu de l'ancien article 1115 qui disposait qu'« *Un contrat ne peut plus être attaqué pour cause de violence, si, depuis que la violence a cessé, ce contrat a été approuvé soit expressément, soit tacitement, soit en laissant passer le temps de la restitution fixé par la loi* ». La règle n'en est pas pour autant abandonnée puisqu'elle découle désormais du nouvel *article 1182* relatif à la confirmation.

### *2) La victime de la violence*

La menace d'un mal considérable peut peser sur le cocontractant mais également sur ses ***proches*** (*art. 1140*).

L'ancien article 1114, disposant que « *La seule crainte révérencielle envers le père, la mère, ou autre ascendant, sans qu'il y ait eu de violence exercée, ne suffit point pour annuler le contrat* », est supprimé car devenu obsolète.

### *3) L'auteur de la violence*

La violence peut être exercée par une partie ou par un tiers (*art. 1142*), ce que prévoyait déjà l'ancien article 1111.

### *4) La menace d'une voie de droit*

En principe, la menace d'une voie de droit ne peut constituer une violence, sauf en cas d'abus c'est-à-dire « *lorsque la voie de droit est détournée de son but ou lorsqu'elle est invoquée ou exercée pour obtenir un avantage manifestement excessif* » (*art. 1141*). Cette nouvelle règle confirme la jurisprudence.

> ***Civ. 3$^{e}$, 17 janvier 1984 (n° 82-15753)***
>
> ***« La menace de l'emploi d'une voie de droit ne constitue une violence au sens des articles 1111 et suivants du code civil que s'il y a abus de cette voie de droit soit en la détournant de son but, soit en en usant pour obtenir une promesse ou un avantage sans rapport ou hors de proportion avec l'engagement primitif ».***

### *5) L'abus de dépendance*

Le nouvel *article 1143* du Code civil permet de sanctionner ce que la doctrine dénomme la « violence économique ». Il consacre l'abus de dépendance, caractérisé « *lorsqu'une partie, abusant de l'état de dépendance dans lequel se trouve son cocontractant, obtient de lui un engagement qu'il n'aurait pas souscrit en l'absence d'une telle contrainte et en tire un avantage manifestement excessif* ». La Cour de cassation (Civ. 1$^{re}$, 30 mai 2000, n°98-15242) et le Code de la consommation (art. L. 1222-8) sanctionnent déjà la violence économique et le Code de commerce (art. L. 420-2) considère l'exploitation de l'état de dépendance économique comme une forme de violence.

À l'instar de la jurisprudence, l'*article 1143* exige la démonstration de la preuve de l'***extorsion d'un avantage excessif*** ou manifestement excessif (ce qui rappelle davantage la lésion que la violence) « *afin de répondre aux craintes des entreprises et d'objectiver l'appréciation de cet abus* » (Rapport au président de la République).

La formulation de l'*article 1143* permet d'englober toutes les hypothèses de dépendance, pas seulement économique.

## 2 La capacité et la représentation

Les nouveaux textes relatifs à la capacité et à la représentation ne contiennent pas de mesures particulièrement innovantes sur le fond. En revanche, ils bénéficient d'une clarification d'un point de vue formel grâce à leur concentration au sein de deux paragraphes.

### La capacité

Même si la question de la capacité relève du droit des personnes, elle trouve sa place en droit des obligations dans la mesure où elle concerne l'une des conditions de validité des contrats.

« *Toute personne physique peut contracter, sauf en cas d'incapacité prévue par la loi* » (*art. 1145, al. 1er*) : la règle, déjà prévue à l'ancien article 1124, selon laquelle le principe est la capacité et l'exception l'incapacité, est conservée et clarifiée.

L'*article 1145* est complété par une disposition relative aux personnes morales qui ne figurait pas dans le projet d'ordonnance : « *La capacité des personnes morales est limitée aux actes utiles à la réalisation de leur objet tel que défini par leurs statuts et aux actes qui leur sont accessoires, dans le respect des règles applicables à chacune d'entre elles* » (*al. 2*).

Les dispositions de l'ancien article 1125-1 du Code civil, frappant d'une ***incapacité spéciale*** ceux qui exercent une fonction dans un établissement hébergeant des personnes dépendantes ou dispensant des soins psychiatriques, sont transférées au sein du Code de l'action sociale et des familles (art. L. 116-4) et du Code de la santé publique (art. L. 3211-5).

#### a) Les personnes capables de contracter

Ne peuvent contracter car souffrant d'une incapacité d'exercice (*art. 1146*) :

- le ***mineur non émancipé*** ;
- le ***majeur faisant l'objet d'une mesure de protection***.

« *L'incapacité de contracter est une cause de nullité relative* » (*art. 1147*), dans la mesure où la règle protège un intérêt particulier.

Ces solutions constantes ne présentent aucune nouveauté.

### b) Les actes courants

Les personnes incapables peuvent accomplir les actes courants autorisés par la loi ou l'usage, à condition qu'ils soient conclus dans des ***conditions normales*** (*art. 1148*). La notion de « conditions normales » devra sans doute être précisée par la jurisprudence. La notion d'actes courants figure déjà aux articles 408 pour le mineur et 473 du Code civil pour le majeur sous tutelle.

Les actes courants accomplis par le mineur peuvent être annulés pour ***simple lésion***, sauf lorsque celle-ci résulte d'un événement imprévisible (*art. 1149, al. 1er*, reprenant les anciens art. 1305 et 1306). En revanche, le mineur ne peut se soustraire aux ***engagements qu'il a pris dans l'exercice de sa profession*** (*art. 1149, al. 3*, rappelant l'ancien art. 1308). La simple déclaration de majorité ne fait pas obstacle à l'annulation (*art. 1149, al. 2*, reprenant l'ancien art. 1307).

Pour plus de clarté, les textes ***assimilent*** désormais ***rescision pour lésion et nullité***.

L'*article 1150* renvoie, pour les ***actes accomplis par le majeur qui fait l'objet d'une mesure de protection***, aux dispositions spécifiques du livre Ier, c'est-à-dire au droit des personnes.

### c) Les moyens pour le contractant capable d'éviter la nullité

Le contractant capable peut faire obstacle à l'action en nullité qui est engagée contre lui de deux manières :

- il peut établir que « *l'acte était utile à la personne protégée et exempt de lésion, ou qu'il a profité à celle-ci* » (*art. 1151, al. 1er*). Il s'agit d'une reformulation de l'article 1225 ancien ;
- il peut « *opposer à l'action en nullité la confirmation de l'acte par le cocontractant devenu ou redevenu capable* » (*art. 1151, al. 2*). Dans ce cas, il s'agit d'une clarification de l'article 1311 ancien.

En outre, l'*article 1352-4* reprend, en la clarifiant, la règle prévue à l'ancien article 1150 : « *les restitutions dues à un mineur émancipé ou à un majeur protégé sont réduites à proportion du profit qu'il a retiré de l'acte annulé* » (voir p. 175).

### d) Le point de départ du délai de prescription

L'*article 1152* reprend l'ancien article 1304, alinéa 3 relatif au point de départ du délai de prescription :

- ***à l'égard des actes faits par un mineur*** : du jour de la majorité ou de l'émancipation ;
- ***à l'égard des actes faits par un majeur protégé*** : du jour où il en a eu connaissance alors qu'il était en situation de les refaire valablement ;
- ***à l'égard des héritiers de la personne en tutelle ou en curatelle ou de la personne faisant l'objet d'une habilitation familiale*** : du jour du décès si elle n'a commencé à courir auparavant.

## *La représentation*

Les dispositions relatives à la représentation font pour la première fois l'objet d'un paragraphe autonome dans le Code civil, c'est-à-dire indépendant des dispositions relatives au mandat prévues aux articles 1984 et suivants du Code civil. Elles créent un ***droit commun de la représentation***, quelle que soit sa source (légale, judiciaire ou conventionnelle), sans apporter de modifications de fond substantielles et sans proposer de définition de la représentation. Ces règles sont fortement inspirées des principes européens d'harmonisation du droit.

### a) Les pouvoirs du représentant

Le représentant peut être désigné par la loi, par le juge ou par une convention et agit dans les limites des pouvoirs qui lui ont été conférés (*art. 1153*).

Comme en matière de mandat (art. 1987 et 1988), le pouvoir du représentant peut être général ou spécial (*art. 1155*) :

| Pouvoir général | Pouvoir spécial |
| --- | --- |
| Ne couvre que les actes conservatoires et les actes d'administration. | Limité aux actes pour lesquels le représentant est habilité et ceux qui en sont l'accessoire. |

### b) Représentation parfaite ou imparfaite

La représentation peut prendre deux formes (*art. 1154*) :

| Représentation parfaite | Représentation imparfaite |
| --- | --- |
| • le représentant agit au nom et pour le compte du représenté.<br>• le représenté est alors seul engagé (exemple : mandat). | • le représentant déclare agir pour le compte d'autrui mais contracte en son propre nom.<br>• le représentant est seul engagé à l'égard du tiers contractant (exemple : contrat de commission). |

Cette distinction existait déjà dans le droit positif mais n'était pas aussi clairement exposée.

### c) Les dépassements et détournements de pouvoir du représentant

Les nouveaux textes prévoient deux types de sanctions en cas de ***dépassement*** de pouvoir du représentant (*art. 1156*) :

- ***à l'égard du représenté*** : l'acte accompli sans pouvoir par le représenté lui est inopposable, « *sauf si le tiers contractant a légitimement cru en la réalité des pouvoirs du représentant, en raison du comportement ou des déclarations du représenté* » (*al. 1er*). Le texte reprend la théorie de l'apparence, d'origine jurisprudentielle ;

**Ass. plén., 13 décembre 1962**

*« le mandant peut être engagé sur le fondement d'un mandat apparent, même en l'absence d'une faute susceptible de lui être reprochée, si la croyance du tiers à l'étendue des pouvoirs du mandataire est légitime, ce caractère supposant que les circonstances autorisaient le tiers à ne pas vérifier les limites exactes de ces pouvoirs ».*

- ***à l'égard du tiers*** ignorant du dépassement de pouvoir : le tiers cocontractant peut demander la nullité de l'acte (*al. 2*).

La ***ratification*** de l'acte par le représenté exclut toute sanction, qu'il s'agisse de l'inopposabilité ou de la nullité (*art. 1156, al. 3*).

En cas de ***détournement de pouvoir***, c'est-à-dire lorsque le représentant agit, au détriment du représenté, dans la limite de ses pouvoirs mais en utilisant ceux-ci dans un autre but que celui convenu ou prévu par la loi, la nullité est également encourue si le tiers avait connaissance du détournement ou ne pouvait l'ignorer, c'est-à-dire lorsque le tiers est de mauvaise foi (*art. 1157*).

### d) L'action interrogatoire

Le tiers qui s'apprête à conclure a désormais la possibilité d'interroger le représentant quant à l'étendue de ses pouvoirs (*art. 1158*). Celui-ci doit répondre à cette action interrogatoire dans un délai raisonnable. En outre, « *L'écrit mentionne qu'à défaut de réponse dans ce délai, le représentant est réputé habilité à conclure cet acte.* » Cette disposition est inspirée du droit comparé et des projets européens d'harmonisation. Elle permet d'assurer une sécurité juridique aux transactions en permettant aux parties de s'assurer du pouvoir de chacune d'elles.

### e) Les pouvoirs du représenté

Pendant la durée de la représentation légale ou judiciaire, le représenté est dessaisi de ses pouvoirs, qui sont exercés par le représentant (*art. 1159, al. 1er*), contrairement à la représentation conventionnelle qui laisse au représenté l'exercice de ses droits (*art. 1159, al. 2*).

### f) La cessation de fonction du représentant

L'***incapacité ou l'interdiction*** frappant le représentant met fin à ses pouvoirs (*art. 1160*).

### g) Les conflits d'intérêt entre représentant et représenté

L'*article 1161* s'inspire des projets européens pour régler les problèmes découlant de conflits d'intérêts entre représentant et représenté.

Le représentant a l'interdiction d'agir pour le compte de deux parties au contrat ou de contracter pour son propre compte avec le représenté (*art. 1161, al. 1er*).

Conformément aux projets européens et à la jurisprudence (Civ. 1re, 2 nov. 2005, n° 02-14614), la sanction des actes ainsi accomplis est la ***nullité*** « *à moins que la loi ne l'autorise ou que le représenté ne l'ait autorisé ou ratifié* » (*art. 1161, al. 2*).

## 3 Le contenu du contrat

L'*article 1128* du Code civil exige comme condition de validité du contrat un contenu licite et certain. Cette exigence remplace celle relative à la ***cause*** et à l'***objet***. L'une des principales innovations apportées au droit des contrats par l'ordonnance du 10 février 2016 est assurément la disparition de toute référence à la cause. Le contenu du contrat, notion inspirée par les projets européens d'harmonisation du droit, est conçu comme une condition de validité de celui-ci.

**_Extrait du Rapport au président de la République_**

*« La cause, ignorée de la plupart des droits étrangers comme des différents instruments européens de codification, reste néanmoins mal définie et recouvre en réalité une multiplicité de sens, que la doctrine, se fondant sur une jurisprudence abondante et fluctuante, s'est attaché à théoriser. [...] C'est pourquoi, face à la difficulté de donner à la notion de cause une définition précise, qui en engloberait tous les aspects, face aux critiques dont elle est l'objet tant de la part d'une partie de la doctrine que de la pratique, qui la perçoit comme un facteur d'insécurité juridique et un frein à l'attractivité de notre droit, il a été fait le choix de ne pas recourir à cette notion, pour la remplacer par des règles aux contours mieux définis, permettant au juge de parvenir aux mêmes effets, tout en évitant le contentieux abondant que suscite cette notion.*
*L'apport de la réforme sur ce point consiste donc dans la suppression de la référence à la cause, tout en consolidant dans la loi toutes les fonctions que la jurisprudence lui avait assignées. La section sur la validité du contrat demeure introduite par un article liminaire exposant les conditions nécessaires à sa validité : le consentement des parties, la capacité de contracter, et désormais « un contenu licite et certain ».*

## ■ *Le respect de l'ordre public*

La nécessité de la conformité du contrat à l'ordre public est confirmée et clarifiée, notamment par le nouvel *article 1162*.

### a) La protection de l'ordre public

Le nouvel *article 1162* modernise et complète les dispositions déjà contenues à l'article 6 du Code civil. Il dispose que le contrat ne peut déroger à l'ordre public :

- ni par ses stipulations : cette interdiction était autrefois appréhendée sous l'angle de la ***licéité de*** l'***objet*** ;
- ni par son but, que ce dernier ait été connu ou non par toutes les parties : cette interdiction était antérieurement appréhendée sous l'angle de la ***licéité de la cause subjective***.

Le nouveau texte englobe les dispositions contenues dans les anciens articles 1126 à 1130. Il abandonne néanmoins la distinction entre ***obligation de donner, de faire et de ne pas faire*** contenue à l'ancien article 1126 et qui faisaient l'objet de vives critiques de la part de la doctrine.

L'expression désuète de « ***bonnes mœurs*** » est supprimée, sous l'impulsion de la jurisprudence (Civ. 1re, 3 février 1999, n° 99-11946 ; Ass. Plén., 29 oct. 2004, n° 03-11238) ; elle se trouve absorbée par celle d'ordre public.

L'*article 1162* ne reprend pas non plus le principe de la ***prohibition des pactes sur succession future,*** contenu à l'ancien l'article 1130, qui ne figure donc plus au sein du Code civil qu'à l'article 722.

L'*article 1102* complète ce dispositif, en prévoyant dans son *2e alinéa* que « *la liberté contractuelle ne permet pas de déroger aux règles qui intéressent l'ordre public* ».

### b) L'ignorance du but illicite par l'une des parties

La ***nullité*** est encourue même lorsque l'une des parties ignorait le but illicite poursuivi par l'autre partie au contrat (*art. 1162, in fine*), ce que décidait déjà la jurisprudence.

***Civ. 1re, 7 octobre 1998 (n° 96-14359)***

*« Un contrat peut être annulé pour cause illicite ou immorale, même lorsque l'une des parties n'a pas eu connaissance du caractère illicite ou immoral du motif déterminant de la conclusion du contrat ».*

### c) L'exigence d'un « contenu certain »

L'*article 1163* du Code civil dispose que « *L'obligation a pour objet une prestation* ». Dans un souci de clarté, l'expression « objet de l'obligation » est préférée à celle d'« objet du contrat ».

La notion de « prestation » (*art. 1163*) remplace celle de « chose » (ancien art. 1130). Il s'agit de la prestation conçue au sens large, qui doit avoir plusieurs caractéristiques :

- elle peut être ***présente ou future***, ce que prévoyait déjà l'ancien article 1130 dans son alinéa 1er ;
- elle doit être ***possible***, ce qui n'était pas jusque-là inscrit dans le Code civil mais validé comme une évidence ;
- elle doit être ***déterminée et déterminable*** : le nouvel *article 1163* est beaucoup plus précis que l'ancien article 1129.

| | |
|---|---|
| **Nouvel** art. 1163, al. 3 | *« La prestation est déterminable lorsqu'elle peut être déduite du contrat ou par référence aux usages ou aux relations antérieures aux parties, sans qu'un nouvel accord des parties soit nécessaire ».* |
| **Ancien** art. 1129, al. 1er | *« Il faut que l'obligation ait pour objet une chose au moins déterminée quant à son espèce ».* |

## *Le prix*

Les nouvelles dispositions relatives au prix intègrent la jurisprudence.

### a) Le prix en présence dans les contrats cadre

En présence d'un contrat cadre, le prix peut être fixé unilatéralement par l'un des cocontractants si les parties en conviennent.

L'*article 1164* confirme la jurisprudence de l'Assemblée plénière du 1er décembre 1995 (n° 91-15578, n° 91-15999, n° 91-19653 et n° 93-13688) : le créancier peut fixer le prix unilatéralement à condition de ne pas commettre d'***abus***, qui seul pourra être sanctionné.

***Assemblée plénière, 1er décembre 1995 (n° 91-15578)***

*« Lorsqu'une convention prévoit la conclusion de contrats ultérieurs, l'indétermination du prix de ces contrats dans la convention initiale n'affecte pas, sauf dispositions légales particulières, la validité de celle-ci, l'abus dans la fixation du prix ne donnant lieu qu'à résiliation ou indemnisation ».*

En cas de ***contestation***, la partie qui fixe le prix devra en ***motiver le montant***, « *c'est-à-dire exposer comment le prix a été calculé, au regard des prévisions des parties* » (Rapport au président de la République).

En cas d'***abus dans la fixation du prix,*** le juge peut être saisi. Il pourra allouer des dommages-intérêts ou prononcer, le cas échéant, la résolution du contrat (*art. 1164, al. 2*), conformément à la jurisprudence (Ass. plén., 1er déc. 1995). La possibilité pour le juge de réviser le prix, présente dans l'avant-projet, a finalement été écartée.

En raison du danger qu'elle peut présenter, la fixation unilatérale du prix est ***limitée aux contrats cadre***, c'est-à-dire aux « *contrats de longue durée qui fixent un cadre général aux relations entre les parties* » (Rapport au président de la République, voir également *art. 1111*, voir p. 30).

### b) Le prix dans les contrats de prestation de service

Dans les contrats de prestation de service, l'*article 1165* permet au créancier, à défaut d'accord des parties avant l'exécution de leur prestation, de fixer le prix « à charge d'en ***motiver le montant*** *en cas de contestation* ».

Le contrat de prestation de service n'est pas défini mais l'*article 1127-1* l'oppose au contrat de fournitures de biens. L'un des exemples les plus courants est le contrat d'entreprise.

En cas d'***abus dans la fixation du prix***, le juge sera compétent pour allouer des dommages-intérêts (*art. 1165, in fine*).

### c) La fixation du prix en référence à un indice

Lorsque le prix ou tout autre élément du contrat doit être déterminé par référence à un indice qui n'existe pas ou a cessé d'exister ou d'être accessible, l'indice est remplacé par celui qui s'en rapproche le plus (*art. 1167*), afin d'assurer le maintien du contrat.

Le texte met fin à une incertitude jurisprudentielle, certaines décisions octroyant au juge la possibilité de substituer un indice valable alors que d'autres le refusaient :

***Civ. 3e, 22 juillet 1987 (n° 84-10548)***

*« Mais attendu que la cour d'appel, recherchant la commune intention des parties, a souverainement retenu que leur volonté a essentiellement porté sur le principe de l'indexation et que la stipulation du choix de l'indice en constituant une application, il y avait lieu de substituer à l'indice annulé un indice admis par la loi ; ».*

***Com., 16 novembre 2004 (n° 02-15202)***

*« Attendu qu'en statuant ainsi alors qu'elle ne pouvait se substituer aux parties pour leur imposer l'application d'un taux de change de référence non prévue par les contrats et qui n'avait pas fait l'objet d'un accord entre elles, la cour d'appel a violé le texte susvisé ».*

## ■ *La qualité des prestations*

La question de la qualité des prestations dues par la ou les parties au contrat était peu abordée par le Code civil. L'ancien article 1246 optait, lorsque la qualité de la prestation n'était pas déterminée ou déterminable dans le contrat, pour une qualité moyenne. Le nouvel *article 1166* estime que la qualité doit être conforme aux « *attentes légitimes des parties en considération de sa nature, des usages et du montant de la contrepartie* », c'est-à-dire en adéquation avec ce que ***le créancier***

***pouvait raisonnablement espérer en fonction des circonstances***. Cette solution trouve son inspiration dans les projets européens d'harmonisation du droit.

## *L'équilibre du contrat*

Les *articles 1168 à 1170* permettent d'assurer un certain équilibre du contrat et de garantir une justice contractuelle malgré la suppression de la notion de cause et l'absence de principe d'équivalence des prestations.

### a) L'absence de principe d'équivalence des prestations et la lésion

L'équivalence des prestations n'est pas une condition de validité des contrats synallagmatiques (*art. 1168*), sauf si la loi prévoit exceptionnellement le contraire, c'est-à-dire lorsque des dispositions particulières admettent la ***lésion***.

L'*article 1168* reprend le principe posé à l'ancien article 1118, sans employer le terme de lésion. Le nouveau texte exclut également le terme « vicie », qui laissait entendre que la lésion était une variété de vice du consentement, ce que la jurisprudence avait démentie dès 1932.

***Req., 28 décembre 1932***

*« la lésion légalement constatée est par elle-même et à elle seule une cause de rescision, indépendamment des circonstances qui ont pu l'accompagner ou lui donner naissance ».*

La lésion est sanctionnée par la loi notamment dans les cas suivants :

- en matière de partage (art. 889) ;
- en matière de vente immobilière (art. 1674) ;
- en matière de vente d'engrais (Loi du 8 juillet 1907) ;
- en matière de cession du droit d'exploitation d'une œuvre (art. L. 131-5, CPI) ;
- à l'égard des mineurs : l'*article 1149* sanctionne la lésion à l'égard du mineur protégé par la nullité. Le principe est repris de l'ancien article 1305 mais le terme « *rescision* » est remplacé par celui de « *nullité* », équivalent mais plus clair ;
- à l'égard des majeurs protégés : l'*article 1150* prévoit que les actes qu'ils ont accomplis « *sont régis par les articles* 435, 465 *et 494-9 sans préjudice des articles 1148, 1151 et 1352-4* ».

### b) La contrepartie illusoire ou dérisoire

L'*article 1169* sanctionne par la ***nullité*** le contrat prévoyant une contrepartie illusoire ou dérisoire au moment de sa formation. La même sanction était déjà appliquée par la jurisprudence sur le fondement de l'absence de cause.

***Civ. 3e, 21 septembre 2011 (n° 10-21900)***

*« Mais attendu que la cour d'appel a retenu à bon droit que le contrat de bail à construction conclu pour un prix dérisoire ou vil n'était pas inexistant mais nul pour défaut de cause et en a exactement déduit que l'action en nullité de ce contrat, qui relevait d'intérêt privé, était, s'agissant d'une nullité relative, soumise à la prescription quinquennale de l'article 1304 du Code civil ».*

Le principe s'applique aux contrats à titre onéreux, c'est-à-dire non seulement aux contrats synallagmatiques et commutatifs, mais également aux contrats aléatoires et aux contrats unilatéraux à titre onéreux. En sont exclus les contrats à titre gratuit.

Le caractère illusoire ou dérisoire de la contrepartie doit être apprécié « ***au moment de sa formation*** », conformément à la jurisprudence (Com., 21 oct. 1974, n° 73-11099).

La sanction de la contrepartie illusoire ou dérisoire est la ***nullité de la totalité du contrat***.

Si la ***contrepartie disparaît***, le contrat n'est pas nul mais ***caduc*** (*art. 1186, al. 1er* ; Civ. 1re, 30 oct. 2008, n° 07-17646, voir pp. 79 à 81), de même lorsque des contrats sont liés et que l'un des deux disparaît (*art. 1186, al. 2* ; Ch. mixte, 23 nov. 1990, nos 88-16883 et 86-19396).

### c) L'obligation essentielle et les clauses limitatives de responsabilité

« *Toute clause qui prive de sa substance l'obligation essentielle du débiteur est réputée non écrite* » (*art. 1170*). Le texte confirme les jurisprudences *Chronopost* et *Faurecia II*. L'obligation essentielle a parfois été abordée par la jurisprudence sous l'expression « ***économie du contrat*** ».

***Com., 22 octobre 1996, Chronopost (n° 93-18632)***

*« Attendu qu'en statuant ainsi alors que, spécialiste du transport rapide garantissant la fiabilité et la célérité de son service, la société Chronopost s'était engagée à livrer les plis de la société B. dans un délai déterminé, et qu'en raison du manquement à cette obligation essentielle la clause limitative de responsabilité du contrat, qui contredisait la portée de l'engagement pris, devait être réputée non écrite, la cour d'appel a violé le texte susvisé ».*

***Com., 29 juin 2010, Faurecia II (n° 09-11841)***

*« Seule est réputée non écrite la clause limitative de réparation qui contredit la portée de l'obligation essentielle souscrite par le débiteur ».*

Le nouveau texte vise « ***toute clause*** », alors que la jurisprudence ne concernait que les clauses limitatives ou élusives de responsabilité.

### d) Les clauses abusives

L'*article 1171* constitue la première disposition relative aux clauses abusives contenue dans le Code civil. De telles dispositions existent déjà dans le Code de la consommation (art. L. 132-1 et s.) et dans le Code de commerce (art. L. 442-6-I-2°). Leur intégration dans le Code civil permet de sanctionner la clause abusive dans ***tous les contrats d'adhésion***.

Le projet d'ordonnance prévoyait d'appliquer ces règles à l'ensemble des contrats. Face aux réticences des représentants du monde économique, le champ d'application du texte a été ***réduit aux contrats d'adhésion***, dans lesquels elles sont les plus fréquentes.

Conformément au Code de commerce et au Code de la consommation, la clause abusive est celle qui crée un ***déséquilibre significatif*** entre les droits et obligations des parties au contrat (*art. 1171, al. 1er*), conformément à la directive 93/13/CEE du 5 avril 1993 sur les clauses abusives.

| | |
|---|---|
| **Art. 1171, al. 1er, C. civ.** | *« Dans un contrat d'adhésion, toute clause qui crée un déséquilibre significatif entre les droits et obligations des parties au contrat est réputée non écrite ».* |
| **Art. L. 132-1, al. 1er, C. consom.** | *« Dans les contrats conclus entre professionnels et non-professionnels ou consommateurs, sont abusives les clauses qui ont pour objet ou pour effet de créer, au détriment du non-professionnel ou du consommateur, un déséquilibre significatif entre les droits et obligations des parties au contrat ».* |
| **Art. L. 442-6-I, C. com.** | *« I.-Engage la responsabilité de son auteur et l'oblige à réparer le préjudice causé le fait, par tout producteur, commerçant, industriel ou personne immatriculée au répertoire des métiers : [...]*<br>*2° De soumettre ou de tenter de soumettre un partenaire commercial à des obligations créant un déséquilibre significatif dans les droits et obligations des parties ; [...] ».* |

*L'alinéa 2 de l'article 1171* précise que l'appréciation du déséquilibre significatif ne peut porter « ***ni sur l'objet principal du contrat ni sur l'adéquation du prix à la prestation*** » (comme le prévoit également l'alinéa 7 de l'article L. 132-1 du Code de la consommation).

La sanction prévue par l'*article 1171* est identique à celle prévue par le Code de la consommation ou le Code de commerce : la clause abusive sera ***réputée non écrite***.

# Les conditions de forme du contrat

**Chapitre 4**

*L'ordonnance du 10 février 2016 regroupe au sein d'une même section les dispositions consacrées aux conditions de forme du contrat, auparavant dispersées à la fois parmi les dispositions relatives à la preuve et celles relatives aux conditions de validité de chaque contrat. Cette section est divisée en deux paragraphes, l'un portant sur les « Dispositions générales » (art. 1172 et 1173), l'autre sur les « Dispositions propres au contrat conclu par voie électronique » (art. 1174 à 1177).*

## 1 Le principe du consensualisme et ses exceptions

### *Le contenu du principe*

L'*article 1172* reprend, dans son *1er alinéa*, le principe du ***consensualisme*** : « *Les contrats sont par principe consensuels* ». Il rappelle la maxime de Loysel : « *On lie les bœufs par les cornes et les hommes par la parole* ».

L'ancien article 1108 ne faisait pas non plus de la forme du contrat une condition de ***validité*** de celui-ci.

Le principe du consensualisme était déjà présent dans plusieurs autres anciens articles du Code civil tels que les articles 1138 ou 1589 mais il n'était jamais formulé aussi clairement.

Ce principe est également présent dans les différents outils européens d'harmonisation.

L'*article 1102* dispose dans le même sens que « *Chacun est libre de contracter ou de ne pas contracter, de choisir son cocontractant et de déterminer le contenu et la forme du contrat dans les limites fixées par la loi.* »

## Les exceptions au principe

### a) Les contrats réels et solennels

Le principe du consensualisme reçoit exception pour les ***contrats solennels et réels***, définis à l'*article 1109*.

Ainsi, la validité du contrat solennel est subordonnée à l'observation de ***formalités*** déterminées par la loi : en l'absence de celles-ci, le contrat est ***nul***, « *sauf possible régularisation* » (*art. 1172, al. 2*). L'ancien article 1107 faisait déjà de l'observation de ces formalités une condition de formation du contrat.

La validité du contrat réel est subordonnée à la ***remise de la chose*** : « *En outre, la loi subordonne la formation de certains contrats à la remise d'une chose* » (*art. 1172, al. 3*).

### b) Les autres cas

L'*article 1173* distingue deux types de formalités :

- certaines sont ***exigées à peine de nullité du contrat*** : afin de respecter le principe du consensualisme, la nullité n'est en principe appliquée que si le texte exigeant la formalité le prévoit (Civ. 1re, 30 juin 1987, n° 85-15760 pour l'ancien article 1326 : « *il résulte de la combinaison des articles 1326 et 2015 du Code civil que les exigences relatives à la mention manuscrite ne constituent pas de simples règles de preuve mais ont pour finalité la protection de la caution* » mais *contra* Civ. 1re, 24 juin 1981, n° 80-12773 pour l'article 1907, al. 2) ;
- d'autres peuvent être uniquement ***exigées à des fins probatoires et de publicité***. Ces dernières ne remettent pas en cause la validité du contrat si elles n'ont pas été respectées comme l'exprime désormais clairement l'*article 1173* qui reprend une règle classique.

Les textes imposant la rédaction d'un écrit ***ne prévoient pas systématiquement une sanction*** en cas d'inobservation de cette prescription. En outre, le législateur prévoit parfois lui-même la nullité en cas d'inobservation de règles de forme dont l'objectif est uniquement probatoire (art. 2019 : « *À peine de nullité, le contrat de fiducie et ses avenants sont enregistrés dans le délai d'un mois à compter de leur date au service des impôts du siège du fiduciaire ou au service des impôts des non-résidents si le fiduciaire n'est pas domicilié en France* »).

## 2 Le contrat conclu par voie électronique

Les *articles 1174 à 1177* reprennent à l'identique les anciens articles 1108-1, 1108-2 (validité de l'écrit électronique et exceptions), 1369-10 et 1369-11 du Code civil (équivalence des formalités lors de la conclusion des contrats sous forme électronique). Le principal changement réside dans le déplacement à l'intérieur même du Code civil de ces textes, issus de la loi du 21 juin 2004 pour la confiance dans l'économie numérique, complétée par une ordonnance du 16 juin 2005.

Les articles 1108-1 et 1108-2 deviennent les *articles 1174 et 1175* :

- l'*article 1174* maintient le ***principe*** de la possibilité d'établir sous la forme électronique un contrat pour lequel un écrit est exigé, « *dans les conditions prévues aux articles 1366 et 1367 et, lorsqu'un acte authentique est requis, au deuxième alinéa de l'article 1369* ». La mention écrite de la main de celui qui s'oblige peut être également apposée sous forme électronique ;
- l'*article 1175* prévoit des ***exceptions*** à ce principe pour les actes sous signature privée relatifs au droit de la famille et des successions ainsi que ceux relatifs à des sûretés personnelles ou réelles, de nature civile ou commerciale, sauf s'ils sont passés par une personne pour les besoins de sa profession.

Les *articles 1176 et 1177* reprennent *in extenso* respectivement les articles 1369-10 et 1369-11 relatifs à la preuve. L'écrit électronique est soumis aux mêmes conditions particulières de lisibilité ou de présentation qui peuvent être prévues pour l'écrit sur papier (*art. 1176, al. 1er*). En outre, l'exigence d'un formulaire détachable est satisfaite par un procédé électronique qui permet d'accéder au formulaire et de le renvoyer par la même voie (*art. 1176, al. 2*).

Enfin, lorsqu'un envoi en plusieurs exemplaires est exigé, la possibilité pour chaque partie destinataire de l'imprimer sera suffisante (*art. 1177*).

# La sanction des conditions de validité du contrat

Chapitre 5

*La section consacrée aux sanctions des conditions de validité du contrat par l'ordonnance du 10 février 2016 est divisée en deux paragraphes : l'un est relatif à la nullité (art. 1178 et 1185), l'autre à la caducité (art. 1186 à 1187). Les dispositions relatives à la nullité sont complétées et simplifiées alors que celles relatives à la caducité sont inédites dans le Code civil. Dans les deux cas, les nouvelles dispositions tiennent compte des solutions consacrées par la jurisprudence.*

L'***inopposabilité*** reste absente du Code civil. Malgré les critiques de la doctrine sur le projet d'ordonnance, elle ne fait toujours pas l'objet de développements spécifiques.

## 1 La nullité

L'ordonnance du 10 février 2016 ne fournit pas véritablement de ***définition*** de la nullité qui est caractérisée par ses conditions : le contrat est nul lorsque ne sont pas remplies les conditions nécessaires à sa validité (*art. 1178, al. 1er*).

Cette définition met fin au moins en partie à la théorie classique des nullités selon laquelle existerait une « ***erreur-obstacle*** » d'une gravité telle qu'elle empêcherait la rencontre des volontés nécessaires à la formation du contrat et qui devrait être sanctionnée par l'***inexistence*** dans la mesure où le contrat n'aurait pu exister. Cette sanction ne nécessiterait pas d'intervention judiciaire. Dans l'hypothèse d'une erreur grave de ce type, la doctrine moderne opte pour la nullité relative dans la mesure où seuls les intérêts particuliers des parties au contrat sont lésés et non pas l'intérêt général. La jurisprudence a considéré dans un premier temps qu'il s'agissait d'une nullité relative puis dans un second temps que la nullité devait être absolue en raison de l'absence de consentement (Civ. 1re, 23 nov. 1976, n° 75-11525) ou de prix (Com., 23 oct. 2007, n° 06-13979). La théorie de l'inexistence n'a jamais été consacrée par la jurisprudence. Le nouveau texte s'en tient également à une distinction entre nullité relative et nullité absolue.

## Le choix entre nullité judiciaire et nullité consensuelle

« *La nullité doit être prononcée par le juge, à moins que les parties ne la constatent d'un commun accord* » (*art. 1178, al. 1er, in fine*) :

- la nullité peut être ***prononcée par le juge***, ce qui est constant. Le jugement a un effet constitutif ;
- la nullité peut être ***constatée par les parties,*** si elles en sont d'accord, ce qui constitue une innovation marquante, gage de simplicité et d'efficacité. L'*article 1193*, situé au sein des dispositions relatives à la force obligatoire du contrat, dispose également que « *Les contrats ne peuvent être modifiés ou révoqués que du consentement mutuel des parties, ou pour les causes que la loi autorise* ». Ce texte est une reprise de l'ancien article 1134, alinéa 2, considéré comme le fondement de la possibilité d'un *mutuus dissensus*, c'est-à-dire d'une convention par laquelle les parties consentent à la révocation de la convention qu'elles ont conclue antérieurement. L'innovation doit par conséquent être relativisée : rien n'interdisait aux parties, dans la version initiale du Code civil, de s'accorder pour mettre à néant le contrat, en application du principe de la liberté contractuelle et dans la limite du respect de l'ordre public, notamment des règles de capacité. La nouveauté de l'*article 1178* réside seulement dans l'affirmation explicite de la possibilité pour les parties de prononcer la nullité d'un commun accord.

## La distinction nullité relative/nullité absolue

L'*article 1179* fait entrer dans le Code civil la théorie moderne des nullités, notamment en consacrant la distinction entre nullité relative et nullité absolue, d'origine doctrinale. Ces notions sont définies pour la première fois.

### a) Les notions de nullité relative et de nullité absolue

La ***nullité absolue*** est la sanction qui s'applique à la violation d'une règle qui a pour objet la sauvegarde de l'intérêt général (*art. 1179, al. 1er*).

La ***nullité relative*** est la sanction qui s'applique à la violation d'une règle ayant pour objet la sauvegarde d'un intérêt privé (*art. 1179, al. 2*).

### b) Le titulaire du droit d'invoquer la nullité

Les principes adoptés par le nouveau texte ne sont pas nouveaux :

- « *La **nullité absolue** peut être demandée par toute personne justifiant d'un intérêt, ainsi que par le ministère public* » (*art. 1180, al. 1er*). Le texte n'exige pas que l'intérêt soit légitime, comme le faisait la jurisprudence (Civ., 1er mars 1938) et comme le prévoit l'article 31 du Code de procédure civile. La possibilité pour le Ministère public d'invoquer la nullité absolue est consacrée. L'article 423 du Code de procédure civile semblait également aller dans ce sens, lorsque l'ordre public est en cause. La jurisprudence avait limité le droit d'action du Ministère public aux hypothèses où l'ordre public est directement et principalement intéressé (Civ., 17 déc. 1913). La doctrine restait incertaine sur ce point. Il n'est pas précisé si le juge peut relever d'office la nullité ;

- « *La **nullité relative** ne peut être invoquée que par celui que la loi entend protéger* » (*art. 1181, al. 1er*). Lorsque plusieurs bénéficiaires peuvent invoquer la nullité, la renonciation de l'un à s'en prévaloir n'empêche pas les autres d'agir (*art. 1181, al. 3*, en contradiction avec la jurisprudence : Civ. 3e, 21 février 1978, n° 76-11621).

## La prescription de l'action en nullité

Le délai de prescription de l'action en nullité est de ***5 ans,*** en application du droit commun (art. 2224 ; loi du 17 février 2008).

L'*article 1185* précise de manière inédite dans le Code civil le ***caractère perpétuel de l'exception de nullité***, posé par la jurisprudence : l'exception de nullité est imprescriptible, elle peut être invoquée sans limite dans le temps à condition que le contrat n'ait reçu aucun commencement d'exécution.

Les règles relatives au ***point de départ de la prescription*** restent identiques (*art. 1144*). Il ne court qu'à partir du jour où ils ont été découverts en cas d'erreur et de dol et du jour où elle a cessé en cas de violence.

## La confirmation d'un acte nul

La confirmation est définie pour la première fois par le Code civil comme « *l'acte par lequel celui qui pourrait se prévaloir de la nullité y **renonce*** » (*art. 1182, al. 1er*).

### a) Les conditions de la confirmation

La confirmation est un ***acte unilatéral*** qui doit respecter les conditions d'existence et de validité des contrats.

La confirmation doit toujours intervenir ***après la conclusion du contrat*** (*art. 1182, al. 2*). Elle ne peut être faite par anticipation.

Sans changement, la confirmation de l'acte ne peut couvrir la nullité que si celle-ci est relative (*art. 1181, al. 2*). Elle est exclue en cas de nullité absolue (*art. 1180, al. 2*).

L'acte valant renonciation doit ***mentionner*** « *l'objet de l'obligation et le vice affectant le contrat* » (*art. 1182, al. 1er, in fine*).

Aucune autre condition relative à la ***forme de l'acte*** n'est mentionnée, ce qui semble faire de la confirmation un acte consensuel, d'autant plus que celle-ci peut également être ***tacite*** : elle peut ainsi résulter de l'exécution volontaire du contrat, dès lors que cette exécution se fait en connaissance de la cause de nullité (*art. 1182, al. 3*). Cette possibilité était déjà donnée par l'ancien article 1338 du Code civil dans son 2e alinéa, dans des termes légèrement différents.

En cas de ***violence***, la confirmation ne peut être valable que si celle-ci a cessé (*art. 1182, al. 3, in fine*).

### b) Les effets de la confirmation

La confirmation empêche celui qui y a consenti d'invoquer la nullité dont il aurait pu se prévaloir. Elle ***valide le contrat*** depuis sa formation. Cet effet découle de la définition de la confirmation.

L'*article 1182* précise en outre dans son *4e alinéa* que « *La confirmation emporte renonciation aux moyens et exceptions qui pouvaient être opposés, sans préjudice néanmoins des droits des tiers* ». Il s'agit d'une reprise de l'ancien alinéa 3 de l'article 1338 du Code civil. Le texte ne dit rien des effets de la confirmation à l'égard des tiers, sinon qu'elle ne doit pas porter préjudice à leurs droits.

### c) Les règles de confirmation d'une donation affectée d'un vice de forme

Un *article 931-1* est créé au sein du titre relatif aux libéralités afin de reprendre les principes développés aux articles 1339 et 1340 anciens du Code civil. Ce texte ***interdit*** la confirmation d'une donation entre vifs affectée par un vice de forme. En outre, l'article 931 du Code civil impose la rédaction d'un acte notarié pour toute donation entre vifs. L'acte devra obligatoirement être refait en la forme légale.

Lorsque le ***donateur est décédé***, les héritiers ou ayants cause du donateur peuvent confirmer l'acte, par exemple en l'exécutant volontairement, mais ils ne pourront alors plus opposer les vices de forme ou toute autre cause de nullité (*art. 931-1, al. 2*). L'article 1140 ancien du Code civil avait une formulation plus large, faisant référence à « *toute autre exception* ».

## ■ *L'action interrogatoire en matière de nullité*

L'ordonnance du 10 février 2016 crée une action interrogatoire en matière de nullité : elle permet à une partie de demander à l'autre, qui pourrait dans le futur se prévaloir de la nullité, de ***confirmer*** le contrat ou d'agir en nullité dans un délai de 6 mois à peine de forclusion. Ce mécanisme, inspiré par le projet Catala, permet d'éviter que ne persiste une incertitude sur la validité du contrat jusqu'à l'expiration du délai de prescription, tant pour les parties que pour les tiers.

Le recours à l'action interrogatoire nécessite que ***la cause de nullité ait cessé*** (*art. 1183, al. 1er*) et qu'il s'agisse d'une cause de ***nullité relative***.

La partie interpellée doit, si elle ***refuse*** de confirmer le contrat, ***agir en nullité*** dans les 6 mois à peine de forclusion.

La demande doit ***mentionner*** expressément « *qu'à défaut d'action en nullité exercée avant l'expiration du délai de six mois, le contrat sera réputé confirmé* » (*art. 1183, al. 2*). Aucune autre condition tenant à la forme de l'acte n'est mentionnée dans les textes mais la nécessité d'un acte écrit paraît évidente pour des raisons de preuve.

## Les effets de la nullité

« *Le contrat annulé est censé n'avoir jamais existé* » (*art. 1178, al. 2*). La nullité du contrat est rétroactive, ce qui était un principe déjà admis.

La nullité donne lieu à restitution. Le texte renvoie aux articles 1352 à 1352-9 du Code civil (*art. 1178, al. 3* ; voir p. 175).

L'ordonnance du 10 février 2016 complète utilement le Code civil sur la question de l'étendue de la nullité.

En principe, la nullité n'affecte que les ***clauses concernées***, sauf si « *cette ou ces clauses ont constitué un **élément déterminant** de l'engagement des parties ou de l'une d'elles* » (*art. 1184, al. 1er*). Avant la clarification de la situation par le nouveau texte, la jurisprudence a dû gérer les contradictions entre deux articles du Code civil :

- l'ancien article 900 prévoyait que la clause était réputée non écrite (en matière de libéralités) ;
- l'ancien article 1172 optait pour la nullité du contrat (en matière de conformité de possibilité et de conformité aux bonnes mœurs de la condition).

La jurisprudence a apporté les solutions suivantes :

- si la clause concernée a un caractère déterminant du consentement : le contrat doit être annulé ;

**Civ. 1re, 17 octobre 2007 (n°05-14818)**

*« Attendu que, lorsqu'une donation a été consentie par acte authentique et que les conditions en ont été stipulées par acte sous seing privé, la nullité de ces conditions entraîne celle de la donation, dès lors que celle-ci fait référence à des conditions imposées par le donateur et obligeant le donataire ».*

- si la clause ne remet pas en cause l'essentiel de l'accord des parties : seule la clause litigieuse sera annulée.

**_Civ. 3e, 13 février 1969_**

*« Attendu qu'il est reproché à l'arrêt d'avoir réputé non écrite une clause prohibée par la loi, alors que sa nullité rendait nulle la convention toute entière ; Mais attendu que les juges du fond disposent d'un pouvoir souverain pour apprécier su une clause nulle présente un caractère essentiel au contrat dont dépendrait l'existence de l'ensemble de la convention ».*

Le nouveau texte reprend la distinction opérée par la jurisprudence :

- l'*article 1184* prévoit dans son *1er alinéa* la ***nullité*** lorsque la(les) clause(s) affectée(s) d'une cause de nullité a(ont) constitué un élément déterminant de l'engagement d'une ou des parties ;
- l'*article 1184* prévoit dans son *2e alinéa* le ***maintien du contrat*** d'une part « *lorsque la loi répute la clause non écrite* » et d'autre part « *lorsque les fins de la règle méconnue exigent son maintien* ».

Le nouveau texte ne reprend pas la possibilité de ***réduction par le juge d'une clause excessive*** (Soc., 18 sept. 2002, n° 00-42904).

## Les dommages-intérêts

Des dommages-intérêts peuvent s'ajouter à la nullité du contrat, dans les conditions du droit commun de la ***responsabilité extra-contractuelle*** (*art. 1178, al. 4*), c'est-à-dire à la condition que la preuve d'une ***faute*** soit rapportée. Les dommages-intérêts ne peuvent découler de la seule nullité. Le texte reprend la jurisprudence qui a admis à plusieurs reprises le cumul des dommages-intérêts et de l'annulation du contrat.

**_Civ. 1re, 14 novembre 1979 (n° 77-15903)_**

*« Vu l'article 1382 du Code civil ;*
*Attendu que le droit de demander la nullité d'un contrat n'exclut pas l'exercice d'une action en responsabilité délictuelle par la victime de manœuvres dolosives commises lors des actes préparatoires à la conclusion d'un contrat pour obtenir de leur auteur réparation du préjudice qu'elle a subi ; Attendu que pour déclarer irrecevable la demande en indemnisation formée par B. contre les époux Y... X..., les juges d'appel ont retenu que les dispositions de l'article 1382 du Code civil ne pouvaient être invoquées par les parties à un contrat pour le règlement de la faute qu'aurait commise l'une d'elles dans l'exécution d'une obligation contractuelle ; Qu'en statuant ainsi, alors que B. invoquait une fraude commise par les époux Y... X... à la conclusion du contrat, les juges d'appel ont violé le texte susvisé ; ».*

## 2 La caducité

Le Code civil ne comportait jusque-là aucun développement relatif à la caducité. En revanche, la doctrine en a souvent fait l'objet de travaux et la jurisprudence l'a régulièrement appliquée (Civ. 1re, 8 oct. 2008, n° 07-17646). Son intégration dans les sanctions des conditions de formation du contrat peut surprendre dans la mesure où la caducité sanctionne la disparition d'un élément qui est présent au moment de la formation du contrat mais qui disparaît ensuite.

### *La notion de caducité*

La caducité est désormais définie à l'*article 1186, alinéa 1er* comme la ***disparition*** de l'un des éléments essentiels du contrat valablement formé, c'est-à-dire postérieurement à la formation du contrat. Il peut s'agir notamment d'une incapacité qui surgit au cours de l'exécution d'un contrat à exécution successive.

### *Les effets de la caducité*

Les dispositions nouvelles relatives aux effets de la caducité sont limitées.

La caducité ***met fin au contrat*** entre les parties (*art. 1187, al. 1er*).

Il n'est donné aucune précision sur la ***mise en œuvre*** de la caducité : on ne sait pas si celle-ci intervient de plein droit et même si elle nécessite l'intervention du juge. L'intervention de ce dernier sera au moins indispensable pour apprécier l'opportunité de la rétroactivité.

En effet, l'ordonnance ne tranche pas la question de la ***rétroactivité*** afin de tenir compte de la variété des situations auxquelles s'applique la caducité qui peut, selon les cas, intervenir à un moment plus ou moins éloigné de celui de la conclusion du contrat et qui dépend également de la nature du contrat (notamment exécution instantanée ou successive).

La caducité peut donner lieu à ***restitution*** dans les mêmes conditions qu'en cas de nullité c'est-à-dire selon les modalités prévues aux articles 1352 à 1352-9 (*art. 1187, al. 2* ; voir p. 175).

### *La caducité appliquée aux contrats interdépendants*

La question des contrats interdépendants, c'est-à-dire ***nécessaires à la réalisation d'une même opération*** n'était pas abordée par le Code civil jusque-là. Elle a donné lieu à une jurisprudence hésitante, partagée entre deux conceptions de l'interdépendance des contrats :

- ***conception subjective*** : l'exécution du contrat disparu était une condition déterminante du consentement de l'une des parties à un autre contrat. Il s'agit de rechercher quelle était la volonté des parties et de s'assurer de la connaissance par le cocontractant, lors de la conclusion du contrat, de l'existence des autres contrats de l'ensemble (Com., 4 avr. 1995, n° 93-14585 et 93-20029) ;
- ***conception objective*** : il est tenu compte de l'opération économique dans son ensemble, qui conduit à l'impossibilité d'exécuter les autres contrats lorsque l'un d'eux disparaît (Civ. 1re, 4 avr. 2006, n° 02-18277).

*L'article 1186* dispose dans son *2e alinéa* que les contrats interdépendants peuvent être caducs dans deux cas :

- d'une part lorsque leur exécution est rendue ***impossible*** par cette disparition : le texte consacre une conception objective de l'interdépendance ;
- d'autre part lorsque l'exécution du contrat disparu était une ***condition déterminante*** du consentement d'une partie : le texte prend en compte la dimension subjective de l'interdépendance.

La sanction par la caducité exige en outre que « *le contractant contre lequel elle est invoquée connaissait l'existence de l'opération d'ensemble lorsqu'il a donné son consentement* » (*art. 1186, al. 2*).

# L'interprétation du contrat

**Chapitre 6**

*Dès la loi d'habilitation le Gouvernement a affirmé sa volonté de « clarifier les dispositions relatives à l'interprétation du contrat et spécifier celles qui sont propres aux contrats d'adhésion ».*
*Les textes consacrés à l'interprétation du contrat sont déplacés : ils font désormais l'objet d'un chapitre spécifique alors qu'ils étaient auparavant intégrés dans le chapitre relatif aux effets du contrat.*

Le nombre d'articles consacrés à l'interprétation du contrat passe de 9 à 5 (*art. 1188 à 1192*) après avoir été amputé des dispositions subsidiaires contenues auparavant aux articles 1158, 1159, 1160, 1163 et 1164 anciens du Code civil, peu usités. Une grande partie des principes existants sont conservés mais modernisés. Des règles spécifiques aux contrats d'adhésion sont ajoutées.

Il convient de rappeler que ces règles ne constituent que des ***conseils*** pour le juge.

## 1 L'importance de la commune intention des parties

Le nouvel *article 1188* reprend dans son *1er alinéa* l'ancien article 1156 du Code civil : « *Un contrat s'interprète d'après la commune intention des parties plutôt qu'en s'arrêtant au sens littéral de ses termes* ».

La ***méthode subjective*** d'interprétation du contrat, qui privilégie la commune intention des parties (alors que la méthode objective s'attache au sens littéral des termes du contrat en tenant compte des exigences sociales) reste prépondérante. La règle est justifiée dans la mesure où le contrat constitue avant tout un accord de volontés.

## 2 L'absence d'expression d'une commune intention des parties

En l'absence d'expression claire par les parties de leur intention commune, le juge a à sa disposition un certain nombre d'autres règles lui permettant d'interpréter le contrat.

### *Les concessions aux méthodes d'interprétation objective*

Lorsqu'il n'est pas possible de déceler l'intention des parties, notamment lorsque l'une d'elles a compris une chose et que l'autre a compris le contraire, le juge peut rechercher « *le sens que lui donnerait une personne* ***raisonnable*** *placée dans la même situation* » (*art. 1188, al. 2*). La clause est interprétée ***in abstracto***. La règle est inspirée par les Principes du droit européen des contrats (PDEC), le projet de cadre commun de référence (DCFR) et les principes Unidroit.

La méthode d'interprétation objective n'intervient donc qu'à titre ***subsidiaire***.

### *L'importance donnée à la cohérence du contrat ou du groupe de contrats*

L'*article 1189* reprend l'ancien article 1161 du Code civil en des termes plus clairs : l'interprétation d'une clause litigieuse dans un sens ou dans un autre doit se faire dans le respect de la cohérence de l'ensemble de l'acte (*al. 1er*), c'est-à-dire en ***tenant compte des clauses qui précèdent et de celles qui suivent***.

Dans le même esprit, lorsque l'interprétation concerne un ***ensemble contractuel***, le résultat de l'interprétation doit permettre de ***préserver la cohérence de l'opération dans son ensemble*** : « *Lorsque, dans l'intention commune des parties, plusieurs contrats concourent à une même opération, ils s'interprètent en fonction de celle-ci* » (*art. 1189, al. 2*). Cette disposition spécifique aux ensembles contractuels ne trouve pas d'équivalent dans les anciens textes du Code civil.

### *Les autres règles d'interprétation*

Lorsqu'un ***doute*** subsiste sur l'interprétation du contrat, l'*article 1190* donne d'autres préceptes d'interprétation :

- « *le* ***contrat de gré à gré*** *s'interprète contre le créancier* » : l'*article 1190* du Code civil reprend dans une formulation modernisée les dispositions contenues à l'ancien article 1162 du Code civil, applicables aussi bien aux contrats d'adhésion qu'aux contrats de gré à gré. Cette directive ne s'applique qu'en cas de doute, c'est-à-dire uniquement si les autres directives d'interprétation n'ont pas permis l'interprétation de la clause litigieuse ;

- l'*article 1190* du Code civil reprend *in fine* une disposition insérée dans le Code de la consommation depuis 1995 mais qui n'existait pas dans l'ancienne version du Code civil. Il prévoit que le ***contrat d'adhésion*** doit s'interpréter, en cas d'ambiguïté, « ***contre celui qui l'a proposé*** », c'est-à-dire en faveur de la partie qui n'a pas rédigé la clause litigieuse. Le Code de la consommation dispose dans le même sens que ce type de clause s'interprète, en cas de doute « *dans le sens le plus favorable au consommateur ou au non-professionnel* » (art. L. 211-1, C. consom.).

Le nouvel *article 1191* du Code civil reprend l'ancien article 1157 en le simplifiant légèrement : lorsqu'une clause est susceptible de ***deux sens***, est privilégié ***celui qui confère un effet*** sur celui qui ne lui en fait produire aucun. On suppose que les parties ont agi de manière raisonnable et intelligente.

## 3 La dénaturation du contrat

La dénaturation consiste à interpréter la clause qui est ***claire***. L'*article 1192* reprend l'interdiction de dénaturer le contrat consacrée en 1808 par la Cour de cassation (Cass. Ch. réunies, 8 févr. 1808, *Lubert) : « On ne peut interpréter les clauses claires et précises à peine de dénaturation* ».

Le juge a le devoir d'interpréter le contrat s'il est obscur mais il en a l'interdiction lorsque celui-ci est clair, sous peine de le dénaturer. Aucune disposition similaire n'existait jusque-là dans le Code civil.

# Les effets du contrat entre les parties

**Chapitre 7**

*Un chapitre relatif aux effets du contrat remplace celui traitant de « l'effet des obligations » et emprunte un plan différent, permettant de* ***suivre l'évolution et la vie du contrat****. Il est divisé en 4 sections : les effets du contrat entre les parties, les effets du contrat à l'égard des tiers, la durée du contrat et l'inexécution du contrat.*

En dehors des dispositions permettant la révision du contrat en cas d'imprévision, la majeure partie des textes relatifs aux effets du contrat entre les parties n'est pas modifiée. La section qui leur est consacrée compte 5 articles. Elle est divisée en deux sous-sections traitant successivement de la force obligatoire (*art. 1193 à 1195*) puis de l'effet translatif du contrat (*art. 1196 et 1197*).

## 1 L'effet obligatoire du contrat entre les parties

Le principe de la force obligatoire du contrat est réaffirmé mais de nouvelles limites apparaissent, en raison notamment de la reconnaissance de l'imprévision.

### *Le principe de la force obligatoire du contrat*

#### a) Le degré d'impérativité du contrat

Considéré comme un principe majeur du droit des contrats, l'ancien article 1134, alinéa 1er est déplacé au sein des dispositions liminaires relatives au contrat. L'*article 1103* y réaffirme le principe de la force obligatoire du contrat entre les parties et reprend dans des termes quasiment identiques l'ancien texte ; seul le terme de « convention » est remplacé par celui de « contrat » : « *Les contrats légalement formés tiennent lieu de loi à ceux qui les ont faits* » (*art. 1103, al. 1er*). De même, le principe de l'exécution de bonne foi, situé à l'alinéa 3 de l'article 1134, est déplacé à l'*article 1104* parmi les dispositions liminaires relatives aux contrats.

### b) L'étendue de la force obligatoire

L'*article 1194* reprend l'ancien article 1135 quasi identiquement, à l'exception du terme « convention », remplacé par celui de « contrat » : « *Les contrats obligent non seulement à ce qui y est exprimé, mais encore à toutes les* ***suites que leur donnent l'équité, l'usage ou la loi*** ».

Sur le fondement de l'ancien article 1135, la jurisprudence a parfois mis à la charge des parties des ***obligations implicites*** telles que les obligations de conseil, d'information, de sécurité... Certains ont parlé de forçage du contrat (Josserand).

## *Les limites de la force obligatoire du contrat*

La force obligatoire du contrat est atténuée par la possibilité de modifier ou révoquer le contrat mais surtout, désormais, par la possibilité de le renégocier.

### a) La modification ou la révocation du contrat

L'*article 1193* reprend le principe de l'***impossibilité de modifier ou révoquer le contrat autrement que par consentement mutuel*** : « *Les contrats ne peuvent être modifiés ou révoqués que du consentement mutuel des parties, ou pour les causes que la loi autorise* ».

La modification du contrat ***d'un commun accord*** des parties était déjà permise par une interprétation *a fortiori* de l'article 1134, alinéa 2 (« *Elles [Les conventions] ne peuvent être révoquées que de leur consentement mutuel, ou pour les causes que la loi autorise* », voir p. 74).

### b) Le tempérament à la force obligatoire : la renégociation du contrat

L'***imprévision*** est introduite dans le droit des contrats à l'article 1195. L'ordonnance du 10 février 2016 rompt avec l'arrêt *Canal de Craponne* qui interdisait la révision du contrat même en cas de changement des circonstances, notamment économiques. Au contraire, la jurisprudence administrative reconnaissait l'imprévision de longue date (CE, 30 mars 1916, *Gaz de Bordeaux*).

**Civ., 6 mars 1876, Canal de Craponne**

*« Vu l'article 1134 du Code civil ; — Attendu que la disposition de cet article n'étant que la reproduction des anciens principes constamment suivis en matière d'obligations conventionnelles, la circonstance que les contrats dont l'exécution donne lieu au litige sont antérieurs à la promulgation du Code civil ne saurait être, dans l'espèce, un obstacle à l'application dudit article ; — Attendu que la règle qu'il consacre est générale, absolue, et régit les contrats dont l'exécution s'étend à des époques successives de même qu'à ceux de toute autre nature ; — Que, dans aucun cas, il n'appartient aux tribunaux, quelque équitable que puisse leur paraître leur décision, de prendre en considération le temps et les circonstances pour modifier les conventions des parties et substituer des clauses nouvelles à celles qui ont été librement acceptées par les contractants ; — Qu'en décidant le contraire et en élevant à 30 centimes de 1834 à 1874, puis à 60 centimes à partir de 1874, la redevance d'arrosage, fixée à 3 sols par les conventions de 1560 et 1567, sous prétexte que cette redevance n'était plus en rapport avec les frais d'entretien du canal de Craponne, l'arrêt attaqué a formellement violé l'article 1134 ci-dessus visé ; — Par ces motifs, casse… ».*

La quasi-totalité des pays d'Europe reconnaît déjà la ***possibilité de réviser le contrat***. L'impossibilité de recourir à ce mécanisme rendait le droit français moins attractif que celui des autres pays.

Cette nouvelle disposition permet d'éviter la survenance et la persistance de déséquilibres contractuels majeurs au cours de l'exécution du contrat et de respecter ainsi l'objectif de justice contractuelle poursuivi par l'ordonnance.

La jurisprudence connaissait déjà quelques infléchissements depuis quelques années : le nouvel *article 1196* va dans le sens de cette évolution en permettant une révision ou une renégociation du contrat dans des conditions strictement organisées.

**Com., 3 novembre 1992 (n° 90-18547) et Com., 24 novembre 1998 (n° 96-18357)**

*Condamne le cocontractant refusant la révision à des dommages-intérêts sur le fondement de la « bonne foi dans l'exécution du contrat », considérant que l'absence de révision aurait conduit l'autre à la ruine.*

**Soc. 25 février 1992 (n° 89-41634)**

*« L'employeur, tenu d'exécuter de bonne foi le contrat de travail, a le devoir d'assurer l'adaptation des salariés à l'évolution de leurs emplois ».*

**Civ. 1re, 16 mars 2004 (n° 01-15804)**

*Affirme l'existence d'une obligation de renégocier le contrat lorsque celui-ci devient profondément déséquilibré, notamment en cas de « modification imprévue des circonstances économiques ».*

**CA Nancy, 26 septembre 2007**

*L'arrêt admet l'existence, d'une part, d'une obligation de renégocier le contrat même en l'absence de clause contractuelle en ce sens et, d'autre part, d'une responsabilité des parties en cas d'échec de la renégociation (ce qui est déjà le cas lorsque le contrat comporte une clause de renégociation).*

**Com., 29 juin 2010, Soffimat (n° 06-67369)**

*L'arrêt admet la caducité d'un contrat sur le fondement de la disparition de la cause, lorsque l'évolution des circonstances économiques conduit à déséquilibrer l'économie générale du contrat tel qu'elle est voulue par les parties lors de la signature de celui-ci.*

**Com., 8 mars 2011 (nos 10-13988, 10-13989, 10-13990)**

*« Hors le cas de fraude, l'ouverture de la procédure de sauvegarde ne peut être refusée au débiteur au motif qu'il chercherait ainsi à échapper à ses obligations contractuelles, dès lors qu'il justifie, par ailleurs, de difficultés qu'il n'est pas en mesure de surmonter et qui sont de nature à le conduire à la cessation des paiements » : la révision est admise en raison d'une modification des circonstances économiques.*

### 1) Les conditions de la renégociation

Dans le cadre d'un contrat à exécution successive, une partie peut désormais demander à l'autre une renégociation du contrat à trois conditions (*art. 1195, al. 1er*) :

- un changement de circonstances « imprévisible » : cette notion pourrait faire l'objet d'une abondante jurisprudence ;
- ce changement doit rendre l'***exécution « excessivement onéreuse »*** pour une partie ;
- cette partie « *n'avait* ***pas accepté d'en assumer le risque*** » (le texte ne donne aucune indication sur la manière de caractériser l'existence de cette condition).

### 2) Les modalités de la renégociation

La renégociation peut se dérouler en une ou deux étapes. Une partie peut ***demander à l'autre une renégociation***. La partie sollicitée pour renégocier peut accepter ou refuser. Si elle accepte, la partie à l'initiative de la renégociation continue à exécuter ses obligations (*art. 1195, al. 1er, in fine*). Cette règle vise à éviter que l'un des cocontractants ne prenne pour prétexte une demande de révision pour se soustraire à ses engagements.

Si la partie sollicitée pour une renégociation refuse ou si la renégociation se solde par un échec, les parties ont ***deux possibilités*** :

- elles peuvent ***convenir de la résolution*** du contrat ;
- elles peuvent, d'un commun accord, demander au juge de procéder à l'***adaptation du contrat*** (*art. 1195, al. 2*). À défaut d'accord dans un délai raisonnable, « *le juge peut, à la demande d'une partie,* ***réviser le contrat ou y mettre fin****, à la date et aux conditions qu'il fixe* » (*art. 1195, al. 2*).

La révision ou la résolution du contrat apparaissent comme de simples possibilités pour le juge ; il n'est pas mentionné clairement s'il garde ou non un pouvoir d'appréciation sur leur opportunité.

L'intervention du juge n'est possible que dans la deuxième phase. La priorité est donnée à l'accord des parties.

La possibilité pour le juge de procéder à la révision du contrat à la demande d'une partie ne figurait pas dans le projet d'ordonnance. Elle a pour objectif d'***inciter les parties à négocier*** : la crainte d'une révision décidée par le juge peut contraindre la partie pour laquelle le contrat est avantageux à négocier malgré tout.

Ce texte est ***supplétif de volonté*** : les parties peuvent accepter par avance de supporter les conséquences des déséquilibres qui peuvent survenir au cours de l'exécution du contrat, notamment en insérant au contrat une ***clause dite « de hardship »***.

## 2 L'effet translatif du contrat

La suppression de la distinction entre obligation de faire, de ne pas faire et de donner a pour conséquence de ***faire du transfert de propriété un effet légal du contrat***, découlant de l'échange des consentements. Tout en tenant compte de ces modifications, les nouvelles règles reprennent globalement celles des anciens articles 1136 à 1138.

### *Le transfert de propriété*

L'*article 1196* prévoit dans son *alinéa 1er* que le transfert de propriété s'opère dès la conclusion du contrat, c'est-à-dire dès l'échange des consentements (*solo consensu*), lorsque celui-ci a pour objet « *l'aliénation de la propriété ou la cession d'un autre droit* ». Ce texte reprend le principe du ***consensualisme*** déjà posé à l'ancien article 1138, alinéa 1er du Code civil, en simplifiant la formule grâce à l'abandon de la distinction entre obligations de donner, de faire et de ne pas faire.

Par exception, ce transfert peut être ***différé*** dans trois hypothèses (*art. 1196, al. 2*) :

- ***par la volonté des parties*** : en cas de clause de réserve de propriété (art. 2367, al. 1er, C. civ.) ;
- ***en raison de la nature des choses*** : pour les choses de genre dont le transfert n'intervient qu'au moment de l'individualisation, ou pour les choses futures ;
- ***en application d'une disposition contraire de la loi*** : en cas de vente sous condition suspensive.

## *Le transfert des risques de la chose*

Dans son *3e alinéa*, l'*article 1196* reprend en la clarifiant la règle de l'ancien article 1138, alinéa 2 ancien du Code civil. Il fixe le moment du transfert des risques selon la nature du contrat :

- pour les ***contrats translatifs de droit réel***, le transfert des risques s'opère toujours en même temps que le transfert de la propriété (*res perit domino*) ;
- pour les ***autres contrats***, « *lorsque l'impossibilité d'exécuter résulte de la perte de la chose due, le débiteur mis en demeure est néanmoins libéré s'il prouve que la perte se serait pareillement produite si l'obligation avait été exécutée* » (*art. 1351-1, al. 1er*, *res perit debitori*).

Le texte conserve l'exception selon laquelle la ***mise en demeure*** de délivrer la chose met les risques à la charge du débiteur non-propriétaire (vendeur) (*art. 1196, al. 3 et 1344-2*), sous réserve des dispositions de l'*article 1351-1* (reprenant celles de l'ancien art. 1302, al. 2) qui libèrent le débiteur qui prouve que la perte de la chose se serait produite même si celle-ci avait été livrée.

L'ordonnance étant ***supplétive de volonté***, les parties gardent la possibilité de prévoir conventionnellement une date de transfert des risques différente de celle du transfert de propriété.

Des règles différentes existent en matière de ***contrats entre professionnels et consommateurs***, en application de la loi Hamon (art. L. 216-4, C. consom. [ancien art. L. 138-4]).

## *Les obligations des parties quant à la conservation de la chose objet du contrat*

Le débiteur a l'obligation de conserver la chose « *en y apportant* ***tous les soins d'une personne raisonnable*** », jusqu'à sa délivrance (*art. 1197*). Cette simplification des anciens articles 1136 et 1137 du Code civil, tient compte de la disparition d'une part de l'obligation de donner et d'autre part de la notion de « bon père de famille » (loi du 4 août 2014).

### *Les conflits de droits d'acquéreurs successifs*

L'*article 1198* reprend de façon modernisée le principe contenu à l'ancien article 1141 en matière de conflits des droits d'acquéreurs successifs d'un même bien meuble corporel : le premier possesseur est préféré, « *même si son droit est postérieur, à condition qu'il soit de bonne foi* » (*al. 1er*). Le *2e alinéa* du même texte permet l'application du même principe, quant aux immeubles, à celui qui « *a, le premier, publié son titre d'acquisition passé en la forme authentique au fichier immobilier* ».

# Les effets du contrat à l'égard des tiers

**Chapitre 8**

*Sans apporter de changements profonds, les nouveaux textes modernisent les dispositions relatives à l'effet du contrat à l'égard des tiers. La section relative aux effets du contrat à l'égard des tiers est divisée en 2 sous-sections, l'une consacrée aux dispositions générales (art. 1199 à 1202), l'autre à la promesse de porte-fort et à la stipulation pour autrui (art. 1203 à 1209).*

## 1 Les principes généraux relatifs aux effets du contrat à l'égard des tiers

Le principe de l'effet relatif (*art. 1199*) et celui de l'opposabilité aux tiers (*art. 1200*) sont désormais clairement séparés et prévus par deux articles distincts.

### *L'effet relatif du contrat*

Le Code civil dans sa version antérieure à l'ordonnance du 10 février 2016 prévoyait déjà le principe de l'effet relatif des contrats à l'article 1165 du Code civil. Le nouvel *article 1199* dispose dans son *1er alinéa* que « *le contrat ne crée d'obligations qu'entre les parties* ». Cette règle n'est pas absolue : les tiers peuvent être intéressés aux contrats, qui leur est opposable.

« *Les tiers ne peuvent ni demander l'exécution du contrat, ni se voir contraints de l'exécuter* », sous réserve des règles prévues d'une part en matière de simulation, de promesse de porte-fort et de stipulation pour autrui, d'autre part en matière d'action oblique, d'action paulienne et d'actions directes (voir pp. 155 et s.) (*art. 1199, al. 2*).

### L'opposabilité du contrat aux tiers

Le contrat est opposable par les parties aux tiers et par les tiers aux parties.

#### a) L'opposabilité du contrat par les parties aux tiers

« *Les tiers doivent respecter la situation juridique créée par le contrat* » (*art. 1200, al. 1er*) : ils ***ne peuvent totalement ignorer le contrat***. Le principe n'était pas ainsi affirmé par les textes antérieurs, notamment par l'ancien article 1165, mais la doctrine avait souvent dénoncé le caractère absolu de l'effet relatif porté par ce texte. Même si le terme n'est pas employé par le texte ni par les textes antérieurs, ***le contrat est opposable aux tiers***. Cette opposabilité est parfois subordonnée à l'accomplissement de certaines formalités.

#### b) L'opposabilité du contrat par les tiers aux parties

Les tiers peuvent se prévaloir du contrat « *notamment pour apporter la* ***preuve*** *d'un fait* » (*art. 1200, al. 2*).

***L'opposabilité du contrat par les tiers aux parties peut-il permettre au tiers de se prévaloir du contrat lorsque le manquement d'une partie à son engagement contractuel lui a causé un préjudice ?***

*L'emploi par le texte de l'adverbe « notamment » au début de l'alinéa 2 de l'article 1200 permet de penser que la fonction de preuve d'un fait n'est pas la seule fonction assignée à l'opposabilité du contrat par les tiers aux parties. La possibilité pour le tiers d'invoquer le manquement contractuel reste incertaine, comme elle l'est déjà en jurisprudence : dans un arrêt du 6 octobre 2006 (n° 05-13255), l'Assemblée plénière de la Cour de cassation avait estimé que « le tiers à un contrat peut invoquer, sur le fondement de la responsabilité délictuelle, un manquement contractuel dès lors que ce manquement lui a causé un dommage » mais certains arrêts, approuvés par le Conseil d'État (CE, 11 juill. 2011), ont ensuite remis en cause cette solution (Civ. 3e, 22 oct. 2008, n° 07-15692 ; Civ. 1re, 15 déc. 2011, n° 10-17691).*

## 2 La simulation

Les dispositions relatives à la simulation sont déplacées du paragraphe consacré aux actes authentiques, et plus généralement du chapitre sur la preuve, vers la section relative aux effets du contrat à l'égard des tiers. Elles ne font pas l'objet de modifications substantielles.

### La notion de simulation

L'*article 1201* reprend l'ancien article 1321 dans des termes plus clairs, notamment afin d'expliquer la ***notion de contre-lettre*** : il s'agit du contrat occulte qui est dissimulé par le contrat apparent.

Le texte n'interdit pas la ***contre-lettre, qui est valable,*** sauf dans le cas où elle est illicite c'est-à-dire dans deux hypothèses :

- lorsqu'elle a « *pour objet une augmentation du prix stipulé dans le traité de cession d'un office ministériel* » (*art. 1202, al. 1er*) ;
- lorsqu'elle a « *pour but de dissimuler une partie du prix, lorsqu'elle porte sur une vente d'immeubles, une cession de fonds de commerce ou de clientèle, une cession d'un droit à un bail, ou le bénéfice d'une promesse de bail portant sur tout ou partie d'un immeuble et tout ou partie de la soulte d'un échange ou d'un partage comprenant des biens immeubles, un fonds de commerce ou une clientèle* » (*art. 1202, al. 2*).

Des principes identiques existaient auparavant à l'article 1321-1 du Code civil. Les termes de l'*article 1202* reprennent ceux de l'article 1840 du Code général des impôts abrogé par l'ordonnance n° 2005-1512 du 7 décembre 2005 relative à des mesures de simplification en matière fiscale et à l'harmonisation et l'aménagement du régime des pénalités.

### Les effets de la simulation

La contre-lettre, c'est-à-dire le contrat dissimulé, produit effet ***entre les parties*** car elle est l'expression de leur volonté réelle (*art. 1201*).

La contre-lettre n'est pas opposable aux ***tiers*** mais ceux-ci peuvent s'en prévaloir (*art. 1201, in fine*), à condition, selon la jurisprudence, de ne pas avoir participé à la simulation (Civ., 8 mars 1893).

## 3 La promesse de porte-fort et la stipulation pour autrui

Une sous-section 2 est consacrée à la promesse de porte-fort et la stipulation pour autrui (*art. 1203 à 1209*).

Bien qu'il en conserve le principe, le nouvel *article 1203* du Code civil se différencie de l'ancien article 1119. En effet, il reprend dans un premier temps le principe selon lequel « *On ne peut s'engager en son propre nom que pour soi-même* ». L'ancien article 1119 disposait que l'« *On ne peut, en général, s'engager, ni stipuler en son propre nom, que pour soi-même* ». Les nouveaux textes suppriment à la fois les mots « en général » de l'ancien article 1119 et le mot « néanmoins » introduisant l'ancien article 1120, qui devient l'*article 1204*. Grâce à ces suppressions, la stipulation pour autrui et la promesse de porte-fort n'apparaissent plus comme des exceptions au principe de l'interdiction d'engager autrui. En effet, ni la promesse de porte-fort ni la stipulation pour autrui n'engagent autrui : le tiers n'est pas engagé dans la promesse de porte-fort, et la stipulation pour autrui ne peut pas faire naître de créance ou d'obligation à la charge du bénéficiaire sans son accord.

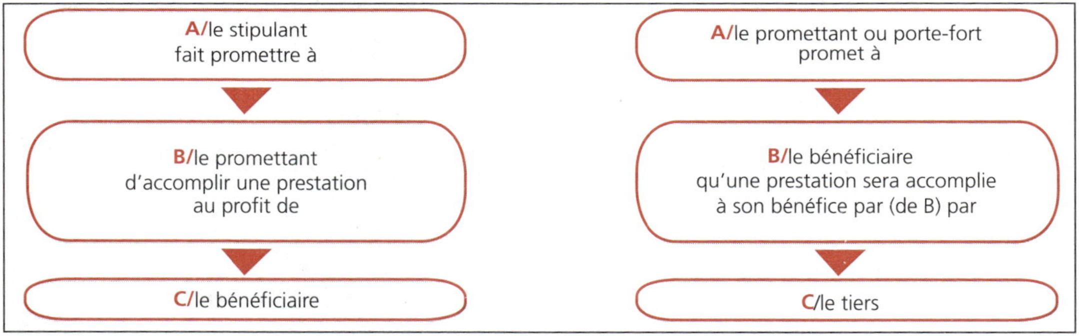


La stipulation pour autrui connaît un développement important depuis quelques décennies en raison notamment du succès de l'***assurance-vie***. La jurisprudence a largement contribué à l'élaboration d'un régime de la stipulation pour autrui désormais codifié.

## ■ *La promesse de porte-fort*

L'*article 1204* est consacré à la promesse de porte-fort.

### a) Les conditions de la promesse de porte-fort

L'*article 1204, alinéa 1er* définit la promesse de porte-fort comme le ***fait de promettre le fait d'un tiers***. La définition est large et permet d'englober plusieurs types de promesse de porte-fort, ce qui ressortait beaucoup moins clairement de l'ancien article 1120 :

- ***porte-fort de ratification :*** le promettant s'engage à obtenir le consentement d'un tiers à un acte négocié et conclu ;
- ***porte-fort de conclusion :*** le promettant s'engage à ce qu'un tiers conclue un acte juridique ;
- ***porte-fort de garantie :*** le promettant s'engage à ce qu'un tiers exécute un contrat conclu avec le bénéficiaire, à titre de garantie.

La promesse de porte-fort est fréquemment insérée dans le contrat de franchise : le dirigeant de la société franchisée se porte-fort des engagements conclus par celle-ci, ce qui permet d'engager son patrimoine.

### b) Les effets de la promesse de porte-fort

La suppression de l'adverbe « néanmoins » (*article 1104*), apporte de la clarté au régime de la promesse de porte-fort : il est désormais beaucoup plus évident que la promesse de porte-fort ne consiste pas à engager autrui mais à ***s'engager soi-même à ce que le tiers s'engage***. L'ancien texte laissait penser que la promesse de porte-fort constituait une exception à l'interdiction d'engager autrui.

Seul le promettant s'engage, le tiers gardant la possibilité ou non de ***ratifier*** et de s'engager :

**Si le tiers accomplit le fait promis**

Le porte-fort est libéré

- Porte-fort de ratification → Le tiers est engagé rétroactivement
- • Porte-fort de conclusion • Porte-fort de d'exécution → Le tiers est engagé pour l'avenir

**Si le tiers n'accomplit pas le fait promis**

Le promettant engage sa responsabilité contractuelle

Il peut être condamné à verser des dommages-intérêts au bénéficiaire de la promesse, conformément à la jurisprudence.

**Civ. 1re, 26 novembre 1975 (n° 74-10356)**

« *L'inexécution de la promesse de porte-fort ne peut être sanctionnée que par la condamnation de son auteur à des dommages et intérêts* ».

L'ancien article 1122 n'est pas repris (« *On est censé avoir stipulé pour soi et pour ses héritiers et ayants cause, à moins que le contraire ne soit exprimé ou ne résulte de la nature de la convention* »), considéré comme superflu au regard des dispositions existantes dans les textes consacrés aux successions et libéralités.

## La stipulation pour autrui

Les textes relatifs à la stipulation pour autrui sont profondément remaniés puisque le nombre d'articles qui leur est consacré passe de 1 à 5 (*art. 1205 à 1209*). Les nouveaux textes prennent en compte les nombreux apports jurisprudentiels traduisant le développement du recours à ce mécanisme.

### a) Le domaine de la stipulation

L'*article 1203* affirme le principe selon lequel « *On ne peut s'engager en son propre nom que pour soi-même* ». L'*article 1205, alinéa 1er* pose néanmoins le principe de la validité de la stipulation pour autrui (« *On peut stipuler pour autrui* ») alors que l'ancien article 1121 exigeait qu'elle soit « *la condition d'une stipulation que l'on fait pour soi-même ou d'une donation que l'on fait à un autre* ».

Désormais, l'*article 1205* déclare clairement dans son *2e alinéa* que « *L'un des contractants, le stipulant, peut faire promettre à l'autre, le promettant, d'accomplir une prestation au profit d'un tiers, le bénéficiaire* ».

Le nouveau texte confirme la jurisprudence selon laquelle la stipulation pour autrui est valable dès lors que le stipulant y trouve au moins un ***intérêt moral***, même si le principe n'est pas formulé ainsi (Civ. 1re, 12 avr. 1967).

Le bénéficiaire de la stipulation doit être ***déterminable*** (*art. 1205, al. 2, in fine*) : il peut s'agir d'une personne future mais il « *doit être précisément désigné ou pouvoir être déterminé lors de l'exécution de la promesse* ». Cette solution était depuis longtemps admise par la jurisprudence (Civ., 28 déc. 1927), notamment en droit des assurances, afin d'assurer le bon fonctionnement des ***contrats d'assurance-vie***.

### b) La révocation de la stipulation

Dès la stipulation, « *le bénéficiaire est investi d'un **droit direct** à la prestation contre le promettant* » (*art. 1206, al. 1er*).

Le stipulant peut révoquer la stipulation ***tant que le bénéficiaire ne l'a pas acceptée*** (*art. 1206, al. 2*). Cette solution reprend celle donnée par l'ancien article 1221 du Code civil dans une formulation modernisée. La stipulation devient irrévocable au moment où l'acceptation parvient au stipulant ou au promettant (*art. 1206, al. 3*).

« *La révocation ne peut émaner que du stipulant ou, après son décès, de ses héritiers* » (*art. 1207, al. 1er*), conformément à la jurisprudence (Civ. 1re, 24 juin 1969) et aux projets Catala et Terré. La révocation ne peut produire effet que lorsque le bénéficiaire ou le promettant en a eu connaissance (*art. 1207, al. 3*).

Lorsque la révocation émane des héritiers, ceux-ci doivent laisser passer « *un délai de trois mois à compter du jour où ils ont mis le bénéficiaire en demeure de l'accepter* » (*art. 1207, al. 1er, in fine*), ceci afin que les héritiers ne révoquent pas ***dans le secret*** une stipulation dont le bénéficiaire ne connaît pas l'existence.

Dans le cas particulier où elle est faite par ***testament***, la stipulation prend effet au moment du décès (*art. 1207, al. 4*).

Le ***nouveau bénéficiaire*** est désigné selon les règles suivantes :

- ***soit la stipulation désigne un nouveau bénéficiaire*** : « *Le tiers initialement désigné est censé n'avoir jamais bénéficié de la stipulation faite à son profit* » (*art. 1207, al. 5*) ;
- ***soit la stipulation ne désigne pas de nouveau bénéficiaire*** : « *la révocation profite, selon le cas, au stipulant ou à ses héritiers* » (*art. 1207, al. 2*).

### c) L'acceptation de la stipulation

Les nouvelles dispositions en matière d'acceptation de la stipulation prennent en compte les solutions avancées par la jurisprudence (*art. 1208*).

L'acceptation peut être ***expresse ou tacite***. Elle peut émaner soit du bénéficiaire, soit, après son décès, de ses héritiers, sauf clause contraire. Elle peut intervenir après le décès du stipulant ou du promettant (Civ., 8 février 1888).

Le bénéficiaire est investi du ***droit d'agir directement contre le promettant*** pour l'exécution de l'engagement, droit qu'il est censé avoir eu dès sa constitution (*art. 1207, al. 3* ; Com., 23 mai 1989, n° 86-14936). Par conséquent, ce droit ne transite pas par le patrimoine du stipulant et échappe donc aux créanciers de celui-ci.

En outre, conformément à la solution adoptée par la jurisprudence (Civ. 1re, 12 juill. 1956), « *Le stipulant peut lui-même exiger du promettant l'exécution de son engagement envers le bénéficiaire* » (*art. 1209*).

# La durée du contrat

**Chapitre 9**

*Une section entière est consacrée pour la première fois à la durée du contrat (art. 1210 à 1215). Elle regroupe des dispositions éparses, souvent de droit spécial, et confirme ou précise des règles existantes ou élaborées par la jurisprudence et la pratique.*

Les nouveaux textes rappellent en préambule la prohibition des engagements perpétuels puis introduisent une distinction entre deux types de contrats à exécution successive, « *dont les obligations d'au moins une partie s'exécutent en plusieurs prestations échelonnées dans le temps* » (*art. 1111-1, al. 2*) : ils peuvent être à durée déterminée ou indéterminée. Les nouveaux textes ne donnent pas de définition de ces deux types de contrats mais organisent leur régime.

## 1 La prohibition des engagements perpétuels

« *Les engagements perpétuels sont prohibés* » (*art. 1210, al. 1er*). Aucune disposition ne prohibait jusque-là l'engagement perpétuel de manière générale mais la doctrine aussi bien que la jurisprudence (Civ. 1re, 19 mars 2002, n° 99-21209 ; Civ. 3e, 19 février 1992, n° 90-16148) étendaient déjà les dispositions de certains textes spéciaux à l'ensemble du droit des contrats :

- article 194, interdisant le dépôt à durée illimitée ;
- article 1709, interdisant le bail perpétuel ;
- article 1780, alinéa 1er interdisant le louage de service à vie ;
- article 1838, interdisant les sociétés de plus de 99 ans ;
- article 2003, interdisant le mandat perpétuel.

L'*article 1210* du Code civil constitue une consécration dans les textes du principe énoncé par le Conseil constitutionnel le 9 novembre 1999.

**_Conseil constitutionnel, décision du 9 novembre 1999 (n° 99-419DC)_**

*« si le contrat est la loi commune des parties, la liberté qui découle de l'article 4 de la Déclaration des droits de l'homme et du citoyen de 1789 justifie qu'un contrat de droit privé à durée indéterminée puisse être rompu unilatéralement par l'un ou l'autre des contractants, l'information du cocontractant, ainsi que la réparation du préjudice éventuel résultant des conditions de la rupture, devant toutefois être garanties ».*

Tirant les conséquences de ce principe, l'*alinéa 2 de l'article 1210* dispose que « *Chaque contractant peut y mettre fin dans les conditions prévues pour le contrat à durée indéterminée* » : ***l'engagement perpétuel se résout comme un contrat à durée indéterminée***. La jurisprudence était incertaine : optant dans un premier temps pour la nullité de la clause prévoyant la perpétuité et la conversion en contrat à durée indéterminée (Civ. 1re, 19 mars 2002, n° 99-21209), elle a ensuite préconisé la réduction de la durée du contrat au minimum légal (Civ. 3e, 28 janv. 2015, n° 14-10013).

## 2 Le contrat à durée indéterminée (CDI)

Le contrat à durée indéterminée n'est pas défini par le Code civil mais est entendu généralement comme celui qui n'est pas affecté d'un terme.

### *La liberté de rupture du contrat à durée indéterminée*

Un contractant peut librement mettre fin au contrat à durée indéterminée : « *Lorsque le contrat est conclu pour une durée indéterminée, chaque partie peut y mettre fin à tout moment, sous réserve de respecter le délai de préavis contractuellement prévu ou, à défaut, un délai raisonnable* » (*art. 1211*). Ce principe a valeur constitutionnelle (voir *supra*, Cons. const., 9 nov. 1999, n° 99-419DC).

La Cour de cassation a également affirmé ce principe à plusieurs reprises :

**_Civ. 1re, 5 février 1985 (n° 83-15895)_**

*« Vu l'article 1134, alinéa 2, du Code civil ; [...] Dans les contrats à exécution successive dans lesquels aucun terme n'a été prévu, la résiliation unilatérale est, sauf abus sanctionné par l'alinéa 3 du même texte, offert aux deux parties ».*

**Civ. 1re, 21 février 2006 (n° 02-21240)**

*« si la partie qui met fin à un contrat de durée indéterminée dans le respect des modalités prévues n'a pas à justifier d'un quelconque motif, le juge peut néanmoins, à partir de l'examen de circonstances établies, retenir la faute faisant dégénérer en abus l'exercice du droit de rompre ».*

## Les limites à la liberté de rupture du CDI

La Cour de cassation avait fixé des limites à la faculté de résiliation de chacune des parties : comme le montre l'arrêt du 21 février 2006 ci-dessus, la jurisprudence sanctionnait ***l'abus dans la résiliation***, notamment sur le fondement de l'alinéa 3 de l'ancien article 1134 du Code civil, c'est-à-dire de l'obligation de bonne foi dans l'exécution des contrats. Dans sa décision du 9 novembre 1999, le Conseil constitutionnel avait appelé le législateur à préciser les règles ou les « *causes permettant une telle résiliation, ainsi que les modalités de celle-ci, notamment le respect d'un* ***préavis*** ».

### a) Le respect d'un préavis

Consacrant la jurisprudence, le nouvel *article 1211* oblige *in fine* celui qui veut résilier le contrat à durée indéterminée à respecter un ***délai de préavis raisonnable, à défaut d'être contractuellement prévu***.

La notion de « ***délai raisonnable*** » n'est pas précisée. Les Principes du droit européen des contrats l'ont défini comme celui « *que des personnes de bonne foi placées dans la même situation que les parties regarderaient comme tel. On a égard en particulier à la nature et au but du contrat, aux circonstances de l'espèce et aux usages et pratiques des professions ou branches d'activité concernées* » (art. 1. 302). L'article L. 442-6-I-5° du Code de commerce préconise également de tenir compte de « *la durée de la relation commerciale* » et respecte « *la durée minimale de préavis déterminée, en référence aux usages du commerce* » lors de la rupture d'une relation commerciale établie.

Le texte ne précise pas si les parties peuvent déroger par contrat à cette règle. Il découle notamment de la jurisprudence que ce principe est ***d'ordre public***.

**Civ. 1re, 7 mars 2006 (n° 04-12914)**

*« dès lors qu'elle tendait à priver d'effet l'exercice par M. X... de la faculté, qui lui était reconnue, de révoquer unilatéralement le cautionnement à durée indéterminée qu'il avait souscrit, la clause litigieuse était nulle ».*

#### b) La responsabilité découlant de la rupture du CDI

Le texte ne précise pas la sanction encourue en cas de rupture abusive du contrat à durée indéterminée. Le Conseil constitutionnel (9 nov. 1999, n° 99-419DC, voir *supra*), comme la Cour de cassation, ont opté pour une ***responsabilité civile de droit commun*** en cas de faute dans l'exercice du droit de résilier le contrat.

## 3 Le contrat à durée déterminée (CDD)

Le contrat à durée déterminée n'est pas non plus défini par le Code civil. Il est envisagé du seul point de vue de ses effets. Est généralement considéré comme tel celui dont l'extinction est liée à une date ou à un événement précis.

### ■ *Les obligations des parties à un CDD*

Le contrat à durée déterminée oblige celui qui s'est engagé à l'***exécuter jusqu'à son terme*** (*art. 1212, al. 1er*) : l'un des contractants ne peut mettre fin unilatéralement au contrat.

De nombreux textes spéciaux prévoient des ***exceptions*** à cette impossibilité de rompre le contrat à durée déterminée unilatéralement :

- en matière de baux : art. 12, loi 6 juillet 1989 ;
- en matière de mandat : art. 2004 et 2007, C. civ. ;
- en matière de dépôt : art. 1944, C. civ.

Le texte n'apporte aucune autre précision, quant à la nature de la sanction. La jurisprudence actuelle opte plutôt pour la mise en œuvre de la responsabilité extra-contractuelle du contractant.

### ■ *Le renouvellement du CDD*

Le renouvellement n'est pas un droit mais une ***possibilité*** : « *Nul ne peut exiger le renouvellement du contrat* » (*art. 1212, al. 2*).

Le renouvellement peut découler (*art. 1214, al. 1er*) :

- de ***l'effet de la loi*** ;
- de ***l'accord des parties***.

Le renouvellement conduit à la naissance d'un nouveau contrat, identique au précédent dans son contenu, mais à ***durée indéterminée*** (*art. 1214, al. 2, in fine*).

## La prorogation du CDD

L'*article 1213* pose clairement le principe selon lequel « *Le contrat peut être prorogé si les contractants en manifestent la volonté avant son expiration. La prorogation ne peut porter atteinte aux droits des tiers* ».

La prorogation doit être décidée ***avant l'expiration*** du contrat. Elle conduit à reporter le terme extinctif initialement prévu.

## La tacite reconduction du CDD

Lorsque les parties au contrat conclu à durée déterminée ***continuent d'en exécuter*** les obligations à l'expiration du terme, l'*article 1215* considère qu'il y a tacite reconduction : « *Celle-ci produit les mêmes effets que le renouvellement du contrat.* »

La jurisprudence applique déjà ces principes, en généralisant les dispositions de l'article 1738 relatif au bail (« *Si, à l'expiration des baux écrits, le preneur reste et est laissé en possession, il s'opère un nouveau bail dont l'effet est reglé par l'article relatif aux locations faites sans écrit* »).

**Com., 5 novembre 2005 (n° 02-21366)**

*« sauf disposition ou volonté contraire, la tacite reconduction d'un contrat de durée déterminée, dont le terme extinctif a produit ses effets, donne naissance à un nouveau contrat, de durée indéterminée ».*

**Tableau comparatif**
**Renouvellement/Prorogation/Tacite reconduction**

| | Conditions | Effets |
|---|---|---|
| **Renouvellement (*art. 1214*)** | • Prévu par la loi<br>***ou***<br>• Volonté des parties | • Nouveau contrat<br>• Durée indéterminée |
| **Prorogation (*art. 1215*)** | • Volonté des parties<br>***et***<br>• Doit être décidée avant expiration | • Report du terme extinctif |
| **Tacite reconduction (*art. 1213*)** | • Persistance de l'exécution des obligations du contrat | • Nouveau contrat<br>• Durée indéterminée |

# La cession de contrat

Chapitre 10

*L'ordonnance du 10 février 2016 valide la cession de contrat, utilisée par la pratique ou déjà prévue par la loi dans des cas très spécifiques (art. 1743, C. civ. ; art. L. 121-10, C. assur. ; art. L. 1224-1, C. trav.). Les dispositions qui l'organisent constituent la troisième Section du Chapitre consacré aux « Effets du contrat » (art. 1216 à 1216-3).*

La cession de contrat ayant pour objet le maintien du contrat, les textes qui l'organisent sont logiquement placés au sein des effets du contrat. La cession de contrat n'est pas envisagée simplement comme une cession de créance s'ajoutant à une cession de dette. Cette conception rejoint l'analyse récente que la doctrine a pu faire de la cession de contrat (L. Aynès, *La cession de contrat,* Economica, 1984).

Ce placement est inattendu puisque même le projet d'ordonnance situait ces dispositions au sein du chapitre organisant la modification du rapport d'obligation. La cession de contrat est envisagée comme une opération permettant de ***substituer un tiers à l'une des parties***, sans porter atteinte au contrat.

## 1 Les conditions de la cession de contrat

Les nouveaux textes prévoient une véritable ***définition*** de la cession de contrat : « *Un contractant, le cédant, peut céder sa qualité de partie au contrat à un tiers, le cessionnaire, avec l'accord de son cocontractant, le cédé* » (*art. 1216, al. 1er*). La validité de la cession est subordonnée à l'accord du cocontractant ainsi qu'à une constatation écrite.

### L'accord du cocontractant

La cession de contrat par un contractant nécessite l'***accord de son cocontractant*** (*art. 1216, al. 1er*), comme l'exige une jurisprudence constante qui ne distingue pas entre contrat conclu *intuitu personae* ou non.

L'accord peut être donné à l'avance, notamment dès la conclusion du contrat initial entre les futurs cédant et le cédé. La jurisprudence validait déjà cette possibilité (Com., 6 mai 1997, n° 95-10252). Dans ce cas, la cession produit effet à l'égard du cédé lorsque le contrat conclu entre le cédant et le cessionnaire lui est notifié ou lorsqu'il en prend acte (*art. 1216, al. 2*). Dans les autres cas, l'accord intervient au moment de la cession.

***Com., 6 mai 1997 (n° 94-16335)***

*« Attendu qu'en se déterminant par de tels motifs, sans rechercher si, dans le contrat conclu entre la société C. et la société R. ou ultérieurement, cette dernière société avait donné son consentement à la substitution de sa cocontractante, la cour d'appel n'a pas donné de base légale à sa décision ».*

***Civ. 1re, 6 juin 2000 (n° 97-19347)***

*« le fait qu'un contrat ait été conclu en considération de la personne du cocontractant ne fait pas obstacle à ce que les droits et obligations de ce dernier soient transférés à un tiers dès lors que l'autre partie y a consenti ».*

### La nécessité d'un écrit

« *La cession doit être constatée par écrit, à peine de* ***nullité*** » (*art. 1216, al. 3*).

Les nouveaux textes ne reprennent pas la règle appliquée par la Cour de cassation (Civ. 3e, 7 juill. 1993, n° 91-12368), exigeant que la cession de contrat obéisse aux formalités de l'article 1690 imposées pour la cession d'une créance (que la cession de contrat emporte nécessairement), c'est-à-dire la signification au débiteur cédé, sauf si ce dernier accepte la cession par acte authentique. Les formalités de la cession de contrat sont donc ***allégées*** par l'effet des nouveaux textes.

## 2 Les effets de la cession du contrat

La cession de contrat a pour conséquence d'opérer la ***substitution de l'une des parties au contrat par un nouveau cocontractant***. Cette cession de la qualité de cocontractant appelle des règles particulières quant aux droits et obligations des cédés, cédants et cessionnaires (*art. 1216-1*), quant à l'opposabilité des exceptions (*art. 1216-2*) et quant au sort des sûretés accessoires au contrat cédé (*art. 1216-3*). Les nouvelles règles sont établies dans le souci d'une cohérence avec celles applicables à la cession de créance et à la cession de dette.

## Les effets généraux de la cession de contrat

Les effets généraux de la cession de contrat doivent être distingués selon les cas :

- si ***le cédé a expressément consenti à la libération du cédant*** : celui-ci est libéré pour l'avenir (*art. 1216-1, al. 1er*). Le cessionnaire peut poursuivre le cédant pour des manquements antérieurs à la cession, comme en décidait déjà la jurisprudence ;

**Com., 12 décembre 2001 (n° 00-15627)**

*« la seule acceptation par le créancier de la substitution d'un nouveau débiteur au premier, même si elle n'est assortie d'aucune réserve, n'implique pas, en l'absence de déclaration expresse, qu'il ait entendu décharger le débiteur originaire de sa dette ».*

- si ***le cédé n'a pas expressément consenti à la libération du cédant*** : le cédant est tenu solidairement à l'exécution du contrat, sauf clause contraire (*art. 1216-1, al. 2*).

## L'opposabilité des exceptions

Le cessionnaire peut opposer au cédé (*art. 1216-2, al. 1er*) :

- les ***exceptions inhérentes à la dette***, telles que la nullité, l'exception d'inexécution, la résolution ou la compensation de dettes connexes ;
- les ***exceptions personnelles*** au cédant.

Le cédé peut opposer au cessionnaire toutes les exceptions qu'il aurait pu opposer au cédant (*art. 1216-2, al. 2*).

## Le sort des sûretés

Le sort des sûretés à l'issue de la cession de contrat est précisé par *l'article 1216-3* :

- si ***le cédé n'a pas expressément consenti à la libération du cédant*** : les sûretés qui ont pu être consenties subsistent (*al. 1er*) ;
- si ***le cédé a expressément consenti à la libération du cédant*** : les codébiteurs solidaires du cédant restent tenus déduction faite de sa part dans la dette (*al. 2*).

# L'inexécution du contrat

**Chapitre 11**

*La loi d'habilitation avait donné mission au Gouvernement de regrouper les règles applicables à l'inexécution du contrat, et d'introduire la possibilité d'une résolution unilatérale par notification.*
*L'ordonnance du 10 février 2016 permet de compléter et de rassembler au sein d'une même section l'ensemble des dispositions relatives à l'inexécution du contrat, qui étaient jusque-là éparses. Par exemple, la question de l'exécution en nature était abordée au sein des obligations de faire, de ne pas faire, et de donner et celle de la résolution était évoquée à propos des obligations conditionnelles. L'exception d'inexécution n'était pas traitée par les textes antérieurs à l'ordonnance du 10 février 2016.*

La section relative à l'inexécution du contrat est divisée en 5 sous-sections respectivement consacrées à l'exception d'inexécution (*art. 1219 et 1220*), à l'exécution forcée en nature (*art. 1221 et 1222*), à la réduction du prix (*art. 1223*), à la résolution (*art. 1224 à 1230*) et à la réparation du préjudice résultant de l'inexécution du contrat (*art. 1231 à 1231-7*). Les modifications de forme l'emportent sur les changements de fond qui restent limités.

## 1 Les suites possibles de l'inexécution

L'ordonnance du 10 février 2016 clarifie considérablement l'éventail des sanctions de l'inexécution du contrat par une liste établie à l'*article 1217* du Code civil. Ainsi, la partie qui n'a pu bénéficier de l'exécution ou n'a bénéficié que d'une exécution imparfaite peut :

- refuser d'exécuter ou suspendre l'exécution de sa propre obligation ;
- poursuivre l'exécution forcée en nature de l'obligation ;
- solliciter une réduction du prix ;
- provoquer la résolution du contrat ;
- demander réparation des conséquences de l'inexécution.

Cette liste n'entend pas établir de hiérarchie entre les sanctions proposées : le créancier insatisfait dispose d'un ***choix***.

L'ordonnance ne définit pas pour autant ce qu'il faut entendre par inexécution.

L'innovation majeure des dispositions relatives à l'inexécution réside dans l'***abandon de la distinction entre obligations de moyens et obligations de résultat***.

Le *dernier alinéa* de l'*article 1217* indique que ces sanctions peuvent se ***cumuler*** dès lors qu'elles ne sont pas incompatibles et les ***dommages-intérêts*** s'y ajouter dès lors que sont remplies les conditions de la responsabilité civile. L'article 1184, alinéa 2 ancien permettait déjà le cumul des dommages-intérêts et de la résolution, la jurisprudence ayant généralisé cette règle (Com., 27 oct. 1953).

## 2 La force majeure

Préalablement à l'exposé des différentes sanctions de l'inexécution, l'ordonnance définit la force majeure, dont l'existence libère et exonère le débiteur de toute responsabilité.

### *La notion de force majeure*

Aucune définition de la force majeure n'existait jusque-là dans le Code civil. L'*article 1218, alinéa 1er* donne désormais une définition précise de la force majeure, inspirée de la jurisprudence, reprenant les éléments contenus aux anciens articles 1148 et 1184.

| | |
|---|---|
| **Art. 1218, al. 1er** | *« Il y a force majeure en matière contractuelle lorsqu'un événement échappant au contrôle du débiteur, qui ne pouvait être raisonnablement prévu lors de la conclusion du contrat et dont les effets ne peuvent être évités par des mesures appropriées, empêche l'exécution de son obligation par le débiteur »* |
| **Art. 1148 ancien** | *« Il n'y a lieu à aucuns dommages et intérêts lorsque, par suite d'une force majeure ou d'un cas fortuit, le débiteur a été empêché de donner ou de faire ce à quoi il était obligé, ou a fait ce qui lui était interdit »* |
| **Art. 1184, al. 1er ancien** | *« La condition résolutoire est toujours sous-entendue dans les contrats synallagmatiques, pour le cas ou l'une des deux parties ne satisfera point à son engagement »* |

La notion de ***cas fortuit***, proche de celle de force majeure, disparaît.

## Les caractères de la force majeure

Les trois caractères traditionnels de la force majeure sont l'***imprévisibilité***, l'***irrésistibilité*** et l'***extériorité***.

Conformément à la jurisprudence, le nouvel article 1218 abandonne le critère traditionnel d'***extériorité***.

> ***Ass. Plén., 11 avril 2006 (n° 04-18902 et n° 02-11168)***
>
> *« Attendu que si la faute de la victime n'exonère totalement le gardien qu'à la condition de présenter les caractères d'un événement de force majeure, cette exigence est satisfaite lorsque cette faute présente, lors de l'accident, un caractère imprévisible et irrésistible ».*

En matière contractuelle, l'***imprévisibilité*** s'apprécie au jour de la conclusion du contrat, alors qu'il s'apprécie au jour du fait dommageable en matière extra-contractuelle.

Le Rapport au Président précise que « *L'événement doit également être **irrésistible**, tant dans sa survenance (inévitable) que dans ses effets (insurmontables)* ».

## Les effets de la force majeure

Lorsque l'inexécution est ***définitive*** en raison de la force majeure, l'*article 1218*, *alinéa 2* prévoit *in fine* la résolution de plein droit du contrat. Les parties sont alors libérées de leurs obligations dans les conditions prévues aux *articles 1351 et 1351-1* en matière d'impossibilité d'exécuter. L'article 1184 ancien du Code civil exigeait auparavant que la résolution qui découle de la force majeure soit demandée en justice (mais la jurisprudence admettait déjà la possibilité d'une résolution unilatérale : Civ. 1re, 13 oct. 1998, n° 96-21485).

Si l'empêchement est ***temporaire***, le contrat peut être suspendu sauf si le retard en résultant justifie la résolution du contrat (*art. 1218, al. 2*). La jurisprudence décidait déjà que « *la force majeure n'exonère le débiteur de ses obligations que pendant le temps où elle l'empêche de donner ou de faire ce à quoi il s'est obligé* » (Civ. 3e, 22 février 2006, n° 05-12032).

L'ordonnance ne se prononce pas sur le point de savoir si l'inexécution due à la force majeure peut donner lieu à des ***dommages-intérêts***. Le droit positif donnait jusque-là une réponse négative : l'ancien article 1148 prévoyait expressément que « *Il n'y a lieu à aucuns dommages et intérêts lorsque, par suite d'une force majeure ou d'un cas fortuit, le débiteur a été empêché de donner ou de faire ce à quoi il était obligé, ou a fait ce qui lui était interdit* ». La jurisprudence allait dans le même sens (Civ., 14 janv. 1941).

## 3 L'exception d'inexécution

Validée par la jurisprudence, l'exception d'inexécution (*exceptio non adimpleti contractus)* entre pour la première fois dans le Code civil.

### ■ *Les conditions de l'exception d'inexécution*

#### a) Le cas général

L'exception d'inexécution permet à une partie de ne pas exécuter son obligation, alors même que celle-ci est exigible, lorsque l'autre n'exécute pas la sienne (*art. 1219*). Le recours à cette sanction est subordonné à la condition que cette ***inexécution soit suffisamment grave*** : s'agissant d'un moyen de pression, l'exception d'inexécution ne doit pouvoir être opposée que de façon proportionnée.

L'utilisation de l'exception d'inexécution par le créancier de mauvaise foi pourra constituer une ***faute*** susceptible d'engager sa responsabilité contractuelle.

#### b) La suspension par anticipation

Le recours à l'exception d'inexécution est désormais possible, ce que ne validait pas la jurisprudence auparavant, en cas de ***risque d'inexécution***, c'est-à-dire lorsqu'il « *est manifeste que son cocontractant ne s'exécutera pas à l'échéance* », à condition que les conséquences de cette inexécution soient suffisamment graves pour le créancier (*art. 1220*). Cette possibilité permet au créancier de limiter le préjudice qui pourrait résulter de l'inexécution.

La suspension par anticipation de la prestation répond à des ***conditions de forme*** plus strictes que dans le cas général : elle doit être notifiée au créancier dans les meilleurs délais (*art. 1220, in fine*).

### ■ *Les effets de l'exception d'inexécution*

Les *articles 1219 et 1220* ne précisent pas les effets de l'exception d'inexécution. La jurisprudence a déjà établi qu'il s'agit d'une mesure provisoire qui ne rompt pas le contrat mais le suspend (Com., 1er déc. 1992, n° 91-10930).

# 4 L'exécution forcée en nature

L'exécution en nature est privilégiée par rapport à l'exécution par équivalent autant par les textes que par la jurisprudence. Le créancier garde néanmoins le choix de demander l'exécution en nature ou d'avoir recours, en cas d'inexécution, aux autres remèdes disponibles qui lui sont proposés à l'*article 1217*. L'ensemble ces projets et avant-projets de réforme allaient également dans le sens de la reconnaissance du droit à l'exécution forcée en nature qui constitue la conséquence directe du principe de la force obligatoire du contrat.

## *Les modalités de l'exécution forcée en nature*

### a) Le principe

Le nouvel *article 1221* est en contradiction avec l'ancien article 1142 mais il approuve l'interprétation et le contenu de plusieurs autres textes issus de différents codes. La jurisprudence avait également validé l'exécution forcée en nature.

| | |
|---|---|
| *art. 1221* | *« Le créancier d'une obligation peut, après mise en demeure, en poursuivre l'exécution en nature, sauf si cette exécution est impossible ou s'il existe une disproportion manifeste entre son coût pour le débiteur et son intérêt pour le créancier »* |
| **Art. 1142 ancien** | ***Contradiction :*** *« Toute obligation de faire ou de ne pas faire se résout en dommages et intérêts en cas d'inexécution de la part du débiteur »* |
| **Art. 1184, al. 2 ancien** | ***Validation :*** *« Dans ce cas, le contrat n'est point résolu de plein droit. La partie envers laquelle l'engagement n'a point été exécuté, a le choix ou de forcer l'autre à l'exécution de la convention lorsqu'elle est possible, ou d'en demander la résolution… »* |
| **Art. 1425-1, al. 1er, CPC** | ***Validation :*** *« L'exécution en nature d'une obligation née d'un contrat conclu entre des personnes n'ayant pas toute la qualité de commerçant peut être demandée au tribunal d'instance lorsque la valeur de la prestation dont l'exécution est réclamée n'excède pas le taux de compétence de cette juridiction »* |
| **Art. L. 111-1, CPC exéc.** | ***Validation :*** *« Tout créancier peut, dans les conditions prévues par la loi, contraindre son débiteur défaillant à exécuter ses obligations à son égard »* |
| **Civ. 1re, 19 févr. 1970** | ***Validation :*** *« Mais attendu que, tout créancier pouvant exiger l'exécution de l'obligation lorsque cette exécution est possible »* |

### b) Les conditions

Le créancier d'une obligation peut en demander l'exécution en nature à condition de mettre préalablement ***en demeure*** le débiteur (*art. 1221*).

### c) Les exceptions

Le texte prévoit deux types d'exception à la possibilité de demander une exécution en nature :

- conformément à la jurisprudence, ***la demande d'exécution en nature est exclue si celle-ci est impossible*** : l'impossibilité peut être matérielle, juridique ou morale. Le texte n'exige pas comme condition de l'exécution en nature l'existence d'un préjudice pour le créancier ou d'une faute du débiteur ;
- l'innovation principale du texte réside dans ***l'impossibilité de demander l'exécution en nature s'il existe une disproportion manifeste entre son coût pour le débiteur et son intérêt pour le créancier***. Cette disposition, inspirée des projets européens d'harmonisation du droit des contrats, a été fortement critiquée par les commentateurs du projet d'ordonnance, dans la mesure où elle constitue une remise en cause importante de la faculté de poursuivre l'exécution forcée en nature. Sa justification réside dans le souci d'éviter les effets inéquitables de l'exécution forcée lorsque celle-ci est extrêmement onéreuse pour le débiteur et sans réel intérêt pour le créancier qui peut obtenir par des dommages-intérêts une compensation équitable tout en restant proportionnée pour le débiteur. Cette disposition évite que la possibilité d'une exécution en valeur ne dégénère en abus de droit. L'appréciation du caractère « raisonnable » pourrait donner lieu à certaines difficultés.

## ■ *Les alternatives à l'exécution forcée en nature*

L'*article 1222* reprend les anciens articles 1143 et 1144. Le créancier insatisfait a deux possibilités supplémentaires (*art. 1222, al. 1er*) :

- ***faire exécuter l'obligation lui-même*** : il peut faire faire à un tiers ce qui devait l'être par le débiteur, désormais sans autorisation du juge. Cette possibilité était déjà donnée par l'ancien article 1144 mais nécessitait une autorisation judiciaire. Le contrôle du juge n'est désormais possible qu'en cas de contestation ou de refus du débiteur de payer ;
- ***sur autorisation du juge, détruire ce qui a été fait en violation de l'obligation*** (comme dans l'ancien art. 1143). Le contrôle du juge est indispensable dans la mesure où la destruction présente un caractère irrémédiable qui exclut tout contrôle *a posteriori* ;

- ***le créancier peut demander au débiteur le remboursement des sommes engagées à cette fin*** et demander en justice que le débiteur avance les sommes nécessaires à cette exécution ou à cette destruction ;
- enfin, ***le créancier « peut demander en justice que le débiteur avance les sommes nécessaires*** » (*art. 1222, al. 2*).

## 5 La réduction du prix

Le nouvel *article 1223* est une innovation de l'ordonnance du 10 février 2016, inspirée par les projets européens d'harmonisation : il permet au créancier de proposer, en cas d'exécution imparfaite du contrat, une réduction proportionnelle du prix. Il permet la généralisation d'une sanction qui n'était jusque-là prévue que par des textes spéciaux, par exemple en matière de garantie des vices cachés par l'action estimatoire de l'article 1644, ou en matière de droit de la consommation (art. L. 217-10, C. consom.).

### *Les conditions de la réduction du prix*

La réduction du prix est décidée par le créancier et ne peut lui être imposée : il peut toujours se tourner vers un autre remède à l'inexécution.

La réduction proportionnelle du prix peut être proposée par le créancier, à condition d'avoir préalablement ***mis en demeure*** le débiteur (*art. 1223, al. 1er*).

Lorsqu'il n'a pas encore payé, le créancier doit notifier au débiteur sa décision de réduire le prix dans les meilleurs délais (*art. 1223, al. 2*).

La réduction du prix ne nécessite pas l'intervention du ***juge***, à la différence de ce qui est prévu par les textes spéciaux, même si elle ne l'exclut pas. Le juge pourra notamment intervenir en cas de litige sur la proportionnalité de la réduction du prix.

La réduction du prix se distingue des ***dommages-intérêts*** en ce qu'elle ne nécessite ni la preuve d'un préjudice par le créancier, ni celle de la faute du débiteur.

### *Les effets de la réduction du prix*

La réduction du prix se situe entre l'exception d'inexécution et la résolution. Elle permet une révision du contrat proportionnelle à la gravité de l'inexécution.

La réduction du prix aboutit à un ***rééquilibrage du contrat***. Celui-ci est donc maintenu mais modifié. Les dommages-intérêts ne sont pas exclus si les conditions sont remplies. La résolution se distingue des dommages-intérêts en ce qu'elle ne nécessite ni la preuve d'un préjudice par le créancier, ni celle de la faute du débiteur.

## 6 La résolution

La résolution est la plus grave des sanctions de l'inexécution puisqu'elle met fin au contrat. Jusqu'à l'ordonnance du 10 février 2016, elle était abordée dans le Code civil uniquement au sein des dispositions relatives à la condition résolutoire (ancien art. 1184).

La résolution pour inexécution peut résulter (*art. 1224*) :

- soit de la mise en œuvre d'une ***clause résolutoire*** ;
- soit d'une ***notification*** du créancier au débiteur, à condition que l'inexécution soit suffisamment grave ;
- soit d'une ***décision de justice***.

L'ancien article 1184 n'envisageait que la résolution judiciaire du contrat, mais la clause résolutoire était validée depuis longtemps par la jurisprudence, qui reconnaissait également depuis peu la possibilité d'une résolution unilatérale par le créancier dans des circonstances précises et exceptionnelles.

### ■ *La clause résolutoire*

Absente du Code civil, la clause résolutoire est néanmoins admise par la jurisprudence de longue date (Civ., 2 juill. 1860).

Les conditions de la mise en œuvre de la condition résolutoire telles qu'elles sont décrites par l'ordonnance du 10 février 2016 sont la traduction des solutions impulsées par la jurisprudence : « *La clause résolutoire précise les engagements dont l'inexécution entraînera la résolution du contrat* » (*art. 1225, al. 1er*). Les manquements dont l'inexécution entraînera la résolution du contrat sont définis en amont par les cocontractants.

***Aucune condition de gravité de l'inexécution*** n'est exigée pour mettre en œuvre une clause résolutoire.

La résolution n'est pas automatique : le créancier doit mettre le débiteur ***en demeure*** (sauf s'il a été convenu que celle-ci découlerait du seul fait de l'inexécution) et mentionner expressément la clause résolutoire (*art. 1225, al. 2*).

## La résolution unilatérale du contrat

L'une des principales innovations de l'ordonnance du 10 février 2016 en matière d'inexécution du contrat réside dans la possibilité donnée au créancier, à certaines conditions, de résoudre unilatéralement le contrat. Le 8° de l'article 8 de la loi d'habilitation avait expressément donné mission au Gouvernement d'intégrer cette possibilité dans le Code.

La résolution peut résulter d'une notification du créancier au débiteur à condition que l'***inexécution soit suffisamment grave*** (*art. 1224, al. 1er*). Le texte ne donne aucune autre précision sur les modalités d'appréciation de la gravité de l'inexécution.

La Cour de cassation avait admis la faculté de rompre unilatéralement un contrat dans des circonstances spécifiques et limitées, que le contrat soit à durée déterminée ou non.

***Civ. 1re, 13 octobre 1998 (n° 96-21485)***

*« la gravité du comportement d'une partie à un contrat peut justifier que l'autre partie y mette fin de façon unilatérale à ses risques et périls ».*

***Civ. 1re, 28 octobre 2003 (n° 01-03662)***

*« la gravité du comportement d'une partie à un contrat peut justifier que l'autre partie y mette fin de façon unilatérale à ses risques et périls, peu important que le contrat soit à durée déterminée ou non ».*

Le texte de l'*article 1226* reprend en partie les mêmes termes que la jurisprudence : « *Le créancier peut, à ses risques et périls, résoudre le contrat par voie de notification* » (*al. 1er*). Ce mécanisme est également présent dans les projets européens d'harmonisation.

La résolution se fait par ***voie de notification***, c'est-à-dire sans intervention judiciaire. Le créancier qui souhaite résoudre le contrat doit mettre préalablement en demeure le débiteur défaillant « *de satisfaire à son engagement dans un délai raisonnable* » (*art. 1226, al. 1*). En cas d'***urgence***, le créancier est dispensé de mettre en demeure son cocontractant. La résolution judiciaire est néanmoins conservée mais elle devient secondaire.

La mise en demeure doit ***mentionner*** expressément que si le débiteur ne satisfait pas à son obligation, le créancier pourra résoudre le contrat (*art. 1226, al. 2*). Si le débiteur ne s'exécute pas, le créancier peut lui ***notifier la résolution du contrat*** en mentionnant les raisons qui la motivent (*art. 1226, al. 3*).

Si ***le débiteur conteste la résolution***, il peut saisir le juge à tout moment. « *Le débiteur devra alors prouver la gravité de l'inexécution* » (*art. 1226, al. 4*), conformément à ce que permettait déjà la jurisprudence en autorisant la résolution unilatérale par le créancier « à ses risques et périls ».

> ***Extrait du Rapport au président de la République***
>
> ***« Dans le silence du texte sur son caractère impératif, il doit être considéré que cette disposition n'est pas d'ordre public, y compris en cas d'urgence ».***

La résolution unilatérale permet au créancier qui subit l'inexécution de se retirer du contrat et d'éventuellement conclure avec un tiers sans attendre notamment l'issue d'un procès.

« *Les restitutions ont lieu dans les conditions prévues aux articles* 1352 *à 1352-9* » (*art. 1229, al. 4* ; voir pp. 175 et s.).

## ■ *La résolution judiciaire du contrat*

« *La résolution peut, en toute hypothèse, être demandée en justice* » (*art. 1227*), même s'il existe une clause résolutoire insérée au contrat ou si une procédure par notification a été engagée. En effet, le juge peut être saisi en cas de refus par le débiteur de la résolution par notification ou dans le cadre de difficultés découlant de la mise en œuvre d'une clause résolutoire.

La résolution judiciaire était le seul mode de résolution déjà prévu par le Code civil avant l'ordonnance du 10 février 2016 (ancien art. 1184).

Le juge ne peut être saisi d'une demande de résolution qu'en cas d'***inexécution suffisamment grave*** (*art. 1224, in fine*).

Dans le cadre délimité par les demandes des parties, le ***juge*** peut prononcer la résolution, ordonner l'exécution du contrat, en accordant éventuellement un délai au débiteur, ou allouer seulement des dommages et intérêts, notamment si le manquement n'est pas suffisamment grave pour justifier une résolution (*art. 1228*).

> ***Extrait du Rapport au président de la République***
>
> ***« Le texte n'entend pas remettre en cause la jurisprudence validant les clauses de renonciation judiciaire : en effet ces clauses ne font en principe que limiter les modalités de l'exécution de l'obligation sans priver le créancier du droit d'obtenir l'exécution de sa créance par l'un des autres remèdes énumérés par l'article 1217 de l'ordonnance (tels que l'exécution forcée en nature). Il appartiendra donc aux juridictions saisies de vérifier au cas par cas que la restriction ainsi consentie ne porte pas atteinte à la substance même du droit et au droit d'agir en justice ».***

## Les effets de la résolution

La résolution ***met fin au contrat*** (*art. 1229, al. 1er*), sans affecter les clauses relatives au règlement des différends, ni celles destinées à produire effet même après la disparition du contrat, telles que les clauses de confidentialité ou de non-concurrence (*art. 1230*). Cette disposition est directement inspirée de la pratique des affaires ; les Principes du droit européen des contrats (PDEC) et le code Gandolfi la prévoient également.

La ***date d'effet*** de la résolution est ainsi déterminée, selon les cas, par l'*alinéa 2* de l'*article 1229* :

- ***si clause résolutoire*** : la date est prévue par les parties ;
- ***si résolution par notification*** : la date de la réception par le débiteur de la notification du créancier prévaut ;
- ***si résolution judiciaire*** : la date fixée par le juge prime ou, à défaut, la date prise en compte est celle fixée au jour de l'assignation en justice.

La rétroactivité de la résolution, préconisée tant par la doctrine que par la jurisprudence, est rejetée.

Les modalités de ***restitution*** peuvent différer selon les cas (*art. 1229, al. 3*) :

- soit les prestations échangées ne pouvaient ***trouver leur utilité que par l'exécution complète du contrat résolu*** : les parties doivent restituer l'intégralité de ce qu'elles se sont procurées l'une à l'autre, selon les règles prévues aux *articles 1352 à 1352-9* » (*art. 1229, al. 4* ; voir pp. 175 et s.) ;
- soit les prestations échangées ont ***trouvé leur utilité au fur et à mesure*** de l'exécution réciproque du contrat : les restitutions n'ont pas lieu pour la période antérieure à l'inexécution. On parle de résiliation, qui constitue une variété particulière de résolution, indépendante de la distinction entre contrat à exécution instantanée et contrat à exécution successive.

# 7 La réparation du préjudice causé par l'inexécution contractuelle

Les nouveaux articles consacrés à la réparation du préjudice causé par l'inexécution contractuelle reprennent largement les anciens articles 1146 à 1151 du Code civil.

Le régime de la responsabilité contractuelle sera modifié ultérieurement par la réforme annoncée de la responsabilité civile (voir l'Avant-projet de réforme de la responsabilité civile, 29 avril 2016). Peu de changements sont apportés pour l'instant.

**Extrait du Rapport au président de la République**

*« Le régime de la responsabilité contractuelle sera donc modernisé dans le cadre du futur projet de réforme globale de la responsabilité civile, qui détaillera les dispositions communes aux responsabilités contractuelle et extra-contractuelle, et les dispositions propres à chacun de ces deux régimes. Le maintien de ces textes ne doit donc pas être interprété comme une remise en cause de la jurisprudence autorisant par exemple la réparation en nature du préjudice résultant d'une inexécution contractuelle ».*

## Les conditions de l'octroi de dommages-intérêts

L'octroi de dommages-intérêts nécessite la ***mise en demeure*** préalable du débiteur, qui doit laisser à celui-ci un délai raisonnable pour s'exécuter, sauf lorsque l'inexécution est définitive (*art. 1231*) puisque la résolution est alors de plein droit. L'*article 1231* reprend l'ancien article 1146, tout en intégrant l'abandon de la distinction entre obligation de donner et obligation de faire.

Les dommages-intérêts ne sont dus qu'en cas d'***inexécution*** ou de retard dans l'exécution, sauf en cas de force majeure (*art. 1231-1*, reprenant l'ancien article 1147 mais remplaçant la « cause étrangère » par la « force majeure »).

## Le préjudice réparable

L'*article 1231-2* du Code civil, qui dispose que « *Les dommages et intérêts dus au créancier sont, en général, de la perte qu'il a faite et du gain dont il a été privé, sauf les exceptions et modifications ci-après* », est une reprise *in extenso* de l'ancien article 1149.

« *Le débiteur n'est tenu que des dommages et intérêts qui pouvaient être prévus lors de la conclusion du contrat* » (*art. 1231-3*, conservant le principe posé par l'ancien article 1150) : la réparation est limitée aux ***dommages prévus ou prévisibles*** au moment de la conclusion du contrat, « *sauf lorsque l'inexécution est due à une faute lourde ou dolosive* » et consacre la jurisprudence assimilant la faute lourde au dol (Civ. 1re, 29 oct. 2014, n° 13-21980).

Enfin, l'*article 1231-4* prévoit, tout comme l'ancien article 1151 qu'en cas de ***dol du débiteur***, « *les dommages et intérêts ne comprennent que ce qui est une suite immédiate et directe de l'inexécution* ».

Il n'est pas imposé au créancier d'obligation de ***minimiser son dommage***, conformément à la jurisprudence (Civ. 3e, 10 juill. 2013, n° 12-13851) de la Cour de cassation (mais le contrat peut prévoir le contraire). Les dommages-intérêts ont pour objet de réparer le préjudice découlant de la faute contractuelle ; ils ne peuvent être octroyés en raison de la seule inexécution.

## La clause pénale

Les dispositions relatives aux clauses pénales sont simplifiées et réduites à un seul article.

La définition de la clause pénale disparaît au profit du seul exposé de son ***mécanisme*** : « *Lorsque le contrat stipule que celui qui manquera de l'exécuter paiera une certaine somme à titre de dommages et intérêts, il ne peut être alloué à l'autre partie une somme plus forte, ni moindre* » (*art. 1231-5, al. 1er*, remplaçant les anciens art. 1152 et 1226 à 1233).

La clause pénale ne peut être mise en œuvre qu'après ***mise en demeure*** du débiteur, sauf lorsque l'inexécution est définitive (*art. 1231-5, al. 5*).

Les textes confirment la ***possibilité pour le juge de modifier une clause*** à la hausse ou à la baisse si elle est manifestement excessive ou dérisoire et de diminuer son montant en cas d'exécution partielle de l'engagement (*art. 1231-5, al. 2 et 3*). Conformément à la jurisprudence (Civ. 1re, 17 oct. 2012, n° 11-16292), aucune clause ne peut limiter le pouvoir modérateur du juge (*art. 1231-5, al. 4*).

## Le calcul des intérêts moratoires

Les intérêts moratoires sont ceux qui compensent le retard dans le paiement d'une obligation de somme d'argent.

Les modalités de calcul des intérêts moratoires ne changent pas (*art. 1231-6 et 1231-7*) : l'*article 1231-6* reprend les dispositions de l'ancien article 1153 en les modernisant et l'*article 1231-7* est une copie de l'ancien article 1153-1. Les intérêts moratoires sont ceux qui compensent le retard dans le paiement d'une obligation de somme d'argent. Ils sont dus à compter de la mise en demeure (la formulation de l'ancien article 1153 était un peu plus complexe, faisant référence aux règles particulières au commerce et au cautionnement).

Par exception, « *la condamnation à une indemnité emporte intérêts au taux légal même en l'absence de demande ou de disposition spéciale du jugement. Sauf disposition contraire de la loi, ces intérêts courent à compter du prononcé du jugement à moins que le juge n'en décide autrement* » (*art. 1231-7, al. 1er*).

# Chapitre 12

# Les quasi-contrats

*Les quasi-contrats font partie des engagements qui se forment sans convention. Ils sont traités désormais dans un Sous-titre consacré aux « Autres sources d'obligations », dont font également partie la loi ou l'engagement unilatéral de volonté.*

Seules les dispositions relatives aux quasi-contrats sont développées. L'ordonnance du 10 février 2016 consacre l'enrichissement sans cause, sous le terme d'« enrichissement injustifié » et précise le régime des autres quasi-contrats, qui a parfois donné lieu à un contentieux nourri (*art. 1300 à 1303-4*).

## 1 Les principes généraux relatifs aux quasi-contrats

### ■ *La notion de quasi-contrat*

L'*article 1300* **définit les quasi-contrats** comme « *des faits purement volontaires dont il résulte un engagement de celui qui en profite sans y avoir droit, et parfois un engagement de leur auteur envers autrui* ». Cette nouvelle définition est plus précise et plus opportune que celle donnée à l'ancien article 1371 puisqu'elle fait désormais référence à l'élément décisif du quasi-contrat qu'est l'***avantage reçu sans droit***. Cette précision évitera à l'avenir de qualifier de quasi-contrat ce qui n'en est pas, comme cela a été le cas pour les loteries publicitaires par exemple.

**_Ch. mixte, 6 septembre 2002 (n° 98-22981)_**

*« Vu l'article 1371 du Code civil ;*
*Attendu que les quasi-contrats sont les faits purement volontaires de l'homme dont il résulte un engagement quelconque envers un tiers ;*
*Attendu que pour condamner la société à payer une certaine somme à titre de dommages-intérêts à M. X..., l'arrêt retient qu'en annonçant de façon affirmative une simple éventualité, la société avait commis une faute délictuelle constituée par la création de l'illusion d'un gain important et que le préjudice ne saurait correspondre au prix que M. X... avait cru gagner ;*
*Qu'en statuant ainsi, alors que l'organisateur d'une loterie qui annonce un gain à une personne dénommée sans mettre en évidence l'existence d'un aléa s'oblige, par ce fait purement volontaire, à le délivrer, la cour d'appel a violé le texte susvisé ».*

### Les différents types de quasi-contrats

L'*article 1300* énonce dans son *2e alinéa* les 3 types de quasi-contrats régis par le titre qui leur est consacré : la gestion d'affaires, le paiement de l'indu et l'enrichissement injustifié.

La formulation employée induit que la liste des quasi-contrats proposée ***n'est pas exhaustive***. Le Code civil reconnaît lui-même d'autres quasi-contrats, tels que les créances et récompenses matrimoniales (art. 1433 et 1437, C. civ.), de même que la jurisprudence (Ch. mixte, 6 sept. 2002, n° 98-22981 ; cf. ci-dessus). Il peut également exister des quasi-contrats innommés, dont le régime juridique n'est pas prévu par le Code civil.

## 2 La gestion d'affaires

Le régime de la gestion d'affaires est développé aux *articles 1301 à 1301-5* du Code civil.

### Définition

L'*article 1301* modernise la définition donnée par l'ancien article : « *Celui qui, sans y être tenu, gère sciemment et utilement l'affaire d'autrui, à l'insu ou sans opposition du maître de cette affaire, est soumis, dans l'accomplissement des actes juridiques et matériels de sa gestion, à toutes les obligations d'un mandataire* ». Selon le Rapport au président de la République, « *Ce texte définit la gestion d'affaires comme un* ***quasi-mandat*** », ce que faisait déjà l'ancien article 1372.

## Les conditions de la gestion d'affaires

Une multiplicité de conditions doit être respectée pour que la gestion d'affaires soit caractérisée (*art. 1301*) :

- le gérant doit avoir ***conscience de gérer l'affaire d'autrui*** : il doit le faire « sciemment » et volontairement, ce qui ne signifie pas qu'il doit avoir l'intention de gérer l'affaire dans l'intérêt exclusif du maître de l'affaire ;
- le gérant doit intervenir « ***sans y être tenu*** » ni par la loi, ni par un contrat. Son action doit être spontanée ;
- comme l'ancien texte (ancien art. 1372), le nouveau exige que la gestion soit faite « *à l'insu ou sans opposition du maître de l'affaire* ». La jurisprudence a décidé qu'en cas d'opposition du maître de l'affaire, le gérant pourrait néanmoins solliciter l'application des règles de la gestion d'affaires lorsque la gestion était nécessaire (Civ. 1re, 11 février 1986, n° 84-10756) ;
- la gestion d'affaires s'applique aussi bien aux ***actes matériels*** qu'aux ***actes juridiques***, conformément à une jurisprudence constante (T. com. Seine, 3 janv. 1900 : arrêt d'un cheval emballé ; Req., 28 février 1910 : hospitalisation d'une personne blessée) ;
- le maître doit avoir été dans l'***impossibilité d'agir*** : l'*article 1301-1* prévoit *in fine* dans son *1er alinéa* que la gestion doit se poursuivre « *jusqu'à ce que le maître de l'affaire soit en mesure d'y pourvoir* », ce qui suppose qu'il ne l'était pas auparavant ;
- la gestion doit être « ***utile*** » (*art. 1301*).

La jurisprudence exige qu'existe un maître de l'affaire, c'est-à-dire qu'il s'agisse d'une personne dotée de la ***personnalité juridique*** (Com., 7 avr. 2010, n° 09-11196) mais le nouveau texte ne reprend pas explicitement cette condition évidente.

Consacrant la jurisprudence (Civ. 1re, 12 janv. 2012, n° 10-24512), l'*article 1301-4* consacre la ***gestion d'affaires intéressée ou d'intérêt commun*** : « *L'intérêt personnel du gérant à se charger de l'affaire d'autrui n'exclut pas l'application des règles de la gestion d'affaires* ». La jurisprudence posait une condition : l'intérêt personnel du gérant ne devait pas être la cause exclusive de sa gestion (Civ. 1re, 25 nov. 2003, n° 02-14545), ce que sous-entend également le nouveau texte. Ces solutions étaient également admises par les avant-projets Catala et Terré.

| | |
|---|---|
| *Art. 1301-4, al. 1er* | *« L'intérêt personnel du gérant à se charger de l'affaire d'autrui n'exclut pas l'application des règles de la gestion d'affaires »* |
| **Civ. 1re, 12 janv. 2012 (n° 10-24512)** | *« Attendu qu'en statuant ainsi, sans tirer les conséquences légales de ses constatations dont il résultait que M. Y... avait agi à la fois dans son intérêt et dans celui de la débitrice, et que les paiements litigieux avaient été utiles à celle-ci non seulement en permettant l'extinction de ses dettes mais en outre en évitant la saisie de ses biens immobiliers, ce qui caractérisait une gestion d'affaires, la cour d'appel a violé les textes susvisés ; »* |

## *Les effets de la gestion d'affaires*

La gestion d'affaires produit des obligations pesant à la fois sur le gérant d'affaires et sur le maître de l'affaire.

### a) Les obligations du gérant d'affaires

L'*article 1301-1* reprend les dispositions antérieurement prévues par les articles 1372, 1373 et 1374. Le gérant est en principe tenu des mêmes obligations qu'un ***mandataire*** :

- il doit ***poursuivre la gestion*** jusqu'à ce que le maître de l'affaire ou son successeur soit en état d'y pourvoir (ancien art. 1373) ;
- il doit apporter à la gestion tous les ***soins d'une personne raisonnable***, qui remplace le « bon père de famille » de l'ancien article 1374, alinéa 1er ;
- comme l'article 1374, alinéa 2, l'*article 1301-1* prévoit dans son *3e alinéa* que l'indemnité peut être modérée par le juge, selon les circonstances, en raison des fautes ou de la négligence du gérant : ***sa responsabilité peut être engagée*** mais de façon atténuée.

### b) Les obligations du maître de l'affaire

L'*article 1301-2* reprend les dispositions de l'ancien article 1375 tout en tenant compte de la jurisprudence :

- le maître de l'affaire doit ***respecter les engagements pris dans son intérêt*** dès lors que l'affaire a été « *utilement gérée* » (*art. 1301-2, al. 1er*) ;

**_Civ. 1re, 31 janvier 1995 (n° 93-11974)_**

*« Mais attendu que le généalogiste qui est parvenu par son activité professionnelle à découvrir les héritiers d'une succession ne peut prétendre, en l'absence de tout contrat, à une rémunération de ses travaux, sur le fondement de la gestion d'affaires, que s'il a rendu service à l'héritier ; que l'arrêt retient que M. André X... connaissait parfaitement sa tante, qu'il avait pendant longtemps entretenue avec elle des relations normales, même si elles s'étaient distendues dans les derniers temps, et qu'il n'a pas eu besoin d'attendre la révélation que le généalogiste lui promettait pour s'adresser immédiatement au notaire de la succession ; qu'en déduisant de ces constatations, dans l'exercice de son pouvoir souverain d'appréciation, que la preuve n'était pas rapportée de l'utilité pour M. André X... de l'intervention du généalogiste, la cour d'appel a répondu aux conclusions et légalement justifié sa décision ».*

- le maître de l'affaire doit **rembourser au gérant** « *les dépenses faites dans son intérêt et l'indemnise des dommages qu'il a subis en raison de sa gestion* ». L'ancien article 1375 prévoyait le remboursement des seules « *dépenses utiles ou nécessaires* ». L'indemnisation des dommages à raison de la gestion découlait de l'article 2000 consacré au mandat. Conformément à la jurisprudence et comme en matière de mandat (cf. art. 2001 : « *les intérêts des avances faites par le mandataire lui est dû par le mandant, à dater du jour des avances constatées* »), « *Les sommes avancées par le gérant portent intérêt du jour du paiement* » (art. 1301-2, al. 3).

Le texte ne reprend pas la règle consacrée par la jurisprudence (Com., 15 déc. 1992, n° 90-19608) selon laquelle toute **rémunération du gérant** est exclue mais l'esprit de la gestion d'affaires impose la persistance de cette solution.

**_Com., 15 décembre 1992 (n° 90-19608)_**

*« l'article 1375 du Code civil n'accorde au gérant que le remboursement de toutes les dépenses utiles ou nécessaires qu'il a faites ; que c'est donc à bon droit que l'arrêt a rejeté la demande par laquelle la société B. sollicitait, non pas le remboursement de dépenses, mais le paiement d'une rémunération ».*

Selon l'*article 1301-3*, « *La ratification de la gestion par le maître vaut* **mandat** ». Cette solution trouve toute son utilité lorsque les conditions de la gestion d'affaires ne sont pas réunies.

Dans l'hypothèse où ***la gestion d'affaires est d'intérêt commun***, « *la charge des engagements, des dépenses et des dommages se répartit à proportion des intérêts de chacun dans l'affaire commune* » (*art. 1301-4, al. 2*).

### Le recours possible à l'enrichissement injustifié

« *Si l'action du gérant ne répond pas aux conditions de la gestion d'affaires mais profite néanmoins au maître de cette affaire, celui-ci doit indemniser le gérant selon les règles de l'enrichissement injustifié* » (*art. 1301-5*) : le gérant peut être indemnisé sur le fondement de l'enrichissement injustifié lorsque ***les conditions de la gestion d'affaires ne sont pas réunies***, mais que l'action du gérant aura procuré un enrichissement au maître, par exemple lorsque le gérant n'aura pas « sciemment » géré l'affaire du maître. En effet, les conditions de l'enrichissement sans cause sont moins strictes que celles de la gestion d'affaires, la ***condition d'altruisme*** n'étant pas exigée. Même si la règle n'était pas posée explicitement avant l'ordonnance du 10 février 2016, l'abandon de la gestion d'affaires au profit de l'enrichissement sans cause était validé.

## 3 Le paiement de l'indu

Le régime du paiement de l'indu est désormais prévu aux *articles 1302 à 1302-3*.

### Les conditions du paiement de l'indu

L'*article 1302* reprend dans son *1er alinéa* quasiment *in extenso* l'ancien article 1235 du Code civil, qui introduisait la section relative au paiement : « *Tout paiement suppose une dette ; ce qui a été reçu sans être dû est sujet à restitution* ». Il impose la ***restitution*** (et non plus la répétition) ***de ce qui a été payé sans être dû***. L'*alinéa 2* du même texte conserve l'exception traditionnelle à ce principe : l'obligation naturelle (définie désormais à l'*article 1100, al. 2*) exclut toute restitution.

### L'indu objectif

L'indu objectif est celui qui porte sur une dette qui n'existe pas. Il est prévu par l'*article 1302-1* qui reprend l'ancien article 1376 : « *Celui qui reçoit par erreur ou sciemment ce qui ne lui est pas dû doit le restituer à celui de qui il l'a indûment reçu* ».

### L'indu subjectif

Il existe deux cas d'indu subjectif :

- celui dans lequel ***une personne s'acquitte d'une dette dont elle est débitrice mais dans les mains du mauvais créancier***, prévu comme l'indu objectif, par l'*article 1302-1* ;

- celui dans lequel une personne « ***par erreur ou sous la contrainte a acquitté la dette d'autrui*** » (*art. 1302-2* reprenant l'interprétation par la jurisprudence de l'ancien art. 1377) : la répétition de l'indu est exclue lorsque l'*accipiens* (celui qui reçoit le paiement) a supprimé son titre ou lorsqu'il a abandonné les sûretés qui garantissaient sa créance « *afin qu'il ne pâtisse pas d'une erreur dont il n'est pas responsable et qu'il puisse retrouver la situation dans laquelle il se trouvait avant le paiement* » (Rapport au président de la République) (*art. 1302-2, al. 1er, in fine*). Le *solvens* peut demander directement le remboursement au véritable débiteur (*art. 1302-2, al. 2*, inspiré de la jurisprudence, Civ. 1re, 13 oct. 1988, n° 96-22515).

## ■ *Les modalités de la restitution*

Les règles de restitution en matière d'indu ne sont pas fondamentalement modifiées, à l'exception des règles particulières créées en matière de restitution d'une prestation de service. En effet, l'*article 1302-3, alinéa 1er* renvoie aux nouvelles règles consacrées à la restitution aux *articles 1352 à 1352-9*, également applicables en cas de nullité, de caducité ou de résolution du contrat (voir p. 175).

## ■ *La faute de l'appauvri*

En cas d'erreur fautive du *solvens*, l'*article 1302-3, alinéa 2* du Code civil prévoit que la restitution pourra être ***réduite*** par le juge. Le texte ne fait aucune différence, comme l'avait fait un temps la jurisprudence, entre indu objectif et indu subjectif, avant d'uniformiser sa solution.

> ***Civ. 1re, 17 février 2010 (n° 08-19789)***
>
> *« l'absence de faute de celui qui a payé ne constitue pas une condition de mise en œuvre de l'action en répétition de l'indu, sauf à déduire, le cas échéant, de la somme répétée, les dommages-intérêts destinés à réparer le préjudice résultant pour l'accipiens de la faute commise par le solvens ».*

# 4 L'enrichissement injustifié

L'enrichissement sans cause est intégré au Code civil sous le nom d'« enrichissement injustifié » (l'abandon de toute référence à la cause dans le Code civil justifie ce choix), après sa consécration par la jurisprudence il y a plus de 100 ans (Req., 15 juin 1892, *Boudier*). La loi d'habilitation donnait expressément compétence au Gouvernement dans son article 8-9° pour introduire ce principe dans le Code civil.

L'enrichissement injustifié permet l'exercice de l'action *de in rem verso,* qui autorise une ***personne au détriment de laquelle une autre s'est enrichie de manière injustifiée*** à lui demander une indemnité (*art. 1303*).

Même si le Code civil ne comportait pas jusque-là de dispositions spécifiques à ce quasi-contrat, le principe en était connu, par exemple à l'article 555 relatif aux constructions faites sur le terrain d'autrui.

## *Les conditions de l'action de in rem verso*

### a) Un enrichissement

Le texte de l'ordonnance ne précise pas la notion d'enrichissement qui a été définie peu à peu par la jurisprudence dans un sens large, comme ***tout gain en argent ou en nature.*** L'enrichissement peut résider dans l'évitement d'une perte ou dans une économie (par exemple lorsqu'un concubin aide l'autre dans l'exercice de sa profession ; Civ. 1re, 20 janv. 2010, n° 08-13400).

### b) L'absence de justification de l'enrichissement

Selon l'*article 1303-1*, « *L'enrichissement est injustifié lorsqu'il ne procède ni de l'accomplissement d'une obligation par l'appauvri ni de son intention libérale* ».

L'enrichissement doit ***faire suite à l'appauvrissement***.

### c) Un appauvrissement

La notion d'appauvrissement n'est pas définie par les nouveaux textes mais la jurisprudence le définit généralement comme le résultat d'une ***perte ou d'un manque à gagner***. L'*article 1303-2* précise, conformément à la jurisprudence, que l'indemnisation est exclue lorsque « *l'appauvrissement procède d'un acte accompli par l'appauvri en vue d'un profit personnel* » (*al. 1er*).

Le lien entre l'enrichissement et l'appauvrissement ne doit pas nécessairement se réaliser dans les rapports entre l'enrichi et l'appauvri : il peut être indirect et passer par l'intermédiaire d'un tiers (Req., 15 juin 1892).

### d) Le caractère subsidiaire de l'action *de in rem verso*

L'enrichissement sans cause ne peut intervenir qu'à titre subsidiaire : aucune autre action ne doit pouvoir être ouverte à l'appauvri. Cette règle posée par la jurisprudence (Civ., 2 mars 1915) est confirmée par le nouvel *article 1303-3* : « *L'appauvri n'a pas d'action sur ce fondement lorsqu'une autre action lui est ouverte ou se heurte à un obstacle de droit, tel que la prescription* ».

**_Extrait du Rapport au président de la République_**

*« Ainsi cette action ne peut ni servir à contourner les règles d'une action contractuelle, extra-contractuelle ou légale dont l'appauvri dispose, ni suppléer une autre action qu'il ne pourrait plus intenter suite à un obstacle de droit, telle une prescription, une déchéance, une forclusion, ou encore en raison de l'autorité de chose jugée ».*

## La faute de l'appauvri

L'indemnisation peut être réduite par le juge lorsque l'appauvrissement résulte d'une faute de l'appauvri (*art. 1303-2, al. 2*). La faute de l'appauvri ne rend pas l'action *de in rem verso* irrecevable. Comme pour le paiement de l'indu, l'*article 1303-2* dispose qu'elle conduit à une réduction de l'indemnisation, ce qui met fin à une jurisprudence incertaine.

**_Civ. 1re, 27 novembre 2008 (n° 07-18875)_**

*« Attendu que le fait d'avoir commis une imprudence ou une négligence ne prive pas de son recours fondé sur l'enrichissement sans cause celui qui, en s'appauvrissant, a enrichi autrui ; ».*

**_Com., 18 mai 1999 (n° 95-19455) ; Civ. 1re, 19 mars 2015 (n° 14-10075)_**

*« Attendu que l'action de in rem verso ne peut aboutir lorsque l'appauvrissement est dû à la faute de l'appauvri ; ».*

## Les modalités d'évaluation de l'indemnisation

Conformément à la jurisprudence, l'enrichi doit à l'appauvri « *une indemnité égale à la* ***moindre des deux valeurs*** *de l'enrichissement* et de l'appauvrissement » (*art. 1303-4, al. 1er*). L'*article 1303-4* fixe une limite dans son *2e alinéa* : « *En cas de mauvaise foi de l'enrichi, l'indemnité due est égale à la plus forte de ces deux valeurs* », ce qui constitue une innovation. Les règles déterminant la date d'évaluation de l'enrichissement et de l'appauvrissement font par conséquent l'objet d'un certain nombre de modifications :

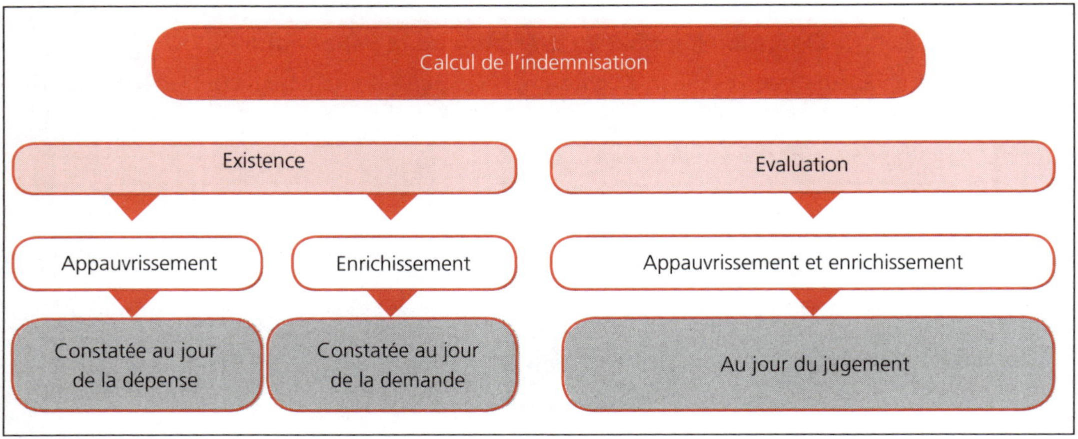


L'appauvrissement était auparavant évalué au jour de la réalisation de la dépense (Civ. 1re, 15 février 1973, *Casier* ; Civ. 3e, 18 mai 1982, n° 80-10299) et l'enrichissement à la date de la demande en restitution (Civ. 1re, 18 juin 1960, *Cne de Fréneuse* ; Civ. 1re, 13 nov. 2014, n° 13-20442).

Alors que cette évaluation était soumise au principe du nominalisme monétaire, ce que la doctrine critiquait (selon le doyen Carbonnier, « *rationnellement, la créance née de l'enrichissement sans cause devrait être traitée comme une créance de valeur, au même titre que la créance de réparation* »), le nouveau texte en fait une ***créance de valeur***, comme les créances de réparation. Cette solution est conforme à celle préconisée par le Code civil dans des textes spéciaux tels que les articles 549, 555, 566, 570, 571, 572, 574 et 576.

# Le régime général des obligations

# PARTIE 2

Le régime des obligations faisait jusque-là l'objet de dispositions éparses qui font désormais l'objet d'un regroupement au sein d'un même titre. Cette modification a permis de compléter des dispositions qui se montraient jusque-là lacunaires alors que leur importance dans la pratique est manifeste.

# Les modalités de l'obligation

**Chapitre 13**

*L'une des parties du nouveau titre du Code civil consacré au régime général des obligations est dédiée aux modalités de l'obligation : obligation conditionnelle (art. 1304 à 1304-7), obligation à terme (art. 1305 à 1305-5) et obligation plurale (art. 1306 à 1320). Les dispositions sont simplifiées et modernisées tout en tenant compte des solutions apportées par la jurisprudence.*

## 1 L'obligation conditionnelle

L'obligation conditionnelle fait l'objet de 8 articles au lieu de 17 auparavant, ce qui rend le dispositif beaucoup plus clair sans opérer pour autant de changements fondamentaux.

### *Définition*

« *L'obligation est conditionnelle lorsqu'elle dépend d'un événement futur et incertain* » (*art. 1304, al. 1er*). La définition s'inspire à la fois du texte de l'ancien article 1168 et des travaux de la doctrine.

## Les modalités de l'obligation conditionnelle

L'*article 1304* distingue deux modalités de la condition :

| Type de condition | Naissance de la condition | Effets de l'accomplissement |
|---|---|---|
| **Condition suspensive** | La naissance de l'obligation est suspendue à l'accomplissement de cette condition. | L'accomplissement de la condition rend l'obligation pure et simple. |
| **Condition résolutoire** | L'obligation naît immédiatement et produit tous ses effets. | L'accomplissement de la condition entraîne l'anéantissement de l'obligation. |

La distinction entre condition casuelle (ancien art. 1169), potestative (ancien art. 1170) et mixte (ancien art. 1171) est abandonnée. En revanche, la nullité de la condition potestative est maintenue (*art. 1304-2*).

## Les conditions de validité de la condition

« *La condition doit être* ***licite****.* À défaut, l'obligation est nulle ». L'*article 1304-1* reprend l'ancien article 1172, hormis la référence aux bonnes mœurs et simplifie l'ensemble (ancien article 1172 : « *Toute condition d'une chose impossible, ou contraire aux bonnes mœurs, ou prohibée par la loi est nulle, et rend nulle la convention qui en dépend* »).

L'ordonnance ne reprend pas l'exigence d'une condition ***possible*** prévue à l'ancien article 1173.

**_Extrait du Rapport au président de la République_**

***« En effet, si la condition suspensive porte sur une chose impossible, l'obligation qui en dépend ne peut prendre naissance, faute pour la condition de pouvoir se réaliser, et elle n'est donc pas nulle, et à l'inverse, lorsque la condition résolutoire est impossible, la condition ne s'accomplira pas et les effets du contrat ne seront pas remis en cause, sans qu'une nullité de l'obligation ne se justifie ».***

L'avant-projet hésitait à conserver l'exigence d'un caractère possible de la condition (le terme avait été placé entre crochets), alors que le projet Terré l'avait supprimé.

En revanche, l'ordonnance maintient à l'*article 1304-2* la ***nullité de la condition potestative*** (ancien art. 1174) : « *Est nulle l'obligation contractée sous une condition dont la réalisation dépend de la seule volonté du débiteur* », sauf si elle a été exécutée en connaissance de cause.

## Les effets de la condition

### a) Les effets pendante conditione

L'*article 1304-4* reprend une solution constante de la jurisprudence : la partie dans l'intérêt exclusif de laquelle la condition est stipulée peut y ***renoncer*** tant qu'elle n'est pas accomplie, ni défaillie (Com., 20 février 2007, n° 05-19601 : « *la partie bénéficiaire exclusive d'une condition, étant toujours libre d'y renoncer…* »). L'obligation devient alors pure et simple.

Le débiteur doit ***s'abstenir de tout acte qui empêcherait la bonne exécution de l'obligation*** (*art. 1304-5, al. 1er*). Comme le prévoyait l'ancien article 1180 sans toutefois faire référence à l'action paulienne, le même texte dispose *in fine* que « *le créancier peut accomplir tout acte conservatoire et attaquer les actes du débiteur accomplis en fraude de ses droits* ». La restitution de ce qui a été payé peut toujours être demandée tant que la condition suspensive n'est pas accomplie, contrairement à la condition suspensive du terme (*art. 1304-5, al. 2*).

« *La condition suspensive est réputée accomplie si celui qui y avait intérêt en a empêché l'accomplissement* » (*art. 1304-3, al. 1er*). Ce texte sanctionnant la ***mauvaise foi*** reprend l'ancien article 1178, ainsi que le projet Terré. Pour les mêmes raisons, « *La condition résolutoire est réputée défaillie si son accomplissement a été provoqué par la partie qui y avait intérêt* » (*art. 1304-3, al. 2*). La jurisprudence allait déjà dans ce sens (Civ. 3e, 23 juin 2004, n° 03-12207).

Enfin, « *Ce qui a été payé peut être répété tant que la condition suspensive n'est pas accomplie* » (*art. 1304-5, al. 2*).

### b) Les effets de la réalisation ou de la défaillance de la condition

#### 1) Condition suspensive

Deux hypothèses doivent être distinguées :

- en cas d'***accomplissement de la condition suspensive*** : l'obligation devient pure et simple à la date de cet accomplissement et non plus rétroactivement, comme le prévoyait jusque-là le Code civil (ancien art. 1181), sauf clause contraire qui laisse néanmoins les risques à la charge du débiteur (*art. 1304-6, al. 1er et 2*). « *Toutefois, les parties peuvent prévoir que l'accomplissement de la condition rétroagira au jour du contrat. La chose, objet de l'obligation, n'en demeure pas moins aux risques du débiteur, qui en conserve l'administration et a droit aux fruits jusqu'à l'accomplissement de la condition* » (*art. 1304-6, al. 2*) ;

**_Extrait du Rapport au président de la République_**

_« Le caractère rétroactif de la condition suspensive est en effet inutile, puisque cette condition ne produit pas réellement d'effet tant qu'elle est pendante (pendante conditione) : le créancier ne dispose que d'un droit conditionnel et le débiteur se comporte en pratique comme le propriétaire, les risques de la chose demeurant à sa charge comme le rappelle l'alinéa 2 »._

- en cas de **_défaillance de la condition suspensive_**, l'obligation est réputée n'avoir jamais existé (_art. 1304-6, al. 3_). Cet effet découle de la définition même de la condition suspensive.

### 2) Condition résolutoire

Selon l'_article 1304-7, alinéa 1er_ « _L'accomplissement de la condition résolutoire éteint rétroactivement l'obligation, sans remettre en cause, le cas échéant, les actes conservatoires et d'administration_ ». Le texte est une reprise de l'ancien article 1183 auquel s'ajoute une jurisprudence établie en matière d'actes conservatoire et d'administration (Civ. 1re, 16 janv. 1968).

**_Extrait du Rapport au président de la République_**

_« En effet, contrairement à la condition suspensive, la condition résolutoire produit tant qu'elle est pendante les effets d'une obligation pure et simple ; la rétroactivité en cas de réalisation de cette condition permettra donc une annulation des actes passés et des restitutions, pour retrouver la situation où se trouvaient les parties avant la conclusion de l'obligation »._

La rétroactivité peut désormais être écartée par les parties ou « _si les prestations échangées ont trouvé leur utilité au fur et à mesure de l'exécution réciproque du contrat_ » (_art. 1304-7, al. 2_), c'est-à-dire pour les obligations à exécution successive.

## 2 L'obligation à terme

Les nouveaux textes relatifs à l'obligation à terme sont largement inspirés du droit positif.

### La notion d'obligation à terme

« _L'obligation est à terme lorsque son_ **_exigibilité est différée_** _jusqu'à la survenance d'un événement futur et certain, encore que la date en soit incertaine_ » (_art. 1305_). Le texte est beaucoup plus clair que l'ancien article 1185 et correspond à la définition donnée traditionnellement par la doctrine. Le terme peut être **_exprès ou tacite_** (_art. 1305-1, al. 1er_).

Même si elle a déjà été consacrée par la jurisprudence (Civ. 1re, 29 mai 2001, n° 99-13594), la nouveauté réside dans le *2e alinéa* de ce même texte qui élargit le pouvoir du juge à défaut d'accord des parties : le juge pourra alors ***fixer le terme*** en considération de la nature de l'obligation et de la situation des parties. La solution s'inspire des articles 1900 et 1901 qui prévoient la même règle pour le seul contrat de prêt.

## *Les effets de l'obligation à terme*

L'*article 1305-2* reprend les principes posés par l'ancien article 1186 : « *Ce qui n'est dû qu'à terme ne peut être exigé avant son échéance ; mais ce qui a été payé d'avance ne peut être répété* ».

Sauf disposition légale ou conventionnelle contraire ou circonstances particulières, le terme profite au débiteur : l'*article 1305-3* reprend dans son *1er alinéa* (« *Le terme profite au débiteur, s'il ne résulte de la loi, de la volonté des parties ou des circonstances qu'il a été établi en faveur du créancier ou des deux parties* ») les principes de l'ancien article 1187 et la jurisprudence dans son second : « *La partie au bénéfice exclusif de qui le terme a été fixé peut y renoncer sans le consentement de l'autre* » (Paris, 22 avr. 1976).

## *La déchéance du terme*

L'*article 1305-4* prévoit deux cas de déchéance du terme :

- ***le débiteur diminue les sûretés qui garantissent l'obligation*** : ce cas était déjà prévu par l'ancien article 1188 ;
- ***le débiteur ne fournit pas les sûretés promises au créancier*** : ce cas est nouveau mais était déjà validé par la jurisprudence. Les articles 1912 et 1977 du Code civil consacraient cette possibilité dans des cas particuliers de déchéance du terme reposant sur l'absence de constitution d'une sûreté.

L'*article 1305-5* reprend une règle établie par la jurisprudence (Com., 15 juin 2011, n° 10-18850) : s'agissant d'une sanction personnelle, « *La déchéance du terme encourue par un débiteur est inopposable à ses coobligés, même solidaires* ». Seul le débiteur fautif est sanctionné.

## 3 L'obligation plurale

L'obligation peut être plurale en raison d'une multiplicité d'objets ou de sujets.

### La pluralité d'objets

Seule l'obligation alternative était jusque-là prévue par le Code civil (*art. 1307 à 1307-5*). Y figureront désormais l'obligation cumulative (*art. 1306*) et l'obligation facultative (*art. 1308*).

**a) L'obligation cumulative**

L'obligation cumulative est celle qui a pour objet ***plusieurs prestations*** (*art. 1306*). Le régime découle de la définition : l'obligation ne s'éteint que si toutes les prestations ont été exécutées par le débiteur qui en est tenu.

Le terme d'« obligation cumulative » est préféré à celui d'« obligation conjonctive ».

**b) L'obligation alternative**

L'obligation alternative est celle qui a pour objet ***plusieurs prestations***. Les textes relatifs à l'obligation alternative sont simplifiés.

L'exécution de ***l'une des obligations*** libère le débiteur (*art. 1307*, reprenant l'ancien art. 1189 dans des termes plus clairs).

Le ***choix*** de la prestation qui doit être exécutée ***appartient au débiteur***, « *sauf disposition légale ou clause contraire* » (*art. 1307-1, al. 1er*, reprenant plus ou moins l'ancien art. 1190 qui exigeait en outre un consentement exprès) ». Conformément à la jurisprudence, « *Le choix exercé est définitif et fait perdre à l'obligation son caractère alternatif* » (*art. 1307-1, al. 3*).

***Civ. 1re, 3 juin 1966***

***« Le choix de l'objet de l'obligation alternative est définitif, dès qu'il est fait par la partie à laquelle il appartient ».***

La question de l'***absence de choix*** est également réglée, succédant à une jurisprudence indécise. Lorsque le débiteur n'exerce pas son choix, « *en temps voulu ou dans un délai raisonnable* », l'autre partie dispose d'un choix qu'elle ne peut exercer qu'après une mise en demeure préalable (*art. 1307-1, al. 2*) :

- elle peut exercer elle-même le choix ;
- elle peut résoudre le contrat.

**_Civ. 1re, 4 juillet 1968_**

*« le juge ne peut, dans les rapports contractuels, se substituer aux parties, pour exercer, en leur nom, une option qu'elles se sont réservées, ni autoriser le cocontractant, qui n'avait pas ce droit d'après la convention, à opérer le choix à la place de la partie défaillante ».*

Le nouveau texte règle également le problème de la ***prestation devenue impossible*** :

- en cas d'i***mpossibilité d'exécuter la prestation préalablement choisie*** en raison d'un cas de force majeure : le débiteur est libéré (*art. 1307-2*) ;
- lorsque ***le débiteur n'a pas exercé de choix et que l'une des prestations devient impossible en raison d'un cas de force majeure*** : le débiteur devra exécuter l'autre prestation (*art. 1307-3*, reprenant l'ancien art. 1192) ;
- lorsque ***le choix de la prestation appartenait au créancier et que l'une des prestations devient impossible à en raison d'un cas de force majeure :*** le débiteur devra exécuter l'autre prestation (*art. 1307-4*, reprenant le principe posé par l'ancien art. 1194, al. 2, dans des termes beaucoup moins complexes) ;
- lorsque ***toutes les prestations deviennent impossibles en raison, pour chacune d'elles, d'un cas de force majeure*** : le débiteur est libéré (*art. 1307-5*, simplifiant l'ancien art. 1194, al. 3).

### c) L'obligation facultative

L'obligation facultative apparaît pour la première fois dans le Code civil (*art. 1308*). Elle permet au débiteur de se libérer en fournissant ***une autre prestation que celle initialement prévue***. Le débiteur est libéré lorsque la prestation initialement convenue devient impossible pour cause de force majeure, ce qui la distingue de l'obligation alternative.

Le Code donne déjà quelques exemples d'obligations alternatives : lorsque l'acheteur peut, en cas de lésion dans une vente, éviter la rescision en versant le supplément du juste prix (art. 1681).

## La pluralité de sujets

Les dispositions relatives à la pluralité de sujets font l'objet de modifications substantielles. Elles portent sur les obligations comportant au moins deux créanciers ou deux débiteurs.

L'*article 1309* pose désormais clairement le ***principe de la division des obligations*** entre les parties initiales, comme entre successeurs. La division a lieu en principe par parts égales. Le principe n'était pas exposé dans le Code civil de façon aussi claire auparavant (cf. ancien art. 1202). Les conséquences de la pluralité de sujets sont les suivantes :

- « *Chacun des créanciers n'a droit qu'à sa part de la créance commune* » (*art. 1309, al. 2*) ;
- « *chacun des débiteurs n'est tenu que de sa part de la dette commune* » (*art. 1309, al. 2*) ;
- « *Il n'en va autrement, dans les rapports entre les créanciers et les débiteurs, que si l'obligation est de surcroît solidaire ou si la prestation due est indivisible* » (*art. 1309, al. 3*).

L'obligation solidaire et l'obligation indivisible constituent des ***tempéraments*** aux principes de la division des obligations (*art. 1309, al. 3*).

### a) L'obligation solidaire

La solidarité découle de la ***loi ou du contrat*** ; elle ne se présume pas (*art. 1310*, repris de l'ancien art. 1202).

Deux types de solidarité peuvent être envisagés :

#### 1) La solidarité entre créanciers ou « solidarité active »

Les textes existants subissent peu de modifications :

- ***chaque créancier peut exiger ou recevoir le paiement de toute la créance***. Le débiteur est alors libéré à l'égard de tous les créanciers. Le débiteur peut payer le créancier de son choix, tant qu'il n'est pas poursuivi par l'un d'eux (*art. 1311, al. 2*, reprenant l'ancien article 1197) ;
- tout acte qui interrompt ou suspend la ***prescription*** à l'égard de l'un des créanciers solidaires, profite aux autres créanciers (*art. 1312*, l'ancien article 1199 ne faisait pas allusion à la suspension de la prescription).

La règle posée antérieurement à l'article 1198 (« *Il est au choix du débiteur de payer à l'un ou l'autre des créanciers solidaires, tant qu'il n'a pas été prévenu par les poursuites de l'un d'eux. Néanmoins, la remise qui n'est faite que par l'un des créanciers solidaires ne libère le débiteur que pour la part de ce créancier* ») est déplacée au sein des dispositions relatives à la remise de dette (*art. 1350-1*).

### 2) La solidarité entre débiteurs ou « solidarité passive »

La solidarité entre débiteurs est traitée aux *articles 1313 à 1319* :

- ***chaque codébiteur répond de toute la dette***. Le paiement fait par l'un d'eux les libère tous envers le créancier (*art. 1313, al. 1er*, reprenant l'ancien art. 1200) ;
- le créancier peut ***demander le paiement au débiteur solidaire de son choix*** (*art. 1313, al. 2*, reprenant l'ancien art. 1203). « *Les poursuites exercées contre l'un des débiteurs solidaires n'empêchent pas le créancier d'en exercer de pareilles contre les autres* » (*art. 1313, al. 2*, inspiré de l'ancien art. 1204) ;
- la ***demande d'intérêts*** formée contre l'un des débiteurs solidaires fait courir les intérêts à l'égard de tous (*art. 1314*, reprenant l'ancien art. 1207) ;
- l'*article 1315* clarifie les règles de l'ancien article 1208 : il permet de faire une distinction entre les *exceptions* communes à tous les codébiteurs, celles qui sont personnelles au codébiteur poursuivi et celles qui sont personnelles à d'autres codébiteurs. Le codébiteur poursuivi ne peut opposer ces dernières mais il peut s'en prévaloir (notamment en cas de compensation ou de remise de dette) pour faire réduire le montant total de la dette si elles ont eu pour effet d'éteindre la part divise d'un autre codébiteur ;

> **Extrait du Rapport au président de la République**
>
> *« il a été fait le choix, dans un souci de meilleure lisibilité de notre droit, de donner les principaux exemples d'exceptions concernées, qui ne sont toutefois pas exhaustifs ».*

- la ***remise de solidarité*** accordée par le créancier à l'un des codébiteurs solidaires maintient la créance sur les autres « *déduction faite de la part du débiteur qu'il a déchargé* » (*art. 1316*, reprenant l'ancien art. 1210) ;

> **Extrait du Rapport au président de la République**
>
> *« La libération des autres codébiteurs à hauteur de la part de celui qui a été déchargé, ne vaut néanmoins que si la remise de solidarité s'est accompagnée d'un paiement du débiteur. A contrario le créancier conserve dans le cas contraire son action pour le tout contre les autres codébiteurs ».*

- les règles relatives à la ***contribution à la dette*** entre codébiteurs sont réunies en un seul article (*art. 1317*, repris des anciens art. 1213, 1214 et 1215) :
  - « *Entre eux, les codébiteurs solidaires ne contribuent à la dette que chacun pour sa part* (*al. 1er*),
  - « *Celui qui a payé au-delà de sa part dispose d'un recours contre les autres à proportion de leur propre part* » (*al. 2*),
  - « *Si l'un d'eux est insolvable, sa part se répartit, par contribution, entre les codébiteurs solvables, y compris celui qui a fait le paiement et celui qui a bénéficié d'une remise de solidarité* (*al. 3*) » ;
- l'*article 1318* conserve la règle de l'ancien article 1216 selon laquelle le débiteur qui a payé n'a pas de ***recours*** contre le codébiteur solidaire non intéressé par la dette mais celui-ci dispose d'un recours pour le tout s'il a payé ;
- l'*article 1319* expose une règle inédite dans le Code civil relative aux conséquences de l'***inexécution de l'obligation*** imputable à l'un des codébiteurs ou à seulement certains d'entre eux : « *Les codébiteurs solidaires répondent solidairement de l'inexécution de l'obligation. La charge en incombe à titre définitif à ceux auxquels l'inexécution est imputable* ».

### b) L'obligation à prestation indivisible

L'*article 1320* réunit en un seul article les règles contenues aux anciens articles 1217 à 1225 relativement à l'***indivisibilité*** (les règles relatives à la divisibilité sont exclues) :

- l'indivisibilité peut résulter soit de la nature de la prestation, soit de la convention des parties ;
- elle donne le droit à chaque créancier d'exiger et de recevoir un paiement intégral ;
- chacun des débiteurs a l'obligation de payer le tout et dispose d'un recours en contribution contre les autres ;
- les mêmes règles sont applicables aux successeurs des créanciers et débiteurs, afin d'éviter le fractionnement de la dette (ce qui différencie l'obligation indivisible de l'obligation solidaire).

# Les opérations sur obligations

Chapitre 14

*L'ordonnance du 10 février 2016 introduit une innovation substantielle : elle opte pour un regroupement au sein d'un même chapitre des différentes opérations sur obligations que sont la cession de créance (art. 1321 à 1326), la cession de dette (art. 1327 à 1328-1), la novation (art. 1329 à 1335) et la délégation (art. 1336 à 1340). L'autre nouveauté réside dans l'entrée de la cession de dette dans le Code civil.*

## 1 La cession de créance

Les dispositions relatives à la cession de créance sont largement modernisées par l'ordonnance du 10 février 2016. Dans la mesure où celle-ci peut porter sur tout type d'obligations, elles sont déplacées des textes spéciaux relatifs à la vente vers le régime général des obligations.

### La notion de cession de créance

La cession de créance est **définie** comme « *un contrat par lequel le créancier cédant transmet, à titre onéreux ou gratuit, tout ou partie de sa créance contre le débiteur cédé à un tiers appelé le cessionnaire* » (*art. 1321, al. 1er*).

### Le domaine de la cession de créance

Conformément à la jurisprudence (Civ. 1re, 20 mars 2001, n° 99-14982 ; Com., 22 janv. 2002, n° 99-15047), la cession « *peut porter sur une ou plusieurs créances* ***présentes ou futures, déterminées ou déterminables*** » (*art. 1321, al. 2*).

L'*article 1321, alinéa 3* prévoit que la cession « *s'étend aux* ***accessoires de la créance*** ». L'ancien article 1692 prévoyait déjà cette règle et en donnait même des exemples (caution, privilège, hypothèque). La jurisprudence y ajoutait toutes les actions dont le cédant bénéficiait avant la cession (Com., 8 oct. 2013, n° 12-21436).

La jurisprudence estime que la créance ne doit pas nécessairement être ***exigible*** pour faire l'objet d'une cession (Com., 7 déc. 2004, n° 02-20732).

## *Les conditions de validité de la cession de créance*

### a) Les conditions de fond de la cession d'une créance

Les conditions de validité de la cession de créance subissent des modifications substantielles. La cession de créance étant un contrat, elle doit préalablement obéir aux ***conditions de validité de droit commun*** telles que les conditions de capacité, de consentement ou de contenu requises pour tout contrat.

Comme la jurisprudence, l'*article 1321, alinéa 4* n'exige pas le consentement du débiteur cédé mais créée une exception, lorsque la créance a été stipulée incessible.

**_Civ. 1re, 22 mars 2012 (n° 11-14111)_**

*« la cession de créance opère transfert de la créance du cédant au profit du cessionnaire sans que le consentement du débiteur cédé soit requis ».*

### b) Les conditions de forme de la cession d'une créance

Selon l'*article 1322,* « *La cession de créance doit être constatée par écrit, à peine de nullité* ». La cession de créance devient un ***contrat solennel*** alors qu'elle était jusqu'alors considérée comme un contrat consensuel (Com., 15 nov. 1994, n° 92-19931). Cette exigence constitue une ***condition de validité*** de la cession et non pas seulement une formalité de preuve.

L'obligation d'une signification par huissier ou d'une acceptation du débiteur par acte authentique, prévue à l'article 1690, est supprimée.

## *Les effets de la cession d'une créance*

Les effets de la cession de créance sont largement précisés par le nouveau texte.

### a) La date de transfert de la créance

#### *1) Entre les parties*

Entre les parties, le transfert de la créance s'opère à la ***date de l'acte*** (*art. 1323, al. 1er*). Par conséquent, le concours entre cessionnaires successifs d'une créance se résout au profit du ***premier*** en date, lequel dispose d'un recours contre celui auquel le débiteur aurait fait un paiement (*art. 1325*).

#### *2) À l'égard des tiers*

La cession est opposable aux tiers à la ***date de l'acte*** (*art. 1323, al. 2*). Le cessionnaire devra faire la preuve de la date, qu'il pourra apporter par tous moyens, en cas de contestation.

Lorsqu'il s'agit de céder une ***créance future***, le transfert n'a lieu « *qu'au jour de sa naissance, tant entre les parties que vis-à-vis des tiers* » (*art. 1323, al. 3*).

#### *3) À l'égard du débiteur cédé*

Les conditions de l'opposabilité de la cession à l'égard du débiteur cédé sont assouplies par rapport au texte antérieur (ancien art. 1690) : elle doit lui avoir été notifiée ou il doit en avoir pris acte (*art. 1324, al. 1er*). La notification est inutile lorsque le débiteur a consenti à la cession.

Une simple notification ou acceptation de la cession suffit à rendre la cession opposable, ce qui tranche avec l'***excessif formalisme de l'ancien article 1690*** qui avait conduit le législateur à organiser une cession simplifiée (loi Dailly ; art. L. 313-23 et s., C. mon. fin.). Même si la Cour de cassation avait parfois montré des signes d'assouplissement, elle n'avait jamais admis une telle simplification (Civ. 2e, 17 oct. 2013, n° 12-15967). Tout comme la jurisprudence (Civ. 1re, 19 févr. 2013, n° 11-24373), le nouveau texte rejette toute opposabilité qui reposerait sur la ***simple connaissance*** de la cession par le débiteur.

### b) Les exceptions opposables au cessionnaire par le débiteur cédé

Reprenant la jurisprudence (Com., 12 janv. 2010, n° 08-22000), l'*article 1324* dispose dans son *2e alinéa* que le débiteur cédé peut opposer au cessionnaire deux types d'exceptions :

- les ***exceptions inhérentes à la dette*** : nullité, exception d'inexécution, résolution, compensation des dettes connexes ;
- les ***exceptions nées de ses rapports avec le cédant*** avant que la cession lui soit devenue opposable : octroi d'un terme, remise de dette, compensation de dettes connexes.

Le cédant et le cessionnaire sont solidairement tenus de tous les ***frais*** supplémentaires occasionnés par la cession. Sauf clause contraire, la charge de ces frais incombe au cessionnaire (*art. 1324, al. 3*). La solidarité prévue par le nouveau texte n'existait pas auparavant : l'acheteur, c'est-à-dire le cessionnaire, devait supporter seul les frais.

#### c) Les obligations du cédant

L'*article 1326* réunit les obligations du cédant décrites auparavant aux anciens articles 1693 à 1695.

Le cédant garantit ***l'existence de la créance et de ses accessoires***, « *à moins que le cessionnaire l'ait acquise à ses risques et périls ou qu'il ait connu le caractère incertain de la créance* » (*art. 1326, al. 1er*). L'ancien article 1693 comportait une exigence semblable. Cependant, le cédant ne répond de la solvabilité du débiteur que lorsqu'il s'y est engagé, et dans la limite du prix qu'il a pu retirer de la cession (*art. 1326, al. 2*, conforme à l'ancien art. 1695). Cette garantie ne couvre alors en principe que la solvabilité actuelle mais peut s'étendre à la solvabilité à l'échéance, si le cédant l'a expressément spécifié (*art. 1326, al. 3*).

#### d) Le maintien de la procédure de « retrait litigieux »

Les nouveaux textes ne suppriment pas les dispositions relatives au retrait litigieux telles qu'elles sont prévues aux articles 1699 à 1701 du Code civil, qui permettent au débiteur cédé de ***se substituer au cessionnaire*** en lui remboursant le prix réel et les frais de la cession.

## 2 La cession de dette

L'ordonnance du 10 février 2016 fait entrer la cession de dette dans le Code civil : « *Un débiteur peut, avec l'accord du créancier, céder sa dette* » (*art. 1327, al. 1er*). Elle permet à un débiteur de se libérer d'une dette en donnant à son créancier un autre débiteur. Née de la pratique, elle était déjà admise par la jurisprudence à certaines conditions, reprises par le nouveau texte, qui en fixe le régime. La cession de dette est déjà intégrée dans de nombreuses législations étrangères.

### ■ *Les conditions de la cession de dette*

Conformément à la jurisprudence (Civ. 1re, 2 juin 1992), la cession de dette nécessite le ***consentement exprès*** du créancier (*art. 1327*). Ce consentement peut être donné ***par avance*** par le créancier mais la cession ne lui sera opposable qu'à partir du jour où elle lui a été notifiée ou dès qu'il en a pris acte (*art. 1327-1, in fine*).

### Les effets de la cession de dette

La cession de dette a un caractère libératoire pour le débiteur originaire seulement si le créancier y consent expressément (*art. 1327-2*).

#### a) Le créancier n'a pas libéré le débiteur originaire

La cession ne fait qu'***ajouter un débiteur***. Le débiteur originaire est tenu solidairement au paiement de la dette avec le débiteur substitué, sauf clause contraire (*art. 1327-2, in fine*).

Lorsque le débiteur originaire n'est pas déchargé par le créancier, les sûretés subsistent (*art. 1328-1, al. 1er*). Le débiteur substitué et le débiteur originaire peuvent opposer deux types d'exceptions au créancier (*art. 1328*) :

- les ***exceptions inhérentes à la dette*** : nullité, exception d'inexécution, résolution, compensation de dettes connexes ;
- les ***exceptions qui sont personnelles*** à chacun d'eux.

#### b) Le créancier a libéré le débiteur originaire

Si le créancier a déchargé le cédant, celui-ci sera alors ***libéré*** pour l'avenir.

Les ***garanties*** consenties par des tiers ne subsistent qu'avec leur accord (*art. 1328-1, al. 1er, in fine*). Dans ce cas, « *ses codébiteurs solidaires [du cédant] restent tenus déduction faite de sa part dans la dette* » (*art. 1328-1, al. 2*).

## 3 La novation

Contestée par la doctrine mais utilisée par la pratique comme en témoigne l'importante jurisprudence qu'elle suscite, la novation est conservée au sein du Code civil mais les dispositions qui l'organisent font l'objet de simplifications.

« *La novation est un contrat qui a pour objet de substituer à une obligation, qu'elle éteint, une obligation nouvelle qu'elle crée* » (*art. 1329*) : la naissance d'une nouvelle obligation doit être ***corrélative*** à l'extinction d'une autre obligation. Le Code civil ne donnait jusque-là aucune définition de la novation.

## Les modalités de la novation

L'*article 1329, alinéa 2* reprend les 3 modalités de novation déjà formulées à l'ancien article 1271 du Code civil en les clarifiant :

- la novation par substitution d'obligation entre les mêmes parties ;
- la novation par changement de débiteur ;
- la novation par changement de créancier.

## Les conditions de la novation

La novation suppose le ***consentement*** des parties « *La novation ne se présume pas ; la volonté de l'opérer doit résulter clairement de l'acte. La preuve peut en être apportée par tout moyen* ». L'*article 1330* reprend l'ancien article 1273 mais précise désormais que la ***preuve du consentement*** peut être apportée par ***tout moyen***.

Les nouveaux textes ne reprennent pas la condition de ***capacité*** prévue par l'ancien article 1272 : la précision est inutile dans la mesure où la novation est un contrat soumis par conséquent à cette exigence.

La novation suppose que l'ancienne comme la nouvelle obligation soient toutes deux ***valides*** (*art. 1331*), conformément à la jurisprudence. Ce principe peut être écarté lorsque la novation a « *pour objet déclaré de substituer un engagement valable à un engagement entaché d'un vice* » (l'hypothèse rappelle celle de la confirmation, voir p. 75).

> ***Com., 19 novembre 2003 (n° 00-15287)***
>
> ***« Attendu que la novation n'a lieu que si une obligation valable est substituée à l'obligation initiale ; qu'en cas d'annulation de la convention novatoire, la première obligation retrouve son efficacité ; qu'il en est ainsi même lorsque l'obligation nouvelle était annulable du propre fait du créancier ».***

Certains types de novation exigent des ***conditions spécifiques*** :

- la novation par changement de débiteur peut s'opérer sans le concours du premier débiteur (*art. 1332*, reprenant l'ancien art. 1274) ;
- la novation par changement de créancier nécessite le consentement du débiteur mais celui-ci peut, par avance, accepter que le nouveau créancier soit désigné par le premier (*art. 1333, al. 1er*).

### Les effets de la novation

La novation est ***opposable aux tiers à la date de l'acte***. En cas de contestation de celle-ci, la preuve en sera à la charge du créancier, qui peut l'apporter par tout moyen (*art. 1333, al. 2*).

Les *articles 1334 et 1335* simplifient et clarifient les anciens articles 1278 à 1281. La novation éteint l'obligation ancienne ***ainsi que ses accessoires*** (*art. 1334, al. 1er*), c'est-à-dire les garanties, avec des exceptions :

- les ***sûretés réelles*** peuvent être réservées pour la garantie de la nouvelle obligation avec l'accord des tiers garants (*art. 1334, al. 2*, reprenant les anciens art. 1278 à 1280) ;
- pour les ***sûretés personnelles*** : la novation convenue entre le créancier et l'un des codébiteurs solidaires libère les autres (*art. 1335, al. 1er*, reprenant l'ancien art. 1281). Une nouveauté découle du *2e alinéa* de l'*article 1335* : « *La novation convenue entre le créancier et une caution ne libère pas le débiteur principal. Elle libère les autres cautions à concurrence de la part contributive de celle dont l'obligation a fait l'objet de la novation* ». Les anciens textes ne prévoyaient pas une telle disposition, inspirée par la doctrine.

## 4 La délégation

L'ordonnance clarifie les dispositions relatives à la délégation sans les modifier substantiellement. Le changement marquant consiste à détacher les dispositions relatives à la délégation de celles relatives à la novation dans la mesure où ***la délégation n'opère novation que dans certains cas***. Le nombre d'articles consacrés à la délégation dans le Code civil passe de 2 (anciens art. 1275 et 1276) à 5 (*art. 1336 à 1340*).

### La notion de délégation

La délégation est une opération qui consiste à ce qu'une personne, le délégant, demande à une autre personne, le délégué, de payer à une troisième, le délégataire, qui l'accepte comme débiteur, une dette en son nom (*art. 1336, al. 1er*). La ***définition*** est plus claire que celle donnée par l'ancien article 1275. La délégation peut être ou non novatoire.

### Les effets de la délégation

#### a) Les effets communs aux délégations parfaites et imparfaites

Le délégué ne peut, sauf stipulation contraire, opposer au délégataire les exceptions tirées de ses rapports avec le délégant, (*art. 1336, al. 2*), ni des rapports entre délégant et délégataire. Jusque-là, le Code civil n'abordait pas la question de l'***inopposabilité des exceptions*** dans le cadre de la délégation : le nouveau texte consacre une jurisprudence ancienne (Req., 7 mars 1855), approuvée par la doctrine. La Cour de cassation approuvait également les clauses contraires.

### b) Les effets de la délégation imparfaite

En cas de délégation « imparfaite » ou « simple » (*art. 1338*), ***le délégant n'est pas déchargé de son obligation par le délégué***. Le délégataire a deux débiteurs : le délégant et le délégué (*art. 1338, al. 1er*). « *Le paiement fait par l'un des deux débiteurs libère l'autre, à due concurrence* » (*art. 1338, al. 2*).

L'*article 1339* organise le cas particulier ***où le délégant est créancier du délégué***. Se pose alors la question du sort de cette créance. Dans un premier temps, la chambre commerciale avait décidé que la créance du délégant envers le délégué ne pouvait être saisie par les créanciers du délégant (Com., 16 avr. 1996, n° 94-14618) puis avait adopté la solution contraire quelques années plus tard (Com., 29 avr. 2002, n° 99-15072). L'*article 1339* met fin à la controverse en disposant dans son *1er alinéa* que « *lorsque le délégant est créancier du délégué, sa créance ne s'éteint que par l'exécution de l'obligation du délégué envers le délégataire et à due concurrence* » mais le texte précise, confirmant la jurisprudence de 1996, qu'avant cette exécution, « *le délégant ne peut en exiger ou en recevoir le paiement que pour la part qui excéderait l'engagement du délégué* » et qu'« *il ne recouvre ses droits qu'en exécutant sa propre obligation envers le délégataire* » (*art. 1339, al. 2*). « *La cession ou la saisie de la créance du délégant ne produisent effet que sous les mêmes limitations* » (*art. 1339, al. 3*).

### c) Les effets de la délégation parfaite

La délégation « parfaite » ou « novatoire » ***décharge le délégant de son obligation***. La délégation opère novation par changement de débiteur (*art. 1337, al. 1er*).

Lorsque ***le délégant est créancier du délégué***, la libération du délégant par le délégataire libère le délégué à l'égard du délégant, à concurrence du montant de son engagement envers le délégataire (*art. 1339, al. 4*).

L'*article 1340* rappelle que ***la délégation n'est pas une indication de paiement*** : « *La simple indication faite par le débiteur d'une personne désignée pour payer à sa place n'emporte ni novation, ni délégation. Il en est de même de la simple indication faite, par le créancier, d'une personne désignée pour recevoir le paiement pour lui* ». Le texte reprend partiellement l'ancien article 1277.

# Les actions ouvertes au créancier

Chapitre 15

*Les dispositions relatives à l'action oblique et à l'action paulienne sont déplacées : figurant dans une section consacrée à l'effet des conventions à l'égard des tiers, elles sont intégrées désormais dans un chapitre intitulé « Les actions ouvertes au créancier » (art. 1341 à 1341-3), au sein du titre consacré au régime général de l'obligation. S'y ajoutent des dispositions relatives d'une part au droit à l'exécution du créancier et d'autre part à l'action directe.*

L'*article 1341* affirme le principe selon lequel « *Le créancier a droit à l'exécution de l'obligation* ». Ce principe évident n'était pas énoncé explicitement par le Code civil jusque-là. Le même texte ajoute qu'« *il peut y contraindre le débiteur dans les conditions prévues par la loi* », c'est-à-dire par le recours aux procédures d'exécution.

## 1 L'action oblique

L'action oblique permet au créancier d'***exercer un droit ou une action que le débiteur néglige d'exercer***. Le nouvel *article 1341-1* complète succinctement l'ancien article 1166.

### Les conditions de l'action oblique

Les conditions de l'action oblique sont précisées par le nouvel *article 1341-1* : « *Lorsque la **carence du débiteur** dans l'exercice de ses droits et actions à caractère patrimonial compromet les droits de son créancier, celui-ci peut les exercer pour le compte de son débiteur, à l'exception de ceux qui sont exclusivement rattachés à sa personne* ».

Les conditions de l'action oblique sont désormais au nombre de deux :

- la ***carence du débiteur*** dans l'exercice de ses droits et actions à caractère patrimonial : l'ancien article 1166 ne soumettait pas l'action oblique à la carence du débiteur mais la jurisprudence l'exigeait. Le terme de « carence », déjà employé par les projets Terré et Catala, est préféré à celui d'« inaction » présent dans l'avant-projet. En effet, le terme de « carence » est plus large, il permet de sanctionner un débiteur qui exerce l'action sans agir en conséquence pour la faire véritablement aboutir ;
- les conséquences de la carence du débiteur doivent ***compromettre les droits de son créancier*** : l'avant-projet faisait référence aux « intérêts » et non aux « droits » du créancier. La formule était large mais a été restreinte par le texte final.

Comme l'ancien article 1166, le nouveau texte exclut la possibilité pour le créancier d'exercer une ***action du débiteur exclusivement attachée à sa personne***. L'*article 1341-1* n'apporte pas de précision sur ce point, qui donne lieu pourtant à une jurisprudence fournie quant à la délimitation de ce type d'actions.

### ■ *Les effets de l'action oblique*

L'*article 1341-1* n'apporte guère de précision sur les effets de l'action oblique. La jurisprudence applique la règle selon laquelle le créancier qui exerce l'action n'a ***aucune priorité sur la créance*** et subit donc le concours des autres même restés inactifs, dans la mesure où le bénéfice de l'action intègre le patrimoine du débiteur (Civ., 18 juill. 1838). L'intérêt de l'action l'oblique en pâtit puisqu'il n'est pas supérieur à celui d'une saisie de la créance du débiteur sur le tiers.

## 2 L'action paulienne

Les nouveaux textes apportent peu de précisions supplémentaires sur l'action paulienne telle qu'elle est prévue par le Code de 1804 (ancien art. 1167), qui n'en définissait déjà pas vraiment les conditions ni les effets : elle est exercée par le créancier en son nom personnel pour ***faire déclarer inopposables à son égard les actes faits par son débiteur*** en fraude de ses droits (*art. 1341-2*).

### ■ *Les conditions de l'action paulienne*

L'*article 1341-2* met à la charge du créancier une double preuve :

- celle de l'***existence d'une fraude*** ;
- celle de la ***connaissance de la fraude*** par le tiers cocontractant, ce que l'ancien article 1166 ne précisait pas mais qui était admis par la jurisprudence (Civ. 3e, 22 janv. 1971, n° 69-13046).

La fraude n'est pas définie par le nouveau texte.

### Les effets de l'action paulienne

L'***inopposabilité*** sanctionne les actes faits en fraude des droits du créancier. Le nouveau texte expose désormais clairement la nature de la sanction, qui était déjà admise par la Cour de cassation (Com., 14 mai 1996, n° 94-11124).

Selon la jurisprudence, qui n'est pas expressément consacrée, les effets de l'action ne passant pas par le patrimoine du débiteur, le créancier ***ne subit pas le concours*** des autres créanciers (Civ. 1re, 30 mai 2006, n° 02-13495).

Aucune précision n'est apportée sur les modalités de restitution.

## 3 L'action directe

Les dispositions introduites dans le Code civil par l'ordonnance du 10 février 2016 relativement à l'action directe sont très limitées : « *Dans certains cas déterminés par la loi, le créancier peut agir directement en paiement de sa créance contre un débiteur de son débiteur* » (*art. 1341-3*).

Le nouveau texte ne crée pas d'action directe de droit commun. L'action directe est ***limitée aux cas prévus par la loi*** :

| | |
|---|---|
| **Art. 1753, C. civ.** | Action du ***bailleur contre le sous-locataire.*** |
| **Art. 1798, C. civ.** | Action des maçons, charpentiers et autres ouvriers d'un ***entrepreneur contre le maître d'ouvrage.*** |
| **Art. 1994, al. 2, C. civ.** | Action du ***mandant contre le sous-mandataire*** pour l'accomplissement de sa mission. |
| **Art. L. 124-3, C. assur.** | Action de la ***victime contre l'assureur du responsable.*** |
| **Art. 12 et s., L. 31 déc. 1975** | Action du ***sous-traitant contre le maître de l'ouvrage.*** |
| **Art. L. 213-1, CPC exéc.** | Action du ***créancier d'aliments contre le débiteur du débiteur.*** |
| **Art. L. 262, LPF** | Action du ***Trésor contre tout débiteur d'un contribuable.*** |

Le texte n'influe pas sur la jurisprudence sur les ***chaînes ou groupes de contrats*** dans la mesure où cette dernière est relative aux actions en paiement et non aux actions en responsabilité ou en garantie.

L'utilité du texte reste par conséquent extrêmement limitée.

# L'extinction de l'obligation

Chapitre 16

*Le plan du chapitre relatif à l'extinction de l'obligation se substitue à la formule de l'ancien article 1214. Il comporte désormais uniquement les dispositions relatives aux modes d'extinction directe des obligations : paiement (art. 1342 à 1346-5), compensation (art. 1347 à 1348-2), confusion (art. 1349 et 1349-1), remise de dette (art. 1350 à 1350-2) et impossibilité d'exécution (art. 1351 et 1351-1). Les dispositions relatives à la nullité, la rescision, la condition résolutoire et la prescription sont déplacées.*

L'ordonnance du 10 février 2016 supprime la liste des modes d'extinction des obligations de l'ancien article 1214 qui disposait que « *les obligations s'éteignent : par le paiement ; par la novation ; par la remise volontaire ; par la compensation ; par la confusion ; par la perte de la chose ; par la nullité ou la rescision ; par l'effet de la condition résolutoire ; et par la prescription* ».

## 1 Le paiement

Le paiement reste le mode principal d'extinction des obligations et les dispositions qui l'organisent ne subissent pas de modifications importantes. La section consacrée au paiement traite successivement des dispositions générales applicables au paiement, des règles particulières au paiement des obligations de sommes d'argent, de la mise en demeure et enfin du paiement avec subrogation, forme particulière de paiement. Certains textes ne sont pas repris (ancien art. 1238, 1242, 1246) dans la mesure où ils relèvent d'autres matières telles que le droit des biens ou le droit des procédures civiles d'exécution.

## Dispositions générales relatives au paiement

L'*article 1342* définit le paiement comme « *l'exécution volontaire de la prestation due* » (*al. 1er*). Il n'existait pas de définition dans le Code civil avant l'ordonnance du 10 février 2016 ; l'ancien article 1235 précisait simplement dans son premier alinéa que « *Tout paiement suppose une dette* ».

Le paiement consiste dans l'***exécution de la prestation due*** (*art. 1342*). Le texte précise ensuite des principes évidents dans un souci pédagogique : le paiement doit être fait dès que la dette est exigible ; il libère le débiteur et éteint la dette, sauf en cas de subrogation.

### a) Les parties au paiement

#### *1) Le solvens*

Le nouvel *article 1342-1* reprend de façon plus claire les principes posés par les anciens articles 1236 et 1237 du Code civil : « *Le paiement peut être fait même par une* ***personne qui n'y est pas tenue****, sauf refus légitime du créancier* ».

#### *2) L'accipiens*

« *Le paiement doit être fait au* ***créancier*** *ou à la* ***personne désignée*** *pour le recevoir* » (*art. 1342-2, al. 1er*, inspiré de l'ancien art. 1239, al. 1er).

Le paiement fait à une personne qui n'avait ***pas qualité pour le recevoir*** est valable « *si le créancier le ratifie ou s'il en a profité* » (*art. 1342-2, al. 2,* reprenant quasiment à l'identique l'ancien art. 1239, al. 2).

Il ne peut valablement être fait à un ***créancier incapable***, s'il n'en a tiré profit (*art. 1342-2, al. 3*, inspiré de l'ancien art. 1241).

L'*article 1342-3* reprend le principe contenu à l'ancien article 1240 selon lequel « *Le paiement fait de bonne foi à un créancier apparent est valable* ». L'article est simplifié, ne faisant notamment plus référence à la possession. Il consacre la jurisprudence relative à la ***théorie de l'apparence*** (Com., 25 avr. 1977, n° 76-11671).

### b) Les modalités du paiement

#### *1) Le paiement partiel ou par dation*

Le nouveau texte confirme que le créancier ***ne peut pas se voir imposer*** un paiement partiel « *même si la prestation est divisible* » (*art. 1342-4, al. 1er*, confirmant l'ancien art. 1244).

L'*article 1342-4, alinéa 2* admet plus clairement que l'ancien article 1243 la ***dation en paiement,*** c'est-à-dire la possibilité pour « *le créancier de recevoir en paiement autre chose que ce qui lui est dû* ».

L'*article 1342-5* simplifie les dispositions de l'ancien article 1245 mais conserve des principes identiques : la ***perte de la chose*** devra être supportée par le propriétaire (*res perit domino*). Le débiteur est tenu de restituer le corps certain dans l'état où il se trouve mais pourra voir sa responsabilité engagée en cas de ***détérioration***.

#### 2) Le lieu du paiement

Le principe de ***quérabilité*** exposé à l'ancien article 1247, alinéa 3 est repris au nouvel *article 1342-6* : le paiement doit être fait au ***domicile du débiteur***. L'ancien texte était moins clair en ce qu'il exposait les exceptions avant le principe. Le nouvel *article 1342-4* précise désormais que le principe s'applique « *à défaut d'une autre désignation par la loi, le contrat ou le juge* » ; il n'est donc pas d'ordre public.

#### 3) Les frais du paiement

L'*article 1342-7* reprend l'ancien article 1248 : les frais du paiement sont à la charge du débiteur.

#### 4) La preuve du paiement

L'*article 1342-8* affirme clairement le principe de la liberté de la preuve du paiement adopté par la jurisprudence (Civ. 1re, 16 sept. 2010, n° 09-13947) : « *Le paiement se prouve par tout moyen* ».

L'*article 1342-9* reprend et modernise, en 2 alinéas, les dispositions des anciens articles 1282 à 1284, qui figuraient alors au sein des dispositions relatives à la remise de dette : la ***remise volontaire par le créancier au débiteur*** (ou l'un de ses codébiteurs solidaires) ***de l'acte sous signature privée ou de la copie exécutoire du titre de créance*** vaut présomption simple de libération.

### c) L'imputation des paiements

L'*article 1342-10* clarifie les règles d'imputation des paiements (anciens art. 1253 à 1256), c'est-à-dire l'***ordre dans lequel le débiteur de plusieurs dettes doit s'en acquitter***.

L'*article 1342-10* reprend dans son *1er alinéa* les principes posés par l'ancien article 1253 selon lequel le débiteur a le choix de l'ordre dans lequel il paie ses dettes : « *Le débiteur de plusieurs dettes peut indiquer, lorsqu'il paie, celle qu'il entend acquitter* ».

Les dispositions de l'ancien article 1255 applicables en cas de ***dol*** disparaissent (« *Lorsque le débiteur de diverses dettes a accepté une quittance par laquelle le créancier a imputé ce qu'il a reçu sur* *l'une de ces dettes spécialement, le débiteur ne peut plus demander l'imputation sur une dette différente, à moins qu'il n'y ait eu dol ou surprise de la part du créancier* »).

Les autres principes restent inchangés mais les règles sont désormais formulées de façon plus claire et plus simple (*art. 1342-10, al. 2*, inspiré de l'ancien article 1256) : à défaut d'indication de la part du débiteur, l'***imputation*** se fait d'abord sur les dettes échues ; si les dettes sont toutes échues ou toutes non échues, l'imputation se fait sur la dette que le débiteur avait le plus d'intérêt à régler ; enfin, si l'intérêt n'est pas possible à déterminer, l'imputation se fait sur la dette la plus ancienne ou sur les plus anciennes proportionnellement si elles sont d'anciennetés égales.

## ■ *Dispositions spécifiques aux obligations de sommes d'argent*

Les obligations de sommes d'argent présentent certaines spécificités qui justifient qu'une sous-section leur soit consacrée, ce qui n'était pas le cas avant l'ordonnance du 10 février 2016.

### a) Le principe du nominalisme monétaire

Le nouveau texte complète les dispositions spécifiques aux obligations portant sur une somme d'argent qui étaient jusque-là relativement brèves.

Le nouveau texte réaffirme à l'*article 1343* le principe du nominalisme monétaire : « *Le débiteur d'une obligation de somme d'argent se libère par le versement de son* ***montant nominal*** » (*al. 1er*). Ainsi, même si la valeur de la monnaie a varié, le débiteur devra payer la somme numérique prévue au contrat. Ce principe, énoncé également dans d'autres articles du Code civil (art. 860-1 ou 1895), est confirmé par la jurisprudence (Req., 25 févr. 1929).

Ce principe connaît des ***atténuations*** :

- la ***clause d'indexation*** prévue au contrat peut ***faire varier le montant de la somme due*** (*art. 1343, al. 2*) : « *Le montant de la somme due peut varier par le jeu de l'indexation* ». Les parties peuvent ainsi se prévaloir des fluctuations monétaires. Le texte est bien peu précis, tant sur les modalités de l'indexation que sur ses effets. Les clauses d'indexation sont prévues par certaines lois spéciales. Certaines sont interdites : ainsi, le Code monétaire et financier (art. L. 112-2) interdit « *toute clause prévoyant des indexations fondées sur le salaire minimum de croissance, sur le niveau général des prix ou des salaires ou sur les prix des biens, produits ou services n'ayant pas de relation directe avec l'objet du statut ou de la convention ou avec l'activité de l'une des parties* » ;
- la ***dette de valeur*** est introduite pour la première fois dans le Code civil : le débiteur d'une dette de valeur se libère par le versement d'une ***somme d'argent actualisée***, c'est-à-dire qui peut varier

selon les circonstances (*art. 1343, al. 3*). Le texte est très succinct. L'avant-projet Catala était plus précis et prévoyait notamment que « *L'obligation de valeur est de fournir au créancier, en argent ou en nature, un avantage économique variable selon les circonstances, qui lui garantit, dans le temps, une satisfaction appropriée, moyennant l'actualisation de son montant au jour de son exécution* ».

### b) L'obligation avec intérêts

En cas de paiement d'une obligation avec intérêts, le ***paiement s'impute d'abord sur les intérêts, puis sur le capital***, notamment en cas de paiement partiel (*art. 1343-1, al. 1er*).

L'*alinéa 2 de l'article 1343-1* fait de la disposition spécifique au prêt à intérêt de l'article 1907 une règle générale : « *L'intérêt est accordé par la loi ou stipulé par le contrat. Le taux de l'intérêt conventionnel doit être fixé par écrit* ». Il est précisé que le taux est réputé annuel par défaut (*art. 1343-1, al. 2, in fine*).

L'*article 1343-2* reprend le principe de l'***anatocisme***, c'est-à-dire de la capitalisation des intérêts, prévu par l'ancien article 1154 : « *Les intérêts échus, dus au moins pour une année entière, produisent intérêt si le contrat l'a prévu ou si une décision de justice le précise* ».

### c) La devise utilisée pour le paiement

En France, le paiement d'une somme d'argent s'effectue en ***euros*** mais une autre devise peut être choisie si l'obligation est contenue dans un contrat international ou un jugement étranger (*art. 1343-3*), ce qui était déjà admis par la jurisprudence (Civ. 1re, 13 mai 1985, n° 83-16923).

### d) La portabilité du paiement des obligations de sommes d'argent

Apportant une ***exception au principe de quérabilité***, l'*article 1343-4* pose le principe de la portabilité du paiement des obligations de sommes d'argent (lequel « *le paiement doit être fait au domicile du débiteur* »), nécessitée par le développement de la monnaie scripturale (chèques, virements ou paiement par carte bancaire).

### e) Les délais de grâce accordés par le juge

Les dispositions des anciens articles 1244-1 à 1244-3 du Code civil donnant la possibilité au juge d'accorder des délais de grâce, c'est-à-dire un ***report ou un échelonnement*** du paiement des dettes, sont regroupées à l'*article 1343-5*.

Le juge ne peut ordonner des délais de grâce qu'en considération de la ***situation du débiteur*** tout en tenant compte des ***besoins du créancier*** (*art. 1343-5, al. 1er*), sauf pour les dettes d'aliment (*art. 1343-5, al. 6*). Les règles énoncées sont d'ordre public (*art. 1343-5, al. 5*).

Le report ou le rééchelonnement de la dette ne peut s'étendre sur plus de ***deux années***. Il a pour effet de ***suspendre les procédures d'exécution*** qui auraient été engagées par le créancier. Les majorations d'intérêts ou les pénalités prévues en cas de retard ne sont pas encourues pendant le délai fixé par le juge (*art. 1343-5, al. 4*).

Le juge a également la possibilité d'ordonner, par décision spéciale et motivée, que les sommes correspondant aux échéances reportées porteront ***intérêt à un taux réduit*** au moins égal au taux légal ou que les paiements s'imputeront d'abord sur le capital (*art. 1343-5, al. 2*). Enfin le juge peur « *subordonner ces mesures à l'accomplissement par le débiteur d'**actes propres à faciliter ou à garantir le capital*** » (*art. 1343-5, al. 3*).

## La mise en demeure

### a) La mise en demeure du débiteur

Les dispositions éparses consacrées à la mise en demeure du débiteur sont désormais regroupées au sein d'une sous-section.

L'obligation de mettre en demeure le débiteur, inspirée de l'ancien article 1139, est reprise à l'*article 1344* : elle peut prendre la forme d'une ***sommation ou d'un acte portant interpellation suffisante***. En outre, si le contrat le prévoit, la ***seule exigibilité de l'obligation*** met le débiteur en demeure de payer.

La mise en demeure marque le ***point de départ du cours des intérêts moratoires***, au taux légal (*art. 1344-1*) : la règle énoncée pour les contrats à l'article 1231-6 (reprenant l'ancien article 1153) est étendue à toutes les obligations. Étant supplétif de volonté et ne visant que les intérêts au taux légal, les parties peuvent prévoir que la mise en demeure fera courir des intérêts à un taux qu'elles auront fixé conventionnellement. Le créancier n'est pas tenu de justifier d'un préjudice.

Comme l'ancien article 1138, alinéa 2, l'*article 1344-2* dispose que « *La mise en demeure de délivrer une chose met les risques à la charge du débiteur, s'ils n'y sont déjà* ». Ce texte déroge au principe prévu à l'*article 1196* selon lequel le propriétaire supporte les risques de la chose : si la chose périt par force majeure après la mise en demeure, l'acheteur devenu propriétaire n'aura pas à en payer le prix, à moins que le débiteur ne prouve que la chose aurait également péri si elle lui avait été délivrée (en application de l'article 1351-1 de l'ordonnance).

### b) La mise en demeure du créancier

La procédure compliquée des ***offres réelles*** est remplacée par un système inédit de mise en demeure du créancier, plus simple et moins onéreux, notamment parce qu'il évite le recours à un huissier (*art. 1345-1*). Cette procédure faisait l'objet de vives critiques. Les dispositions relatives à la mise en demeure du créancier sont par conséquent inédites.

Si l'obstruction n'a pas pris fin dans les deux mois de la mise en demeure, le débiteur se libère en consignant la somme due ou en séquestrant la chose qui devait être livrée.

| | Avant l'ordonnance | Après l'ordonnance |
|---|---|---|
| Etape 1 | Refus de paiement du créancier | Refus de paiement du créancier |
| Etape 2 | Offres réelles du débiteur par l'intermédiaire d'un huissier | Mise en demeure du créancier par le débiteur d'accepter ou de permettre l'exécution du paiement |
| Etape 3 | Refus du créancier | ***Arrêt des intérêts moratoires***<br>Risques de la chose à la charge du créancier<br>Absence d'interruption de la prescription |
| Etape 4 | Consignation de la somme ou de la chose offerte en paiement par le débiteur | Consignation ou séquestre si l'obstruction n'a pas pris fin dans les deux mois de la mise en demeure |
| Etape 5 | Débiteur libéré/tient lieu de paiement<br>***Arrêt des intérêts moratoires*** | Débiteur libéré/tient lieu de paiement |

Quelques précisions doivent être apportées :

- lorsque l'obligation porte sur un ***autre objet qu'une somme d'argent***, « *le débiteur est libéré si l'obstruction n'a pas cessé dans les deux mois de la mise en demeure* » (*art. 1345-2*) ;
- lorsque l'obligation porte sur la ***livraison d'une chose***, celle-ci devra être séquestrée auprès d'un gardien professionnel (*art. 1345-1, al. 1er*) ;
- lorsque le ***séquestre de la chose est impossible ou trop onéreux***, le juge peut en autoriser la vente amiable ou aux enchères publiques : le prix en est consigné à la Caisse des dépôts et consignations, après déduction des frais de la vente (*art. 1345-1, al. 2*) ;
- la mise en demeure n'interrompt pas la ***prescription*** (*art. 1345, al. 3*) ;
- « *les **frais** de la mise en demeure et de la consignation ou du séquestre sont à la charge du créancier* » (*art. 1345-3*).

## Le paiement avec subrogation

La subrogation a pour effet de substituer une personne à une autre pour le paiement de la dette (subrogation personnelle). Les règles qui l'organisent sont largement modifiées.

> **_Extrait du Rapport au président de la République_**
>
> Ce Rapport justifie le placement de la subrogation parmi les modes d'extinction de l'obligation : « *La subrogation, souvent considérée aujourd'hui comme une opération purement translative de créance, est délibérément maintenue dans le chapitre consacré à l'extinction de l'obligation, dans la section relative au paiement, ce qui permet de rappeler qu'elle est indissociablement liée à un paiement fait par un tiers, qui libère un débiteur - totalement ou partiellement - envers son créancier, et qu'elle ne constitue pas une opération translative autonome, mais une modalité du paiement* ».

Le contenu de l'ancien article 1249 qui distinguait subrogation légale et subrogation conventionnelle n'est pas repris. Les nouveaux articles distinguent néanmoins d'une part, les cas de subrogation légale, et d'autre part les cas de subrogation conventionnelle.

### a) Le domaine de la subrogation

Le champ d'application de la ***subrogation légale*** est élargi au-delà des hypothèses prévues par le Code civil ou par des textes spéciaux : la subrogation légale est généralisée au profit de celui qui, à condition d'y avoir un intérêt légitime, libère par son paiement celui sur lequel pesait tout ou partie de la dette (*art. 1346*).

> **_Extrait du Rapport au président de la République_**
>
> « *L'exigence d'un intérêt légitime au paiement permet néanmoins d'encadrer la subrogation légale et d'éviter qu'un tiers totalement étranger à la dette et qui serait mal intentionné (dans des relations de concurrence par exemple) puisse bénéficier de la subrogation légale* ».

Le texte est en phase avec l'interprétation très large des textes faite par la jurisprudence (il englobe au titre de la subrogation légale la subrogation consentie par le créancier prévu par le 1° de l'ancien article 1250 au titre de la subrogation conventionnelle).

Les cas de ***subrogation conventionnelle*** sont restreints en raison de l'extension des cas de subrogation légale :

- ***subrogation consentie par le créancier*** « *lorsque celui-ci, recevant son paiement d'une tierce personne, la subroge dans ses droits contre le débiteur* » (*art. 1346-1*). La subrogation conventionnelle doit alors être expresse (*art. 1346-1, al. 2*) et obligatoirement consentie concomitamment au paiement (*art. 1346-1, al. 3*) ;
- ***subrogation consentie par le débiteur*** qui, « *empruntant une somme à l'effet de payer sa dette, subroge le prêteur dans les droits du créancier avec le concours de celui-ci* » (*art. 1346-2*). Elle peut être consentie sans le concours du créancier à condition que soient respectées plusieurs conditions dans l'objectif d'éviter les risques de fraude (*art. 1346-2, al. 2*, confirmant l'ancien article 1250, 2°) :
  - la dette doit être échue ou le terme doit être en faveur du débiteur,
  - l'acte d'emprunt et la quittance doivent être passés devant notaire,
  - il doit être déclaré dans l'acte d'emprunt que la somme a été empruntée pour faire le paiement,
  - il doit être indiqué dans la quittance que le paiement a été fait des deniers fournis à cet effet par le nouveau créancier.

### b) Les effets de la subrogation

Le régime de la subrogation connaît des modifications substantielles, tenant notamment compte de la jurisprudence :

- le bénéficiaire de la subrogation se voit ***transmettre***, « *dans la limite de ce qu'il a payé* », ***la créance et ses accessoires*** (*art. 1346-4, al. 1er*). En revanche, les droits exclusivement attachés à la personne du créancier ne lui sont pas transmis (*art. 1346-4, al. 1er, in fine*) ;
- l'*article 1346-3* reprend l'ancien article 1252 : « *La subrogation ne peut nuire au créancier lorsqu'il **n'a été payé qu'en partie** ; en ce cas, il peut exercer ses droits, pour ce qui lui reste dû, par préférence à celui dont il n'a reçu qu'un paiement partiel* » ;
- comme pour la cession de créance (*art. 1324*), l'*article 1345-5, alinéa 1er* exige que la subrogation soit ***notifiée*** pour pouvoir être opposable au débiteur cédé ou que le débiteur en ait pris acte alors que la jurisprudence n'exigeait pas jusque-là l'application à la subrogation des formalités prévues aux anciens articles 1690 et 1691 (signification) pour la cession de créance (Com., 7 janv. 2014, n° 12-24468).

Les règles relatives à l'***opposabilité*** de la subrogation au débiteur et aux tiers et les ***exceptions*** que le débiteur peut opposer au créancier subrogé sont les mêmes qu'en matière de cession de créance :

- « *La subrogation est opposable aux tiers dès le paiement* » (*art. 1346-5, al. 2*) ;
- « *Le débiteur peut opposer au créancier subrogé les exceptions inhérentes à la dette, telles que la nullité, l'exception d'inexécution, la résolution ou la compensation de dettes connexes. Il peut également lui opposer les exceptions nées de ses rapports avec le subrogeant avant que la subrogation lui soit devenue opposable, telles que l'octroi d'un terme, la remise de dette ou la compensation de dettes non connexes* » (*art. 1346-5, al. 3*).

## 2 La compensation

Les dispositions relatives à la compensation ont été à la fois simplifiées et complétées pour tenir compte de l'évolution de la pratique (*art. 1347 à 1348-2* ; anciens art. 1289 à 1299). Elles comprennent des dispositions générales puis des dispositions spécifiques aux compensations judiciaires puis conventionnelles, qui n'apparaissaient pas auparavant dans le Code, seule la compensation légale étant abordée.

### Les règles générales relatives à la compensation

#### a) La notion de compensation

Le nouveau texte définit la compensation de façon plus courte et plus abstraite que l'ancien article 1289 : « *La compensation est l'extinction simultanée d'obligations réciproques entre deux personnes* » (*art. 1347, al. 1er*).

#### b) Les conditions de la compensation

Pour pouvoir faire l'objet d'une compensation, les créances doivent être ***fongibles, certaines, liquides et exigibles*** (*art. 1347-1, al. 1er*, reprenant les anciens art. 1290 et 1291).

Les ***créances fongibles*** sont définies par le nouveau texte : « *Sont fongibles les obligations de somme d'argent, même en différentes devises, pourvu qu'elles soient convertibles, ou celles qui ont pour objet une quantité de choses de même genre* » (*art. 1347-1, al. 2*).

***Ne peuvent faire l'objet d'une compensation***, sauf si le créancier y consent (cette possibilité n'était pas prévue par l'ancien article 1293) :

- les ***créances insaisissables*** ;
- les ***obligations de restitution*** d'un dépôt, d'un prêt à usage ou d'une chose dont le propriétaire a été injustement dépouille, sauf si le créancier y consent, ce qui est nouveau.

Le ***délai de grâce*** ne fait pas obstacle à la compensation (*art. 1347-3*, reprenant l'ancien article 1292).

Lorsque ***plusieurs dettes sont compensables***, les règles prévues en matière d'imputation des paiements sont applicables (*art. 1347-4*, reprenant l'ancien art. 1297).

### c) Les effets de la compensation

La compensation éteint les obligations à due concurrence au jour où les conditions en sont réunies, à condition d'être invoquée (*art. 1347, al. 2*, inspiré de l'ancien art. 1290).

> ***Extrait du Rapport au président de la République***
>
> *« Actuellement, un débat existe en effet : certains soutiennent que la compensation doit opérer automatiquement, comme semble l'exiger l'article 1290 du code civil qui prévoit qu'elle opère de plein droit lorsque les conditions en sont réunies, tandis que la jurisprudence exige, dans une interprétation contraire au texte, qu'elle soit invoquée. La rédaction adoptée permet de mettre fin à ces incertitudes ».*

Le débiteur qui a pris acte sans réserve de la cession de créance ***ne peut opposer au cessionnaire la compensation*** qu'il eût pu opposer au cédant (*art. 1347-5*, reprenant l'ancien art. 1295).

La compensation intervenue entre le créancier et le débiteur principal est ***opposable par la caution au créancier*** conformément au caractère accessoire de la caution par rapport à la dette principale (*art. 1347-6, al. 1er*, inspiré de l'ancien art. 1294, al. 1er). Le codébiteur solidaire ne peut opposer la compensation intervenue entre le créancier et l'un de ses coobligés mais peut se prévaloir de la diminution de la dette qui en est la conséquence (*art. 1347-6, al. 2*, inspiré de l'ancien art. 1294, al. 3), comme le prévoit l'article 1315.

La compensation ne préjudicie pas aux ***droits acquis par des tiers*** : *l'article 1347-7* énonce un principe concis là où les anciens articles 1298 et 1299 donnaient des exemples précis.

## *Les règles particulières à la compensation judiciaire*

Le juge peut prononcer une compensation lorsque les conditions de la compensation légale ne sont pas réunies, c'est-à-dire si ***l'une des obligations, bien que certaine, n'est pas encore liquide ou exigible*** (*art. 1348*). « *À moins qu'il n'en soit décidé autrement, la compensation produit alors ses effets à la date de la décision* » (*art. 1348, in fine*). La pratique y avait déjà recours sur le fondement de textes du Code de procédure civile.

L'*article 1348-1* reprend la jurisprudence selon laquelle le juge ne peut refuser la compensation de ***dettes connexes*** aux seuls motifs que l'une des obligations ne serait pas liquide ou exigible (*al. 1er*) (Civ. 3e, 30 mars 1989, n° 87-12470). Le contentieux relatif à la notion de dettes connexes est important et le nouveau texte n'apporte aucune précision susceptible d'y mettre fin. L'*article 1348-1* précise que dans ce cas, la compensation est réputée s'être produite au jour de l'exigibilité de la première des dettes connexes (*al. 2*). Il permet au débiteur d'opposer la compensation même en cas d'acquisition de droits par un tiers sur l'une des obligations connexes (*al. 3*).

### ■ Les règles particulières à la compensation conventionnelle

Les parties peuvent librement avoir recours à la compensation conventionnelle, qui trouvera son utilité notamment lorsque les ***conditions de la compensation judiciaire ne sont pas réunies***. Elle permet aux parties de « *librement convenir d'éteindre toutes obligations réciproques, présentes ou futures, par une compensation* » (*art. 1348-2*). La compensation « *prend effet à la date de leur accord ou, s'il s'agit d'obligations futures, à celle de leur coexistence* » (*art. 1348-2, in fine*).

## 3 La confusion

Les règles relatives à la confusion sont clarifiées par l'ordonnance du 10 février 2016. Elles reprennent globalement le droit positif.

### ■ La notion de confusion

L'*article 1349* propose une nouvelle définition de la confusion, plus claire, sans apporter de modification substantielle : « *La confusion résulte de la réunion des qualités de créancier et de débiteur d'une même obligation dans la même personne* ».

Aucune précision n'est apportée quant aux qualités des créances et dettes qui peuvent faire l'objet d'une confusion.

### ■ Les effets de la confusion

#### a) Cas général

La confusion a un ***effet extinctif***, quant à la créance et à ses accessoires, sous réserve des droits acquis par ou contre des tiers (*art. 1349, in fine*). L'effet extinctif de la confusion n'est pas absolu.

L'étendue de celui-ci était sujet à controverse : le nouveau texte entend préserver les droits des tiers.

**b) Obligation solidaire**

Lorsque la confusion ne concerne que l'un des débiteurs ou créanciers solidaires, l'extinction n'a lieu, à l'égard des autres, ***que pour sa part*** (*art. 1349-1, al. 1er*). La règle était déjà formulée de manière moins précise par l'ancien article 1301.

**c) Obligation cautionnée**

De façon inédite, l'*article 1349-1* prévoit dans son *2e alinéa* que, lorsque la confusion concerne une obligation cautionnée, la caution, même solidaire, est libérée. Si la confusion concerne l'une des cautions, elle ne libère pas le débiteur principal mais les autres cautions solidaires sont alors libérées à concurrence de la part de cette caution.

## 4 La remise de dette

Les textes consacrés à la remise de dette ont été réduits : certains ont été déplacés, notamment au sein des dispositions générales relatives au paiement, alors que d'autres ont été simplifiés. Il en subsiste 3 au lieu de 7 précédemment.

### *La notion de remise de dette*

L'ordonnance du 10 février 2016 crée une ***définition*** de la remise de dette : « *La remise de dette est le contrat par lequel le créancier libère le débiteur de son obligation* » (art. 1350) : la remise de dette n'est pas un acte juridique unilatéral mais un ***contrat*** qui requiert l'***accord des deux parties***.

### *Les effets de la remise de dette*

La remise de dette a pour conséquence l'***extinction*** de celle-ci.

Les dispositions applicables en cas de pluralités de débiteurs ou de cautions subissent de larges modifications.

**a) Les codébiteurs**

Lorsque l'un des ***codébiteurs solidaires*** bénéficie d'une remise de dette, les autres sont libérés à concurrence de sa part (*art. 1350-1, al. 1er*, contredisant l'ancien art. 1285).

La remise de dette faite par l'un seulement des ***créanciers solidaires*** ne libère le débiteur que ***pour la part de ce créancier*** (*art. 1350-1, al. 2*). L'ancien article 1285 posait au contraire la présomption selon laquelle la remise de dette réalisée au profit de l'un des codébiteurs solidaires libérait tous les autres, sauf lorsque le créancier avait expressément réservé ses droits contre ces derniers.

### b) Les cautions

Les règles relatives à la libération des ***cautions*** reprennent partiellement les dispositions des anciens articles 1287 et 1288. Seul le principe annoncé par l'alinéa 1er de l'*article 1350-2* est conservé identiquement.

| Nouveaux articles | Anciens articles |
|---|---|
| ***Art. 1350-2, al. 1er***<br>*« La remise de dette accordée au débiteur principal libère les cautions »* | **Art. 1287, al. 1er**<br>*« La remise ou décharge conventionnelle accordée au débiteur principal libère les cautions »* |
| ***Art. 1350-1***<br>*« La remise de dette consentie à l'un des codébiteurs solidaires libère les autres à concurrence de sa part.*<br>*La remise de dette faite par l'un seulement des créanciers solidaires ne libère le débiteur que pour la part de ce créancier ».* | **Art. 1285**<br>*« La remise ou décharge conventionnelle au profit de l'un des codébiteurs solidaires, libère tous les autres, à moins que le créancier n'ait expressément réservé ses droits contre ces derniers.*<br>*Dans ce dernier cas, il ne peut plus répéter la dette que déduction faite de la part de celui auquel il a fait la remise ».* |
| ***Art. 1350-2, al. 2 et 3***<br>*« La remise consentie à l'une des cautions solidaires ne libère pas le débiteur principal, mais libère les autres à concurrence de sa part »*<br>*« Ce que le créancier a reçu d'une caution pour la décharge de son cautionnement doit être imputé sur la dette et décharger le débiteur principal à proportion. Les autres cautions ne restent tenues que déduction faite de la part de la caution libérée ou de la valeur fournie si elle excède cette part ».* | **Art. 1287, al. 2 et 3**<br>*« Celle [La remise ou décharge] accordée à la caution ne libère pas le débiteur principal.*<br>*Celle [La remise ou décharge] accordée à l'une des cautions ne libère pas les autres ».*<br>**Art. 1288**<br>*« Ce que le créancier a reçu d'une caution pour la décharge de son cautionnement doit être imputé sur la dette, et tourner à la décharge du débiteur principal et des autres cautions ».* |

## 5 L'impossibilité d'exécuter

L'*article 1218* définissant la force majeure renvoie dans son *2e alinéa in fine aux articles 1351 et 1351-1* : « *Si l'empêchement est définitif, le contrat est résolu de plein droit et les parties sont libérées de leurs obligations dans les conditions prévues aux articles 1351 et 1351-1* ».

Les *articles 1351 et 1351-1* organisent les modalités de libération du débiteur dans cette hypothèse. Ils simplifient les dispositions contenues dans les anciens articles 1302 et 1303 du Code civil.

### *L'impossibilité d'exécuter la prestation résultant d'un cas de force majeure*

En cas d'***impossibilité d'exécuter une prestation résultant d'un cas de force majeure***, le débiteur est libéré à due concurrence à condition que l'impossibilité soit définitive (*art. 1351*).

Par ***exception***, il demeure tenu dans deux cas (*art. 1351, in fine*) :

- lorsqu'il avait ***assumé le risque*** : il est alors tenu d'une obligation de garantie ;
- lorsqu'il a été préalablement ***mis en demeure***.

### *L'impossibilité d'exécuter la prestation résultant de la perte de la chose due*

Dans le cas où l'impossibilité d'exécuter découle de la perte de la chose due, le débiteur peut se trouver néanmoins libéré à certaines conditions : il doit prouver que la perte se serait pareillement produite si l'obligation avait été exécutée (*art. 1351-1, al. 1er*). « *Il est cependant tenu de céder à son créancier les droits et actions attachés à la chose* » (*art. 1351-1, al. 2*). Il s'agit plus ou moins de la reprise des anciens articles 1302 et 1303.

# Les restitutions

Chapitre 17

*L'ordonnance du 10 février 2016 réunit pour la première fois dans un chapitre l'ensemble des dispositions consacrées aux restitutions (art. 1352 à 1352-9). Celles-ci ne faisaient jusque-là l'objet que de quelques dispositions éparpillées dans le Code civil et la majeure partie de leur régime découlait de la jurisprudence. Leur régime s'applique à toutes les restitutions, qu'elles découlent de l'annulation, de la résolution, de la caducité du contrat ou de la répétition de l'indu.*

## 1 La restitution d'une chose autre qu'une somme d'argent

Les dispositions relatives à la restitution d'une chose autre qu'une somme d'argent distinguent d'une part un cas général et d'autre part le cas particulier de la restitution d'une prestation de service.

### ■ *Le cas général*

#### a) Les modalités de la restitution

L'*article 1352* pose le ***principe de la restitution en nature*** d'une chose autre qu'une somme d'argent. La valeur sera estimée au jour de la restitution (*art. 1352, in fine*).

La restitution n'a lieu ***en valeur*** que dans les hypothèses où la restitution en nature est impossible :

- lorsque ***la chose restituée a subi des dégradations ou détériorations*** qui en ont diminué la valeur, celui qui restitue doit en répondre, sauf lorsqu'il est de bonne foi et que ces dégradations et détériorations ne sont pas dues à sa faute (*art. 1352-1*) ;

- lorsque ***la chose a été vendue*** par le débiteur de la restitution, la restitution se fera par exception en valeur (*art. 1352-2*) : le débiteur de bonne foi devra restituer le prix de la vente alors que le débiteur de mauvaise foi devra la valeur au jour de la restitution lorsqu'elle est supérieure au prix.

### b) L'étendue de la restitution

La restitution d'une somme autre qu'une somme d'argent porte sur la chose, à laquelle s'ajoutent les fruits et la valeur de la jouissance que la chose a procurée :

- le débiteur de bonne foi ne doit restituer que le ***prix de vente*** alors que celui de mauvaise foi restitue la valeur de la chose au jour de la restitution lorsque cette valeur est supérieure au prix (*art. 1352-2*) ;
- les ***fruits*** doivent être restitués que le débiteur soit de bonne ou mauvaise foi, ce qui constitue une nouveauté (*art. 1352-3, al. 1er*). Si les fruits ne se retrouvent pas en nature, ils sont restitués selon leur valeur à la date du remboursement, suivant l'état de la chose au jour du paiement, sauf stipulation contraire (*art. 1352-3, al. 3*) ;
- le principe de l'octroi d'une ***indemnité de compensation de jouissance*** met fin à une jurisprudence constante le refusant (*art. 1352-3, al. 1er*). Cette valeur est évaluée au jour du jugement (*art. 1352-3, al. 2*).

**_Ch. mixte, 9 juillet 2004 (n° 02-16302)_**

*« Qu'en statuant ainsi, alors que le vendeur n'est pas fondé, en raison de l'effet rétroactif de l'annulation de la vente, à obtenir une indemnité correspondant à la seule occupation de l'immeuble, la cour d'appel a violé le texte susvisé ; ».*

*« Les restitutions dues à un mineur non émancipé ou à un majeur protégé sont réduites à proportion du profit qu'il a retiré de l'acte annulé »* (*art. 1352-4*, reprenant l'ancien art. 1312).

Le ***montant de la restitution*** doit tenir compte « *des dépenses nécessaires à la conservation de la chose et de celles qui en ont augmenté la valeur, dans la limite de la plus-value estimée au jour de la restitution* » (*art. 1352-5*). Le texte semble en contradiction avec l'article 555 du Code civil sur les constructions sur le terrain d'autrui qui distingue entre constructeur de bonne foi et constructeur de mauvaise foi.

### Le cas particulier de la restitution d'une prestation de service

L'ordonnance du 10 février 2016 crée des modalités spécifiques à ***la restitution d'une prestation de service***. Cette restitution doit nécessairement avoir lieu en valeur, qui est appréciée à la ***date à laquelle elle a été fournie*** (*art. 1352-8*), conformément à la jurisprudence (Civ. 3e, 24 juin 2009, n° 08-12251).

## 2 La restitution d'une somme d'argent

« *La restitution d'une somme d'argent inclut les intérêts au taux légal et les taxes acquittées entre les mains de celui qui l'a reçue* » (*art. 1352-6*). Le Code civil conserve le principe du ***nominalisme monétaire***, également posé à l'*article 1343* nouveau et plusieurs fois affirmé par la jurisprudence (Civ. 1re, 7 avr. 1998, n° 96-18790), ce qui conduit le débiteur de la restitution à subir les fluctuations monétaires.

L'*article 1352-6* précise l'étendue de la restitution d'une somme d'argent : elle doit inclure les intérêts au taux légal et les taxes acquittées.

Les ***intérêts, fruits et valeur de la jouissance sont dus à partir d'une date*** qui peut varier selon la bonne ou mauvaise foi de celui qui les a reçus (*art. 1352-7*) :

- lorsque le débiteur de la restitution est de ***mauvaise foi***, il doit ceux qu'il a perçus à compter du paiement, comme le décidait déjà la jurisprudence (Civ. 1re, 4 oct. 1988, n° 86-13437) ;

- la partie de ***bonne foi*** ne conserve les fruits que jusqu'à la demande (*art. 1352-7, in fine*), conformément à la jurisprudence (Com., 28 avr. 2004, n° 02-21585 : « *le possesseur, même de bonne foi, doit restituer les fruits au propriétaire qui revendique la chose à compter du jour de la demande* » ; Civ. 3e, 7 juill. 2004, n° 01-17446).

L'*article 1352-9* reprend un principe consacré par une jurisprudence constante (Com., 17 nov. 1982, n° 81-10757 ; Com., 1er juill. 1997, n° 95-15642) en matière de prêt d'argent : « *Les sûretés constituées pour le paiement de l'obligation sont reportées de plein droit sur l'obligation de restituer sans toutefois que la caution soit privée du bénéfice du terme* ».

# La preuve des obligations

# PARTIE 3

Alors que l'ancien texte du Code civil comportait un chapitre intitulé « De la preuve des obligations et de celle du paiement », le nouveau texte consacre un titre complet (certes découpé en sections et non en chapitres) à « La preuve des obligations », dont les dispositions sont largement réorganisées.

L'ancien texte traitait successivement des différents modes de preuve (preuve littérale, preuve testimoniale, présomptions, aveu, serment). Les nouvelles dispositions le font également dans un 3e temps, après avoir préalablement exposé les principes du droit de la preuve c'est-à-dire d'une part des « dispositions générales » et d'autre part « l'admissibilité des modes de preuve ».

# Les principes du droit de la preuve

Chapitre 18

*Les deux premières sections du titre consacré au droit de la preuve exposent d'une part des « dispositions générales » et d'autre part « l'admissibilité des modes de preuve ».*

## 1 Les principes généraux relatifs à la preuve

Selon le Rapport au président de la République, les articles *1353 à 1357* « *posent les principes généraux du droit de la preuve et contribuent ainsi à clarifier la distinction entre les règles relevant du droit substantiel de la preuve, et celles relevant du droit processuel de la preuve, prévu au titre VII du code de procédure civile en ses articles 132 à 322* ». Ces principes généraux sont relatifs à la charge de la preuve, aux présomptions, à l'autorité de la chose jugée et aux contrats sur la preuve.

### La charge de la preuve

L'*article 1353* reprend le principe classique, déjà énoncé à l'ancien article 1315, selon lequel « ***celui qui réclame l'exécution d'une obligation doit la prouver »***, de même que ***celui qui s'en prétend libéré***.

## Les présomptions

Les dispositions de l'ancien article 1349 définissant les présomptions (« *Les présomptions sont des conséquences que la loi ou le magistrat tire d'un fait connu à un fait inconnu* ») ne sont pas reprises par le nouveau texte. En outre, ***l'énumération des présomptions légales qui figurait à l'ancien article 1350 disparaît***. Ces suppressions rendent l'exposé beaucoup moins clair qu'il ne l'était auparavant.

L'*article 1354, alinéa 1er* reprend en les précisant les dispositions de l'ancien article 1352, alinéa 1er : « *La présomption que la loi attache à certains actes ou à certains faits en les tenant pour certains dispense celui au profit duquel elle existe d'en rapporter la preuve* ».

Une ***hiérarchie*** est établie entre les présomptions en fonction de leur force probante (*art. 1354, al. 2*) :

- la ***présomption simple*** est celle pour laquelle la loi réserve la preuve contraire et qui peut être renversée par tout moyen de preuve ;
- la ***présomption mixte*** est celle pour laquelle les moyens de preuve contraire sont limités par la loi ;
- la ***présomption irréfragable*** est celle qui ne peut être renversée.

## L'autorité de la chose jugée

L'*article 1355* dispose que : « *L'autorité de la chose jugée n'a lieu qu'à l'égard de ce qui a fait l'objet du jugement. Il faut que la chose demandée soit la même ; que la demande soit fondée sur la même cause ; que la demande soit entre les mêmes parties, et formée par elles et contre elles en la même qualité* ». Le texte n'est pas très différent de celui de l'ancien article 1351 mais la suppression de la liste des présomptions ne permet pas de comprendre clairement que l'autorité de la chose jugée est un ***exemple de présomption légale***.

## Les « contrats sur la preuve »

L'*article 1356* consacre les « contrats sur la preuve », c'est-à-dire la ***liberté contractuelle en matière de preuve*** : « *Les contrats sur la preuve sont valables lorsqu'ils portent sur des droits dont les parties ont la libre disposition* ». L'emploi du terme « clause » à la place de « contrat » aurait été plus clair.

Les dispositions sur la preuve étant d'***ordre public***, il a existé longtemps une réticence à permettre aux parties de conclure un accord sur cette question. L'ancien article 1316-2 admettait déjà les conventions entre les parties sur les conflits de preuve littérale. La doctrine s'était également montrée favorable à une telle évolution. La jurisprudence allait également dans le sens de l'admission de telles clauses.

**Civ. 1re, 8 novembre 1989 (n° 86-16197)**

*« Attendu qu'en statuant ainsi, alors que la société C. invoquait l'existence, dans le contrat, d'une clause déterminant le procédé de preuve de l'ordre de paiement et que, pour les droits dont les parties ont la libre disposition, ces conventions relatives à la preuve sont licites, le Tribunal a violé les textes susvisés ; ».*

Cette possibilité est limitée aux termes du *2e alinéa de l'article 1356*. Sont ainsi ***interdites*** :

- les clauses qui contredisent les présomptions irréfragables établies par la loi ;
- les clauses modifiant la foi attachée à l'aveu ou au serment ;
- les clauses qui établissent une présomption irréfragable au profit de l'une des parties (*art. 1356, al. 2*).

L'*article 1357* ***renvoie au Code de procédure civile*** pour les règles concernant l'administration judiciaire de la preuve et les contestations qui s'y rapportent. Il permet ainsi de distinguer les règles de preuve qui relèvent du Code civil de celles qui relèvent du Code de procédure civile.

## 2 L'admissibilité des modes de preuve

Les *articles 1358 à 1362* abordent la question de l'admissibilité de la preuve : sur quoi doit porter la preuve et comment doit-elle être rapportée ?

### *Le principe de la liberté de la preuve*

La preuve est libre. Le nouvel *article 1358* conserve le principe selon lequel la preuve peut être apportée par ***tout moyen***, à l'exception des cas où la loi en dispose autrement.

Il découlait auparavant de la combinaison des anciens articles 1341 et 1348 une distinction entre faits juridiques et actes juridiques :

- l'ancien article 1341 interprété *a contrario* imposait un écrit pour la preuve des actes juridique ;
- il découlait de l'article 1348 que la preuve des faits juridiques était libre et pouvait être apportée par tout moyen.

Les règles sont désormais exposées de façon plus claire et synthétique : la preuve est libre, sauf exceptions posées par la loi, qui concernent souvent les actes juridiques.

## Les exceptions à la liberté de la preuve

Les textes prévoient parfois l'***obligation de prouver par écrit***. Des dispositions particulières sont organisées en cas d'impossibilité matérielle ou morale de se procurer un écrit. Il existe également des moyens de suppléer l'écrit.

### a) L'obligation de prouver par écrit

L'*article 1359* regroupe les exceptions au principe de la liberté de la preuve. Il impose un écrit pour un grand nombre d'actes juridiques :

- la preuve de l'***acte juridique « portant sur une somme ou une valeur excédant un montant fixé par décret*** » (1 500 € selon le décret n° 2004-836 du 20 août 2004) doit être apportée par écrit sous signature privée ou authentique (*art. 1359, al. 1er*, reprenant l'ancien art. 1341) ;
- il ne peut être ***prouvé outre ou contre un écrit***, « *même si la somme ou la valeur n'excède pas ce montant* » que par un autre écrit sous signature privée ou authentique (*art. 1359, al. 2*) ;
- il n'est pas possible d'échapper à l'exigence d'une preuve par écrit sous signature privée ou authentique pour celui qui ***restreint sa demande ou fractionne sa demande*** pour parvenir à une somme inférieure au seuil de 1 500 € (*art. 1359, al. 3*, reprenant les anciens art. 1343 à 1345).

Ni l'ancien article 1342 (« *La règle ci-dessus s'applique au cas où l'action contient, outre la demande du capital, une demande d'intérêts qui, réunis au capital, excèdent le chiffre prévu à l'article précédent* »), ni l'ancien article 1345 (« *Si, dans la même instance, une partie fait plusieurs demandes, dont il n'y ait point de titre par écrit, et que, jointes ensemble, elles excèdent la somme prévue à l'article 1341, la preuve par témoins n'en peut être admise, encore que la partie allègue que ces créances proviennent de différentes causes, et qu'elles se soient formées en différents temps, si ce n'était que ces droits procédassent par succession, donation ou autrement, de personnes différentes.* ») ne sont repris par le nouveau texte.

### b) L'impossibilité matérielle ou morale de se procurer un écrit

Il peut être fait exception aux exceptions prévues à l'*article 1359* en cas d'***impossibilité matérielle ou morale de se procurer un écrit***, s'il est d'***usage*** de ne pas établir un écrit, ou lorsque l'écrit a été perdu par ***force majeure*** (*art. 1360*, reprenant l'ancien art. 1348). L'usage ne faisait pas partie jusque-là des causes d'impossibilité de se procurer un écrit prévu par la loi mais était admis par la jurisprudence.

**_Civ. 1re, 17 mars 1982 (n° 80-11937)_**

_« Attendu qu'en retenant ainsi l'existence d'un usage pour dispenser la société C. de fournir une preuve littérale de l'obligation dont elle réclamait l'exécution, sans relever que cet usage, dont l'origine et la portée ne sont pas même précisées, plaçait la socité C. dans l'impossibilité de se procurer une preuve écrite, la cour d'appel n'a pas donné de base légale à sa décision »._

### c) Les moyens de suppléer l'écrit

L'aveu judiciaire, le serment décisoire ou un commencement de preuve par écrit corroboré par un autre moyen de preuve peuvent **_suppléer l'écrit_** (_art. 1361_, inspiré des anciens art. 1347, 1356 et 1360). Sont rassemblées au sein d'un seul texte les exceptions spéciales à l'article 1359 qui étaient auparavant disséminées aux articles 1347, al. 1er, 1356 et 1363.

L'_article 1361_ précise clairement que **_le commencement de preuve par écrit doit être complété_**, ce que ne faisait pas l'ancien article 1347 (la jurisprudence a rappelé ce principe à plusieurs reprises).

**_Civ. 1re, 12 juillet 1972 (n° 71-12249)_**

_« Attendu, d'autre part, que la cour d'appel, après avoir rappelé que l'arrêt du 23 février 1968 avait reconnu que Pierre X. avait rapporté un commencement de preuve par écrit à l'appui de ses prétentions, retient à juste titre qu'il appartenait à ce dernier de parfaire cette preuve au moyen de témoignages »._

La **_définition du commencement de preuve par écrit_** est ajustée : « _Constitue un commencement de preuve par écrit tout écrit qui, émanant de celui qui conteste un acte ou de celui qu'il représente, rend vraisemblable le fait allégué_ » (_art. 1362, al. 1er_, repris de l'article 1347).

Peuvent servir de commencement de preuve par écrit (_art. 1362, al. 2_) :

- les **_déclarations_** faites par une partie lors de sa comparution personnelle, son **_refus de répondre ou son absence_** à la comparution (reprenant l'ancien art. 1347, al. 3) ;
- la mention d'un écrit authentique ou sous signature privée sur un **_registre public_** (la formule est plus large que celle de l'ancien art. 1336, en raison notamment de la disparition des restrictions qu'il comportait dans ses alinéas 2 et s.).

Les exceptions prévues à l'égard des commerçants à l'ancien article 1341 (« _Le tout sans préjudice de ce qui est prescrit dans les lois relatives au commerce_ ») ne sont pas reprises dans cette nouvelle version du Code civil ; sans doute les dispositions du Code de commerce (art. L. 110-3, C. com. « _À l'égard des commerçants, les actes de commerce peuvent se prouver par tous moyens à moins qu'il n'en soit autrement disposé par la loi_ ») ont-elles été jugées suffisantes.

# Les différents modes de preuve

**Chapitre 19**

*Les différents modes de preuve sont l'écrit, le témoignage, la présomption judiciaire, l'aveu et le serment. Chacun d'eux fait l'objet d'une section. L'ancien article 1315-1 annonçant les différents modes de preuve n'est pas repris.*

## 1 La preuve par écrit

La section consacrée à la preuve par écrit expose dans un premier temps des dispositions générales puis des dispositions propres à chaque type d'écrit : acte authentique, acte sous signature privée, autres écrits, copies et actes récognitifs. La distinction entre l'« acte » et le « titre » est écartée, dans un souci de simplicité.

### Dispositions générales

Les *articles 1363 à 1368* n'entraînent aucun changement important.

L'*article 1363* consacre le principe avancé par la jurisprudence selon lequel « ***Nul ne peut se constituer de titre à soi-même*** ». La jurisprudence récente a limité la portée de ce principe à la preuve des actes juridiques.

Un principe nouveau, selon lequel « *la preuve d'un acte juridique peut être* ***préconstituée*** *par un écrit en la forme authentique ou sous signature privée* », est introduit à l'*article 1364*. La disposition a une fonction probatoire ; il ne s'agit pas d'une condition de validité de l'acte.

L'*article 1365* reprend la ***définition de l'écrit*** introduite par la loi n° 2000-230 du 13 mars 2000 à l'ancien article 1316 : « *L'écrit consiste en une suite de lettres, de caractères, de chiffres ou de tous autres signes ou symboles dotés d'une signification intelligible, quel que soit leur support* ».

Le principe d'équivalence entre l'écrit papier et l'écrit électronique est repris à l'*article 1366* (anciens art. 1316-1 et 1316-3), à condition que « *puisse être dûment identifiée la personne dont il émane et qu'il soit établi et conservé dans des conditions de nature à en garantir l'intégrité* ».

Ce principe d'équivalence concerne également les ***signatures, manuscrites ou électroniques*** (*article 1367*, reprenant l'ancien art. 1316-4), dès lors que cette dernière « *consiste en l'usage d'un procédé fiable d'identification garantissant son lien avec l'acte auquel elle s'attache* ». Le procédé est présumé ***fiable*** « *jusqu'à preuve contraire, lorsque la signature électronique est créée, l'identité du signataire assurée et l'intégrité de l'acte garantie, dans des conditions fixées par décret en Conseil d'État* ».

**Extrait du Rapport au président de la République**

***« L'article 1367 s'inspire de l'article 1316-4 dont il se contente d'améliorer la formulation dans son premier alinéa définissant la signature. L'alinéa second, strictement identique à celui de l'article 1316-4, ne nécessite aucune modification quant à la définition de la signature électronique et de ses effets juridiques, conformes à l'article 25 du règlement européen n° 910/2014 sur l'identification électronique et les services de confiance pour les transactions électroniques au sein du marché intérieur (eIDAS). En effet, c'est le décret n° 2001-272 du 30 mars 2001 pris pour l'application de l'article 1316-4 du code civil et relatif à la signature électronique qui devra être modifié, pour préciser que la signature électronique présumée fiable, prévue par le code civil, est la signature « qualifiée » au sens du règlement ».***

Le juge règle les ***conflits de preuve*** en déterminant, à défaut de dispositions ou de conventions contraires, lequel des titres est ***le plus vraisemblable*** (*art. 1368,* reprenant le principe posé par l'ancien art. 1316-2).

## ■ *L'acte authentique*

### a) La notion d'acte authentique

Les dispositions relatives à l'acte authentique ne font pas l'objet de modifications substantielles.

La ***définition*** de l'acte authentique est modifiée pour prendre en compte la jurisprudence exigeant la qualité d'officier d'état civil de celui qui établit l'acte (*art. 1369, al. 1er*).

Le *2^e alinéa de l'article 1369* reprend le principe posé par l'ancien article 1317, alinéa 2 selon lequel l'acte authentique « *peut être dressé sur* ***support*** électronique *s'il est établi et conservé dans des conditions fixées par décret en Conseil d'État* ».

L'acte authentique reçu par un ***notaire*** est ***dispensé de toute mention manuscrite*** exigée par la loi (*art. 1369, al. 3*, reprenant l'ancien art. 1317-1).

L'*article 1370* reprend les principes énoncés par l'ancien article 1318 : l'acte authentique sera considéré comme acte sous seing privé en cas de ***défaut d'authenticité*** (en raison de l'incompétence ou de l'incapacité de l'officier d'état civil ou d'un défaut de forme), s'il a été signé par les parties.

### b) La force probante de l'acte authentique

L'*article 1371* permet de ***renforcer la force probante de l'acte authentique*** en reprenant, en 2 alinéas, dans des termes beaucoup plus clairs qu'auparavant, les dispositions de l'ancien article 1319, alinéa 2 : « *L'acte authentique fait foi jusqu'à inscription de faux de ce que l'officier public dit avoir personnellement accompli ou constaté.* »

L'*alinéa 3* poursuit « *En cas de demande d'inscription de faux, le juge peut suspendre l'exécution de l'acte* ». Le texte permet désormais au juge de disposer systématiquement de la faculté de prononcer la suspension de l'exécution d'un acte authentique faisant l'objet d'une inscription de faux et non plus seulement lorsque l'inscription de faux est faite incidemment.

Les règles relatives à la simulation sont déplacées parmi les règles relatives aux effets du contrat à l'égard des tiers (*art. 1201 et 1202*).

## ■ *L'acte sous signature privée*

### a) La notion d'acte sous signature privée

L'« *acte sous seing privé* » devient l'« *acte sous signature privée* ». Il s'agit d'un acte rédigé par les parties elles-mêmes.

### b) La force probante de l'acte sous signature privée

La force probante de l'acte sous signature privée reste sans changement : il ***fait pleine foi de la convention qu'il renferme*** (*art. 1372*, reprenant en des termes plus clairs l'ancien article 1322, c'est-à-dire sans référence à l'acte authentique).

> ***Extrait du Rapport au président de la République***
>
> *« L'assimilation de la force probante de l'acte sous signature privée à celle de l'acte authentique est abandonnée car inexacte, les parties pouvant dénier leur écriture ou leur signature, ou encore rapporter la preuve de l'inexactitude de ses énonciations par la production d'un autre écrit ».*

L'acte sous signature privée fait foi non seulement entre les parties mais également à l'égard de leurs ***héritiers et ayants cause***, dès lors qu'il est reconnu par celui à qui on l'oppose ou que la loi le considère comme tel (*art. 1372*).

Lorsqu'une partie ***désavoue l'écriture ou la signature*** figurant dans l'acte qui lui est opposé, il y aura vérification d'écriture (*art. 1373*, reprenant les anciens articles 1323 et 1324), selon la procédure prévue aux articles 287 et suivants du Code procédure civile. Cette possibilité est également donnée aux héritiers et ayants cause d'une partie.

L'exigence de la ***formalité du double*** pour les contrats synallagmatiques demeure (*art. 1375*, reprenant l'ancien art. 1325) mais les parties ont désormais la possibilité d'y faire exception en convenant de remettre à un tiers l'unique exemplaire dressé.

La jurisprudence dispensant de l'exigence d'une pluralité d'originaux lorsque les parties ont déposé l'acte entre les mains d'un tiers est consacrée par l'*article 1375, alinéa 1er, in fine*.

***Civ. 3e, 5 mars 1980 (n° 78-15747)***

***« Le dépôt de l'original unique de l'acte sous seing privé signé des parties, entre les mains d'un tiers chargé de le conserver dans l'intérêt de celles-ci, dispense de la confection des originaux multiples ».***

La ***signature*** de celui qui souscrit ainsi que la ***mention manuscrite*** par celui-ci de la somme ou de la quantité en toutes lettres et en chiffres sont également toujours exigées pour les actes constatant un engagement unilatéral portant sur une somme d'argent ou un bien fongible mais le texte indique désormais clairement qu'il s'agit d'une ***formalité de preuve*** et non d'une condition de validité (*art. 1376*, reprenant l'ancien art. 1326). « *En cas de différence, l'acte sous signature privée vaut preuve pour la somme écrite en toutes lettres* » (*art. 1376, in fine*).

L'*article 1377* reprend en les simplifiant les dispositions de l'ancien article 1328 relatif à la ***date de l'acte*** : « *L'acte sous signature privée n'acquiert date certaine à l'égard des tiers que du jour où il a été enregistré, du jour de la mort d'un signataire, ou du jour où sa substance est constatée dans un acte authentique* ».

L'*article 1374* introduit dans le Code civil l'acte sous signature privée ***contresigné par avocat*** dans le Code civil. Sont ainsi codifiées les dispositions des articles 66-3-2 et 66-3-3 de la loi n° 71-1130 du 31 décembre 1971 portant réforme de certaines professions judiciaires et juridiques, modifiée par la loi n° 2011-331 du 28 mars 2011 qui a introduit l'acte contresigné par avocat. Il s'agit d'un acte sous signature privée dont la ***force probante est renforcée***. Les parties comme leurs héritiers et ayants cause ne peuvent pas en dénier la signature ou ne pas reconnaître les signatures figurant sur l'acte c'est-à-dire que la procédure de vérification d'écriture ne peut s'appliquer (mais les parties peuvent en contester le contenu, contrairement à celui de l'acte authentique). « *La procédure de faux prévue par le Code de procédure civile lui est applicable* » (*art. 1374, al. 2*). Comme l'acte reçu par notaire, l'acte contresigné par avocat « *est dispensé de toute mention manuscrite exigée par la loi* » (*art. 1374, al. 3*).

## ■ *Les autres écrits*

Les textes relatifs à quatre types d'actes figurant jusque-là au sein des dispositions relatives aux actes sous seing privé sont déplacés, sans changement notable, et réunis dans un paragraphe consacré aux autres écrits (*art. 1378 à 1378-2*) :

- les dispositions relatives aux ***registres et livres des*** « marchands », qui deviennent les « professionnels » passent de deux à un seul article (*art. 1378*, reprenant en partie les anciens art. 1329 et 1330) : ils ont, contre leur auteur, la même force probante que les écrits sous signature privée à condition de ne pas en diviser les mentions ;
- les « ***registres et papiers domestiques*** » ne peuvent constituer une preuve en faveur de celui qui les a écrits. Ils peuvent même faire foi contre lui dans deux hypothèses : d'une part « *dans tous les cas où ils énoncent formellement un paiement reçu* » et d'autre part « *lorsqu'ils contiennent la mention expresse que l'écrit a été fait pour suppléer le défaut de titre en faveur de qui ils énoncent une obligation* » (*art. 1378-1*, inspiré de l'ancien art. 1331) ;
- la ***mention libératoire*** (*art. 1378-2*, issu de l'ancien art. 1332) : la mention d'un paiement ou d'une autre cause de libération portée par le créancier sur un titre original ou la mention portée sur le double d'un titre ou d'une quittance, crée une présomption simple de libération du débiteur, dès lors que celui-ci l'a toujours en mains.

Les dispositions désuètes de l'ancien article 1333 ne sont pas reprises (« *Les tailles corrélatives à leurs échantillons font foi entre les personnes qui sont dans l'usage de constater ainsi les fournitures qu'elles font ou reçoivent en détail* »).

## ■ *Les copies*

Le nombre d'articles consacrés aux copies passe de 3 à un seul (*art. 1379*, remplaçant les anciens art. 1334, 1335, 1348), formant désormais un régime clarifié, tenant compte notamment de la multiplication et de la fiabilité des techniques de reproduction des écrits et permettant l'archivage électronique. Ces dispositions s'appliquent aussi bien à la preuve d'un acte juridique qu'à celle d'un fait juridique.

La copie a désormais la même force probante que l'original à condition d'être ***fiable et durable*** (*art. 1379*). Avant l'ordonnance du 10 février 2016, le Code civil disposait que les copies ne faisaient foi qu'en cas de subsistance de l'original, dont la production pouvait toujours être exigée (ancien art. 1334). En outre, l'*article 1348* issu de la loi n° 80-525 du 12 juillet 1980, prévoyait dans son 2e alinéa une exception « *lorsqu'une partie ou le dépositaire n'a pas conservé le titre original et présente une copie qui en est la reproduction non seulement fidèle mais aussi durable. Est réputée durable toute reproduction indélébile de l'original qui entraîne une modification irréversible du support* ». La jurisprudence faisait une interprétation large ce dernier texte.

L'appréciation de la ***fiabilité*** est laissée au juge mais la copie exécutoire ou authentique d'un écrit authentique bénéficie d'une présomption irréfragable de fiabilité alors que la copie simple bénéficie d'une présomption simple de fiabilité, à condition qu'elle soit fidèle à l'original et durable.

> ***Extrait du Rapport au président de la République***
>
> *« Les caractéristiques techniques des procédés utilisés, destinés à garantir la fidélité à l'original et la durabilité de la copie, et entraînant le bénéfice de cette présomption, seront définies par décret en Conseil d'état, aux fins de permettre au texte de survivre aux évolutions technologiques futures ».*

Enfin, « *Si l'original subsiste, sa présentation peut toujours être exigée* » (*art. 1379, al. 3*).

### Les actes récognitifs

L'acte récognitif permet de ***reconnaître un droit déjà constaté dans un acte antérieur*** en y faisant figurer à nouveau la signature des parties, ce qui le différencie de la copie.

Son régime n'est pas modifié. L'*article 1380* reprend les dispositions de l'ancien article 1337, à l'exception de son 3e alinéa : il ***fait foi dès lors qu'il reproduit la teneur de l'acte original***. Ce dernier prévaut en cas de contradiction de celui-ci avec l'acte récognitif (*art. 1380, al. 2*). La force probante de l'acte récognitif reste donc limitée.

## 2 La preuve testimoniale

Le nombre d'articles consacrés à la preuve testimoniale est réduit à un seul mais le nouvel *article 1381* pose désormais clairement le principe fondamental en la matière, établi par la jurisprudence, selon lequel la force probante du témoignage d'un tiers (recueilli selon les formes prévues au Code de procédure civile) est ***laissée à l'appréciation du juge***.

**_Extrait du Rapport au président de la République_**

*« Il ne faut cependant pas déduire du texte que seraient dénués de toute force probante les témoignages recueillis dans des conditions ne respectant pas les prescriptions du code de procédure civile, qui conservent une force probante, mais nécessairement moindre. La preuve par témoin peut compléter un commencement de preuve par écrit, pour suppléer à l'exigence d'une preuve écrite (cf. supra l'article 1361) ».*

## 3 La preuve par présomption judiciaire

L'*article 1382* permet tout comme l'ancien article 1353 au juge de recourir à des ***indices***. Le texte ne fait plus aucune référence « *aux lumières et à la prudence du magistrat* » et supprime l'exception liée à la fraude et au dol (« *à moins que l'acte ne soit attaqué pour cause de fraude ou de dol* ») : les présomptions autres que celles établies par la loi sont ***laissées à l'appréciation du juge***.

Le juge peut admettre des présomptions uniquement « *si elles sont* ***graves, précises et concordantes*** » et seulement dans les cas où la loi admet la preuve par tout moyen.

La jurisprudence permet au juge de se fonder « *sur un fait unique, si celui-ci leur paraît de nature à établir la preuve nécessaire* » (Civ. 1re, 18 mars 1997, n° 94-21396).

## 4 L'aveu

Les dispositions relatives à l'aveu ne sont pas modifiées substantiellement.

L'aveu est désormais ***défini*** en tenant compte des souhaits de la doctrine et de la jurisprudence (*art. 1383*) : « *L'aveu est la déclaration par laquelle une personne reconnaît pour vrai un fait de nature à produire contre elle des conséquences juridiques* » (*al. 1er*). L'aveu peut être judiciaire ou extrajudiciaire (*art. 1383, al. 2*, reprenant l'ancien art. 1354) :

- l'***aveu extrajudiciaire*** ne peut être reçu que dans les hypothèses où la loi permet la preuve par tout moyen (*art. 1383-1, al. 1er*). L'ancien article 1355 restreignait déjà ainsi le rôle de l'aveu. Comme la jurisprudence, le nouvel article dispose que sa valeur probante doit être laissée à l'appréciation des juges du fond (*art. 1383-1, al. 2*) ;

**_Com., 28 novembre 1995 (n° 92-15106)_**

*« Mais attendu que c'est par une décision suffisamment motivée, que la cour d'appel, qui n'était pas tenue de suivre M. Y... dans le détail de son argumentation, a justifié son appréciation souveraine de la force probante de l'aveu extrajudiciaire dont se prévalait la banque ; ».*

- « *L'**aveu judiciaire** est la déclaration que fait en justice la partie ou son représentant spécialement mandaté* » (*art. 1383-2, al. 1er*) : il fait foi contre celui qui l'a fait, ne peut être divisé contre son auteur et est irrévocable, sauf en cas d'erreur de fait (*art. 1383-2, al. 2 à 4*, reprenant l'ancien art. 1356 en le simplifiant).

## 5 Le serment

Les *articles 1384 à 1386-1* se substituent aux anciens articles 1357 à 1369 sans modification majeure, bien que l'utilisation du serment soit marginale.

Le serment n'est pas défini. Plusieurs types de serments sont distingués (*art. 1384*).

### Le serment décisoire

Le serment décisoire est déféré par une partie à titre décisoire. De ce serment dépend le jugement de la cause (*art. 1384*).

Le recours au serment décisoire peut s'envisager sur ***quelque contestation*** que ce soit et ***en tout état de cause*** (*art. 1385*, tiré des anciens art. 1358 et 1360).

« *Il ne peut être déféré que sur un **fait personnel** à la partie à laquelle on le défère* » (*art. 1385-1, al. 1er*, reprenant l'ancien art. 1359). « *Il peut être référé par celle-ci, à moins que le fait qui en est l'objet ne lui soit purement personnel* » (*art. 1385-1, al. 2*, inspiré des anciens art. 1359 et 1362).

La partie ***succombe*** dans ses prétentions lorsque (*art. 1385-2*) :

- le serment lui a été déféré et elle le refuse ou ne veut pas le référer ;
- le serment lui a été référé et elle le refuse.

La force probante du serment est absolue (*art. 1385-3*).

L'*article 1385-4* reprend les dispositions de l'ancien article 1365 concernant les effets du serment en cas de pluralité de débiteurs :

- « *Le serment ne fait preuve qu'au profit de celui qui l'a déféré et de ses héritiers et ayants cause, ou contre eux* » (*al. 1er*) ;
- « *Le serment déféré par l'un des créanciers solidaires au débiteur ne libère celui-ci que pour la part de ce créancier* » (*al. 2*) ;
- « *Le serment déféré au débiteur principal libère également les cautions* » (*al. 3*) ;

- le serment « *déféré à l'un des débiteurs solidaires profite aux codébiteurs* » (*al. 4*) ;
- le serment « *déféré à la caution profite au débiteur principal* » (*al. 5*).

« *Dans ces deux derniers cas, le serment du codébiteur solidaire ou de la caution ne profite aux autres codébiteurs ou au débiteur principal que lorsqu'il a été déféré sur la dette, et non sur le fait de la solidarité ou du cautionnement* » (*al. 6*).

## *Le serment supplétoire*

Le serment peut être ***déféré d'office par le juge*** à une partie : « *Le juge peut d'office déférer le serment à l'une des parties. Ce serment ne peut être référé à l'autre partie* » (*art. 1386, al. 1er et 2*, inspiré de l'ancien art. 1366).

L'ancien article 1366 permettait au juge soit de faire dépendre du serment supplétoire la décision de la cause, soit d'en tenir compte pour déterminer le montant de la condamnation. Le nouvel *article 1386* dispose dans son *alinéa 3* que la valeur probante du serment déféré d'office « ***est laissée à l'appréciation du juge*** », ce que décide déjà la jurisprudence.

**Com., 4 octobre 1988 (n° 86-13156)**

*« Mais attendu que c'est dans l'exercice de son pouvoir souverain d'appréciation de la portée du serment, que la cour d'appel a décidé que le serment ne faisant pas la preuve de la connaissance par M. X... de l'étendue de son engagement ».*

Le recours au serment doit être ***justifié*** : « *Le juge ne peut déférer d'office le serment, soit sur la demande, soit sur l'exception qui y est opposée, que si elle n'est pas pleinement justifiée ou totalement dénuée de preuves* », c'est-à-dire que le serment supplétoire ne peut être envisagé qu'en vue de compléter une preuve (*art. 1386-1*, reprenant l'ancien art. 1367).

L'ancien article 1369 relatif au ***serment estimatoire*** n'est pas repris par le nouveau texte.

Achevé d'imprimer par France Quercy, 46090 Mercuès
N° d'impression : 60573 - Dépôt légal : juin 2016

*Imprimé en France*